Dörte Stähler, geboren 1954, verbrachte nach einem Studium der Rechtswissenschaften ihr Berufsleben als Bankkauffrau in diversen Konzernen, die letzten zwanzig Jahre vor ihrer Rente bei der Mercedes-Benz Bank AG in Hamburg.

Ihre Freizeit füllt sie mit Projektarbeiten in Westafrika aus. Im Senegal sorgte sie für die Vergrößerung einer Schule von 200 auf 850 Kinder. Sie setzt sich für eine verbreitete Bildung dort ein und engagiert sich zum Schutz des Meeres. In Gambia unterstützte sie die Vizepräsidentin bei der Wasserversorgung und in Togo bekämpft sie die Armut mit Mikrofinanzierungen gemäß dem Friedensnobelpreisträger Prof. Dr. Muhammad Yunus.

2015 organisierte sie mit Freunden das afrikanische Filmfestival AugenBlicke in Hamburg.

Dezember 2017 erschien ihr erstes Buch „Der Schwindel" beim NIBE-Verlag.

Dörte Stähler

Dorothea im Wandel

Nationalsozialismus - Schwarze Pädagogik - Aufarbeitung

© 2021 Dörte Stähler

Verlag & Druck: tredition GmbH, Halenreie 40-44, 22359 Hamburg

ISBN:
Paperback: 978-3-347-26668-1

Hardcover: 978-3-347-26669-8

e-Book: 978-3-347-26670-4

Das Werk, einschließlich seiner Teile, ist urheberrechtlich geschützt. Jede Verwertung ist ohne Zustimmung des Verlages und des Autors unzulässig. Dies gilt insbesondere für die elektronische oder sonstige Vervielfältigung, Übersetzung, Verbreitung und öffentliche Zugänglichmachung.

Inhaltsverzeichnis

1. Nachkriegsjahre 7
   - -Neubeckum/Münster- 7
   - -Bad Gandersheim- 10
   - -Frankfurt a.M.- 12
2. Umzüge sind keine Urlaubsreisen 29
   - -HAMBURG- 29
   - -ESSEN- 60
   - -Buchenau- 105
   - -Bieberstein- 107
   - -Essen- 112
   - -Hohenwehrda- 118
   - -Essen- 119
   - -Spiekeroog- 129
   - -Hohenwehrda- 132
   - -Essen- 135
   - -Spiekeroog- 155
3. Dorotheas Geschichte 174
   - -Der Kreislauf- 174
   - -Innenschau- 195

1. Nachkriegsjahre

-Neubeckum/Münster

Wir schreiben das Jahr 1948. Der Krieg ist vorbei. Der Vater Erhard kommt aus der russischen Kriegsgefangenschaft zurück. Die Freude seiner Frau Margret und ihrer Eltern auf dem Gutshof in Neubeckum ist groß. Er hat gesagt: „Ich komme euch entgegen." Viele seiner Kameraden wären dazu körperlich nicht mehr in der Lage. Margrets Vater steigt in seinen Horch, um ihn abzuholen. Das 1,73 Meter große Männlein, das vor ihm steht, wiegt keine hundert Pfund. Wie hat er diese Gefangenschaft überlebt? Es war seine Disziplin. Das kleine Stück trockene Brot, das er morgens bekam, hatte er nicht gierig vom Hunger verschlungen. Er hatte jeden einzelnen Brosamen über den Tag hinweg genussvoll auf der Zunge zergehen lassen. Wenn die Wassersuppe mittags ein oder zwei Fettaugen hatte, machte er daraus für sich ein Fest.

Aber seine Gedanken blieben düster. Er erinnerte sich wie er sich versteckt hielt, wie er seine Fingernägel mit kleinen präparierten Zweigen säuberte, denn der Dreck dieses Landes sollte nicht in seine Ritzen dringen. Dieser Körper bedurfte fürsorglicher Pflege. Er war aber nicht dieser Körper; so, wie dieser Körper mit Namen Erhard Stahl, von Beruf Diplom Mathematiker. Galt diese Berufsbezeichnung noch? So, wie dieser Leib in diesem Lager eingeschlossen war, so war er selbst in diesem Körper eingeschlossen, in diesem Kopf, dem Knochengerüst, überzogen mit etwas Haut, gepolstert mit wenig Fett und schlappen Muskeln. Nichts fühlte sich mehr gut an. Er fühlte sich alleine, mit Leichengestank, kaum etwas zu essen und schlaflos. Er fürchtete seinen Verstand zu verlieren, so, wie alle den Verstand verloren hatten. Vielleicht würde er eines Tages nicht mehr in seinen Körper zurückfinden. Doch was würde es für einen Sinn geben, mitten im Wahnsinn, der um ihn herum ausgebrochen war, einen gesunden Verstand zu behalten? Vernunft ist abhängig von den jeweiligen Umständen. Er hatte Grausames mit ansehen müssen. Leblose Körper wurden zu den Toten auf die Pritschenwagen geworfen. Dort hat manch einer seine letzte Lebenskraft wiederentdeckt und versucht, sich von den unfreiwilligen Umarmungen der leblosen Körper zu befreien und den Todeswagen zu verlassen. Oft stürzten sie zu Boden, wo sie dann wirklich im Tode endeten. Er sah lachende Russen, die über diesen Slapstick des Todes hysterisch wirkten. Er sah Pritschenwagen, die keinen anderen Weg fanden, als über dürre Leichen zu rollen, die unter den Rädern knacksten wie brennendes Reisig.

Es sind die Gedanken, die die jedem eigene Wirklichkeit prägen. Die allgemeine Wirklichkeit ist für den Einzelnen nicht erkennbar. Er glaubte nur noch, was er sah und erlebte. Nie hätte er für möglich gehalten, zu welchen Grausamkeiten der Mensch in der Lage sein konnte. Da wurden feingeistige Philosophen und Friedensprediger zu Vergewaltigern und Folterern, im Glauben daran, so ihre eigene Haut retten zu können. Ihm wurde schlagartig klar, dass sein Verstand kurz davor war, Amok zu laufen.

Aber ist es wirklich so, dass für den Menschen nur das Realität ist, was er bereits kennt, was er schon einmal gehört, gelesen oder selbst erlebt hat, und was überdies in einem Bereich der Erinnerung abgespeichert ist, auf den er bewusst Zugriff hat? Ist es so, dass der Mensch, der mit neuen bislang unbekannten Informationen konfrontiert wird, die nicht in das bisherige Weltbild und nicht in seine Erfahrungshorizonte passen, dazu neigt, diese Informationen zunächst abzulegen? „So ein Unsinn! Das habe ich ja noch nie gehört!" kommt die unreflektierte Antwort, als ob der Wahrheitsgehalt einer Sache davon abhängig wäre, dass er schon einmal gehört wurde. Da stellt sich die Frage, wie soll eine Entwicklung möglich sein, wenn der Mensch nur an seinen eigenen bisherigen Perspektiven festhält und alles Neue und andere ablehnt. Wie sollen damit Horizonte erweitert werden?

Über das Erlebte spricht er nicht. Auch auf dem Gutshof erzählt keiner vom Krieg. Alles in allem war der Hof ein beschaulicher Flecken; die geteerte Straße sauber und rein und von Platanen beschattet, sicherer als im Bomben geschwängerten Münster. Was die Menschen ernährte, weidete friedlich auf den umliegenden Feldern. Nun heißt es Ärmel aufkrempeln, zupacken, aufbauen. Das ist die Devise für eine bessere Zukunft. Die körperlichen Verletzungen verheilten rasch. Doch die Kerbe, die in seine Seele geschlagen hatte, schmerzte lange. Der Schlaf ließ auf sich warten. Er war zu aufgeregt. Seine Seele befand sich noch irgendwo über dem Kaukasus.

Emil, sein Freund und Margrets Bruder zieht los, um in Münster auf Holz gezogene Fotos zu verkaufen. Damit verdient er seinen Lebensunterhalt bis er dann endlich eine Anstellung als Redakteur der lokalen Zeitung bekommt. Ein abgeschlossenes Germanistikstudium hat er ja. Margrets Vater ist Landvermessungsingenieur. Genug aufzubauen gibt es jetzt im zerbombten Münster und Umgebung. Erhards Doktorarbeit der Mathematik ist zwischenzeitlich überholt. Jetzt eine neue Doktorarbeit angehen, das ist nicht der richtige Augenblick. Die Alte Leipziger Versicherungsgesellschaft braucht einen Diplom Mathematiker.

Margret war immer das Püppchen ihres Vaters. Er hat sie verwöhnt, wann immer er konnte. Ihre beiden älteren Brüder genossen eine sehr viel härtere Erziehung. Heinrich, der Älteste, zog nicht in den Krieg. Er hatte vorher bei einem Autounfall sein Leben gelassen. Margret trauerte Zeit ihres Lebens darunter.

-Bad Gandersheim-

Nun, da Erhard wieder zurückgekehrt ist, wechselt sie den Schoß vom Vater zum Gatten. Verliebt bis über beide Ohren sind sie und turteln bei jeder Gelegenheit miteinander herum. Was ihn beeindruckte, war nicht, dass sie die Schwester seines Freundes war, auch nicht die gute Familie, der sie entstammte. Es war das Gesicht, ihre hellbraunen Augen, darüber Brauen, die geschwungen waren wie zwei Bassschlüssel. Eine Familie wollen sie gründen. In Bad Gandersheim beziehen sie eine kleine, schnuckelige Wohnung. Nachwuchs kündigt sich an. Das Glück ist dem verliebten Paar nicht lange hold. Zwei Tage nach der Geburt, dieser plötzliche Kindstod. Die Trauer ist groß. Doch schon ein Jahr später kommt der gesunde Dieter zur Welt, ein Prachtexemplar. Dieser süße Junge lässt alle Trauer vergessen. Margret erkennt in ihm eine große Ähnlichkeit zu ihrem Bruder Heinrich und ist auch mit diesem Schicksalsschlag versöhnt. Es dreht sich alles um den kleinen Dieter.

Ob das Erhard immer gefällt? Er wünscht sich eine heile Familie, bei der Vater und Mutter immer einer Meinung sind. Der Sohn soll mit der gleichen Disziplin erzogen werden, wie er sie genossen hatte. Er, der nur von Frauen, seiner Mutter und deren acht Schwestern, großgezogen wurde. Sein Vater war seit seinem ersten Lebensjahr im ersten Weltkrieg vermisst gemeldet. Die Mutter blieb mit ihm allein. Materielle Einbußen, die er wegen der zwei Weltkriege erlebte, soll seine Familie nicht haben. Seine Kinder sollen die bestmögliche Erziehung und Bildung bekommen und in einem Kokon geschützt vor allen Problemen der Welt aufwachsen. Keiner will mehr an dieser schrecklichen Vergangenheit kratzen. Zum Schutze der Kinder? Wer soll hier wen schützen? Was verbirgt sich hinter dieser hoffnungsvollen Maske? Kann Zeit die Wunden heilen? Nun ja, einen Versuch ist es wert. Ein gesunder Neuaufbau soll stattfinden. So arbeitet er emsig und schafft das Geld heran. Margret ist für den Haushalt zuständig, aber bitte sparsam. Erhard hatte in der Kriegsgefangenschaft gelernt, dass Sparsamkeit das Leben verschönert. Ohne die sparsame Einteilung seiner Essenrationen hätte er nicht überlebt. Viele seiner Kriegskameraden hatten den Krieg überlebt, sind aber anschließend elendig krepiert, weil sie gierig vor Hunger zu viel Essen verschlungen haben. Erhard konnte das nicht passieren. Er machte alles mit Bedacht. Margret ist aber auf dem Gutshof selbst im Krieg noch Großzügigkeit gewohnt. Sie hatten immer Bedienstete. Ihr Vater konnte sich sogar leisten, den Juden Herz zu verstecken und mit durchzufüttern. Als es mal eng wurde, musste Purzel geschlachtet werden. Das war das Schwein, das immer so niedlich mit seinem Ringelschwänzchen wedelte, wenn die Mutter zum Füttern kam. Sein Fraß war mit einer Fünf-Sterne-Küche vergleichbar. Purzel bekam, was die Menschen nicht aufaßen. Aber essen mochte es keiner mehr als Purzel als Sonntagsbraten auf dem Tisch lag.

Sieht so Krieg aus?

Nein! Margrets Vater war in der Lage, selbst in den hässlichsten Zeiten, seine Wertigkeiten aufrechtzuerhalten. Menschlichkeit und Genuss waren sein oberstes Gebot. Ihm war es sogar gelungen, keiner weiß, wie, so schlimme Ereignisse wie Vergewaltigungen, die in naher Umgebung häufig vorkamen, von seiner Familie fernzuhalten. Er kehrte nichts untern Teppich, legte immer Wert darauf, die Dinge wahrzunehmen, die geschahen, aber ein großes Thema, das Menschen in Schockstarre fallen lässt, hat er nicht zugelassen. Er sorgte dafür, dass Grausamkeiten keine Angstgefühle auslösten. So glaubten die Kinder, wenn sie den tausend Meter langen Weg zum Gutshof liefen und die amerikanischen Flugzeuge hinter ihnen herschossen, tack, tack, tack..., dass diese Amerikaner nur mit ihnen spielen würden. Sie würden ihnen Angst einjagen wollen, was sie nicht schafften, denn die Kinder wussten ja vom Vater, dass die da oben sie ja nicht wirklich treffen wollten. In den Graben warfen sie sich dennoch jedes Mal. Vor einem Luftalarm brauchten sie sich auch nicht zu ängstigen. Sie hatten Lumpi, einen Terrier, der vor allen anderen spürte, wenn Luftalarm kam. Dann gingen sie alle in den geschützten Keller.

Jetzt sitzt Margret mit dem kleinen Dieter in der für sie winzigen Wohnung in Bad Gandersheim und fühlt sich einsam. Nur selten ist Erhard bei ihr. Er kennt nur noch Arbeit, Arbeit und nochmals Arbeit und…..

-Frankfurt a.M.-

Vier Jahre nach Dieters Geburt kommt Dorothea zur Welt. Ein Mädchen! Welch Freude! Erhard hat sich sehnlichst ein Mädchen gewünscht. Lange Zöpfe und ein rosarotes Dirndl hüpfen vor seinem inneren Auge herum. Sie ist sein Gottesgeschenk. So gab er ihr den entsprechenden Namen.

Dieter ist enttäuscht beim ersten Anblick seines so ersehnten Schwesterchens. Er hatte sich sehr auf sie gefreut. Aber so ein winziges, blau verschrumpeltes Etwas hatte er sich nicht vorgestellt. Da kann er ja gar nicht mit spielen. Ein hübsches Mädchen ist in ihr kurz nach der Geburt nicht zu erkennen. Sie hat einen Knubbel auf der Nase. Der Arzt hat ein rosa Schleifchen drumherumgebunden und der Mutter, als er sie zu ihr bringt, gesagt: „Schön ist sie nicht , aber apart."

Erhard nennt sie eine kecke Biene, als sie größer ist. Zöpfe hat sie keine. Inzwischen lebt die Familie in einer stattlichen Drei-Zimmer-Wohnung direkt am Rothschildpark in Frankfurt am Main. Erhard hat Karriere gemacht. Ein Kindermädchen wird eingestellt, für die ein Zimmer unterm Dach-Juchee angemietet wird. Ein Opel Rekord wird sein erstes Auto. Das Familienglück scheint perfekt.

Dorothea wird immer niedlicher. Ihre hellblonden Locken und ihre sonnengebräunte Haut macht sie zu einer Attraktion in der ganzen Nachbarschaft. Mutter Margret stellt sie bei jeder Gelegenheit mit dem Kinderbettchen auf den Balkon. Von wem hat sie das nur, dass ihre Haut so dunkel wird? Viele sprechen Margret auf dieses süße „Mulattenkind" an. Soll diese frühe Erfahrung ihr späteres Leben geprägt haben? Mulatte ist eine rassistische Bezeichnung für einen Menschen, dessen Vorfahren, insbesondere die Eltern, teils schwarze, teils weiße Hautfarbe hatten. Als Vorschulkind schockiert sie ihre Eltern, weil sie sich, wenn sie mal groß ist, einen schwarzen Mercedes, einen schwarzen Pudel und einen schwarzen Mann wünscht. Die Mutter lacht. Der Vater findet das gar nicht spaßig. Keiner ahnt, dass es sie im 46ten Lebensjahr tatsächlich nach Westafrika zieht, wo sie gegen Rassismus und Ungerechtigkeit kämpfen wird. Margret antwortet auf solche Komplimente nur, dass die Haare später dunkel werden. „Das war bei Dieter auch so. Da hat sich der Urgroßvater meines Mannes durchgesetzt." Sie amüsiert sich über solche Nachbarn. Eine Nachbarin würde dem später dunkelhaarigem Kind sogar die Haare blond färben. Dann kämen die strahlenden, hellen Augen bei dem dunklen Teint besser zur Geltung. Als Dame von einem Gutshof schickt es sich nicht, die Haare zu färben. Natürlichkeit ist gut angesehen. Wer sich schminkt ist primitiv und gehört nicht zu diesen Kreisen. Ein dezent aufgetragener Lippenstift ist erlaubt; natürlich nicht bei kleinen Mädchen. Das gilt nur für verheiratete Frauen. Make up schadet der Haut und somit auch der Gesundheit. Lange, angemalte Fingernägel tragen Sekretärinnen, ein Berufsstand unter ihrem Niveau. Dabei achtet sie sehr auf Äußerlichkeiten. Ihre Kleidung ist immer sportlich chic und aus feinstem Tuch.

Bereits vor der Geburt Dorotheas zeigt sich, dass Erhard und Margret in der Kindererziehung nicht an einem Strang ziehen. Er hört auf seinen Verstand mit allem Wenn und Aber. Kinder müssen diszipliniert werden. So muss Dieter bei den sonntäglichen Spaziergängen brav an der Hand des Vaters laufen, darf nicht eigene Wege gehen und ungefragt die Faszination der Natur ergründen. Gehorsamkeit ist ihm wichtig. Nur so kann aus dem Jungen etwas werden.

Aber was ist dieses Etwas? Ist es so, dass die Erwachsenen aufgrund ihrer Lebenserfahrung wissen, was für ihre Kinder gut ist, oder bringt nicht jedes Menschenkind mit seiner Geburt bereits ein großes Wissen und eine eigene Persönlichkeit mit auf die Welt, die es gilt mit neuen Erlebnissen zu erweitern und der Gemeinschaft aller und allem im ganzen Universum zu dienen? Solche Fragen stellt sich Erhard in dieser Zeit nicht. Bevor der Krieg begann, war er für diese Themen empfänglich. Da beschäftigte er sich intensiv mit den Philosophen Nietzsche, Schopenhauer, Kant, Heidecker und, und, und. Ihn interessierten auch sämtliche Religionen der Welt. Für ihn war die Mathematik mit ihren logischen Herleitungen und widersprüchlichen Beweisen, wie dass eins und eins nicht gleich zwei ist, die Basis für das Verständnis allen Seins. Aber jetzt, nach dem Krieg, liegt alles Vorherige in Trümmern unter Schutt und Asche.

Was zählt ist ein Neuanfang, ein Wiederaufbau. Mit der Währungsreform vom 21. Juni 1948 und dem demokratisch gewählten Bundeskanzler Ludwig Erhard beginnt das Wirtschaftswunder, ein unerwartet schneller und nachhaltiger Wirtschaftswachstum. Die Währungsreform beendet den bis dahin verbreiteten Tauschhandel und die Schwarzmarktwirtschaft über Nacht. Ebenso schnell füllen sich die Regale mit Waren, zunächst zur Deckung der Grundbedürfnisse. Für eine breite Investitionstätigkeit fehlt es den Unternehmen noch an ausreichendem Kapital. Dies soll sich bald ändern. Eine gute Gewinnentwicklung führt zu einer größeren Bereitschaft von Investitionen und damit zu erfolgreichen Betrieben. Der Traum vom guten Leben beginnt. Die Wirtschaft boomt. Arbeitskräfte aus dem Ausland werden angeworben. „Made in Germany" wird zum Qualitätsmerkmal für Exportgüter. Die Deutschen leisten sich gutes Essen, Konsumgüter und Reisen. „Soziale Marktwirtschaft" heißt die neue Wirtschaftsordnung. Wohlstand für alle soll diese Wirtschaftsform bringen. Jeder, der etwas leistet, soll sich auch etwas leisten können. Frauen, die am Ende des Krieges und in den ersten Jahren danach in vielen Bereichen der Wirtschaft arbeiteten, werden nach Hause geschickt. Die Männer sind aus dem Krieg zurück. Das Frauen- und Familienbild sieht eine Berufstätigkeit nur bis zur Eheschließung vor.

In dieser Leistungsgesellschaft ist für Erhard kein Platz mehr, sich mit unterschiedlichen Erziehungsmethoden auseinanderzusetzen. Die Erziehung wird Aufgabe seiner Frau Margret. Klar hat sie sich immer Kinder gewünscht und liebt sie von ganzem Herzen. Was sie sich aber nicht wünschte, war ein Leben, das sich ausschließlich um ihren Mann und ihre Kinder kreist. Sie hätte so gerne ein Studium in Modedesign absolviert. Das kann sie sich abschminken. Sie macht ihrem Gatten, der nach einem harten und langen Arbeitstag ruhebedürftig ist, Schnittchen; abgezählt, eines mit Schinken und eines mit Stinkekäse -den liebt er so-, die sie ihm in mundgerechten Stücken auf einem Tellerchen serviert. Ein gemeinsames Abendessen mit der Familie muss er sich abschminken, so spät wie er immer nach Hause kommt. Das hat sie durchgesetzt. Aber Butterbrote, die er am nächsten Tag mit ins Büro nimmt, schmiert sie ihm jeden Abend und verpackt sie sicher und haltbar immer wieder in dieselbe Kölln-Haferflockentüte, solange bis sie einer Zerreißprobe nicht mehr standhält.

Auf der Zerreißprobe steht auch ihre Liebe, als sie erkennt, dass ihr Sohn Dieter an Folgsamkeit nicht zu übertreffen ist. Er sollte doch nach ihrem Bruder Heinrich kommen, der herzhaft und tapfer war. Was für ein kleinliches, erbärmliches Leben in dieser winzigen Drei-Zimmer-Wohnung in Frankfurt! Von einem wirtschaftlichen Aufschwung spürt sie nichts. Von ihren Eltern in Münster war sie anderes gewohnt. Ihr kommt alles wie ein Abschwung vor. Da will sie raus. Aber wie? Es bedarf großer Fantasie, wie sie sich von ihrem spärlichen Haushaltsgeld noch etwas abknapsen könne, um dann davon eine Reise nach Münster bezahlbar zu machen. Sie hat es geschafft. Der Koffer ist gepackt, das Zugticket gekauft. So steht sie für alle unerwartet mit dem kleinen Dieter an der Hand vor der Haustür ihrer Eltern. Erhard kommt in eine leere Wohnung und wundert sich. Frau und Kind nicht da. Aber wo? Wo sind sie hin? Sie können doch nicht, ohne ihn zu fragen, das Haus verlassen. Jetzt, um diese Uhrzeit! Er macht sich Sorgen, führt Selbstgespräche: „Was ist passiert? Habe ich etwas falsch gemacht? Was tun? Zur Polizei gehen? Eine Vermisstenmeldung aufgeben? Nein, sollen die auch noch mitkriegen, was bei uns zuhause los ist?" Er ist verzweifelt. Dann klingelt das Telefon.

Wie gut, dass Margret ihn zu diesem Telefon überredet hatte. Es ist die Marke W48 und nur bei der Deutschen Bundespost zu bekommen. Dieses schwarze Kabeltelefon mit dem großen Hörer und einer Wählscheibe konnte er nur gegen eine Gebühr zur Nutzung erwerben. Zu kaufen gab es das nicht.

Margrets Vater ist am Apparat und löst das Rätsel der verloren gegangenen Familie. Er bräuchte sich keine Sorgen zu machen. Er setze Beide, Mutter und Sohn, übermorgen in den Zug zurück nach Frankfurt. Eine freundliche Verabschiedung und das Gespräch ist beendet. Ein Telefon dient eben nur der Nachrichtenübermittlung. Aber „keine Sorgen machen", was soll das heißen? Natürlich ist er aufgeregt und macht sich große Sorgen. Er liebt doch seine Margret und den kleinen Dieter.

In Münster fließen Tränen. Margret schluchzt: „Ich kann nicht bei ihm bleiben. Alle müssen gehorchen und immer nur sparen,

sparen, sparen!" Der Vater nimmt sie erst in den Arm und dann zur Brust: „Erhard ist ein guter und zuverlässiger Mann. Du bist mit ihm verheiratet. Seine Kindheit ohne Vater war schwierig. Lerne, mit ihm umzugehen. Trockne deine Tränen. Ich will nichts mehr darüber hören. Übermorgen bringe ich dich und Dieter zum Bahnhof. Basta!" Damit ist das Problem gelöst. Der Herr hat gesprochen, die Tochter gelernt. Flüchten ist nicht die Lösung. Neue Wege gehen, das will sie.

Warum strebt ein Mensch nach Disziplin und Gehorsam? Disziplin ist eine Form der bewussten Selbstregulierung; Gehorsam, die Ordnungsregulierung innerhalb eines Befehlsprinzips. Disziplin sorgt für das Beherrschen des eigenen Willens, der eigenen Gefühle und Neigungen, um etwas zu erreichen. Erreicht wird diese Disziplin über die Erziehungs-methode des Gehorsams. Gehorsam, das strebt sie nicht an, aber mit der Selbstbeherrschung der Disziplin könnte sie des Gatten Macht unterlaufen. Sie hat schon eine Idee, dies umzusetzen. „Es ist sicherlich nur der Krieg, der ihn so gemacht hat", beruhigt sie sich.

Zurück in Frankfurt entfacht die Liebe neu und bringt Dorothea hervor, die sich vom Gehorsamswunsch des Vaters nicht unterbuttern lässt. Sie erobert Erhards Herz und macht Dieter vor, wie sich ein Junge zu verhalten habe. Diese Rabaukin überfordert Margrets Kräfte. Kann dieses Mädchen sich nicht wie ein Mädchen verhalten? Kaum hat sie laufen gelernt, schwingt sie sich auf Dieters Schaukelpferd und schaukelt so wild, dass sie sich innerhalb eines halben Jahres zweimal das Schlüsselbein bricht; erst das Linke, dann das Rechte. Ihrem Bruder wäre das nie passiert, so vorsichtig, wie er mit allem umgeht. Weder ihr schönes Gitterbettchen aus massivem Holz noch ein Laufställchen können sie bändigen. Sportlich findet sie immer wieder eine Möglichkeit, ihnen zu entfleuchen. Wie oft hat sie eine Mittelohrentzündung. Dann raubt sie der Mutter ihren Schlaf. Nicht immer, denn da ist ja noch Erhard. Er leidet mit seinem Tochterherz mit, nimmt sie mitten in der Nacht aus ihrem Gitterbettchen, gönnt sich selbst keinen Schlaf. Stundenlang wiegt er sie durch die Wohnung spazierend auf seinem Arm. Mit Dieter hätte er das nicht gemacht. „Ein Indianer kennt keinen Schmerz", hätte er zum weinenden Sohn gesagt.

Um die Nerven seiner geliebten Frau nicht überzustrapazieren, entschließt er sich zu einer zweiwöchigen gemeinsamen Erholung zu Zweit. Dieter bringt er bei seiner Mutter in Münster unter, die sich sehr auf den Bub freut. Für Dorothea hat er ein luxuriöses Säuglingsheim im Taunus mit hervorragenden Referenzen ausgesucht. Zwei Wochen Urlaub, das wird allen gut tun. Geht diese Rechnung des Diplom Mathematikers auf? Nur bedingt. Die Säuglingsschwestern haben Dorothea hungern lassen, als sie aus Heimweh das Essen verweigerte. Ihr Motto war -das Kind wird schon essen, wenn es Hunger hat-. Was dann geschah, hielt keiner für möglich. War sie nach ihrer Geburt apart; jetzt ist sie apathisch. Keiner findet Zugang zu ihr, nicht die Säuglingsschwestern, nicht die Eltern und nicht der geliebte Bruder. Was für ein Schock! Jetzt aber schnell ins Kranken-haus! Der Chefarzt persönlich nimmt sich der Kleinen an. Der Retter in der Not lässt sie sofort künstlich mit einem Schlauch durch ihr kleines Stupsnäschen ernähren. So wird er zu ihrem besten Freund. Ihre sich sorgenden Eltern straft sie mit Ablehnung ab. Sie müssen die Gunst zu ihrem Herzen langsam zurückerobern. Was für eine harte Zeit, zumal die Krankenhausverordnung aus hygienischen Gründen keinem Besucher Zutritt zu den Patientenzimmern von Kindern gestattet. Täglich steht die ganze Familie zu den dürftigen Besuchszeiten mit ihren aufgerissenen, traurigen Augen am Fenster ihres Krankenzimmers, um ihrer Hoffnung auf eine gesunde und vereinte Familie Futter zu geben. Dieter sieht wie ein Koalabär aus, so, wie er sich am Fenster die Nase plattdrückt. Die Krankenschwestern versuchen ihnen Mut zuzureden: „Der Chefarzt kümmert sich rührend um ihre Tochter.

Von ihm lässt sie sich sogar baden". Erhard verunsichert diese Aussage. Er liest immer auch zwischen den Zeilen; interpretiert, wo es nichts zu interpretieren gibt. So fragt er nach: „Warum können Sie sie nicht baden?" Die prompte Antwort: „Machen Sie sich keine Sorgen. Er kann sehr gut mit Kindern umgehen. Bei allen anderen, die sie baden möchten, ist das Geschrei groß. Ihre Tochter hat gut zugelegt und entwickelt sich prächtig." Nach drei Monaten ist das Vertrauen wieder hergestellt, das Mädchen gut genährt und die Familie endlich wieder zusammen. Dieter nimmt jede Gelegenheit wahr, um sein Schwesterchen zu umarmen und tüchtig zu herzen. Es folgt eine Zeit in Harmonie für die ganze Familie.

Überraschend kündigt sich Nachwuchs an. Dieter und Dorothea waren Wunschkinder. Sie hatte Erhard mit Verstand und Liebe geplant. Rembert erblickt das Licht der Welt ohne vorheriger Absprache. Bei dem Liebesakt, der zu seiner Geburt führte, hatte wohl das Herz den Verstand ausgeschaltet. Nur die Liebe zählt. Alle sind glücklich über dieses dünne Männeken mit Beinchen wie Streichhölzer und einem riesigen Kopf. „Ein Kopf voller Matheaufgaben", wie Margret schmunzelnd bemerkt.

„Schade, dass meine Eltern ihn nicht mehr miterleben können." Der Großvater war kurz vor Dorotheas Geburt gestorben und Oma ein halbes Jahr später. Sie wurden gerade mal sechzig Jahre alt. Der Tod ereilte sie viel zu früh. Das lag wohl an dem genussreichen Lebenswandel. Sie hatten immer gut gespeist. Fleisch war ihr Gemüse. Einen guten Tropfen hatten sie trotz Altersdiabetes nicht stehengelassen. Noch bei Opas Tod hing der nicht mehr glimmende Zigarrenstummel aus seinem Mundwinkel, als er im eisigen Winter bei aufgerissenem Fenster in seinem dicken Ohrensessel aus feinstem Leder davor saß und nun nicht mehr nach Luft schnappte.

Die Trauer über den Tod der Beiden wurde mit der Beerdigung, gleich den versengten Särgen, mit einem großen Erdhaufen zugeschüttet. Dieter und Dorothea wurden von diesem Ereignis ferngehalten. Der Tod markiert den Endpunkt des Lebens. Er passt nur zu alten Menschen. Tod und Kindergarten? Nein, danke! Sie üben doch die Kinder ins Leben ein. Da hat der Tod keinen Platz! Das ist ihre subjektive Wahrnehmung. Dass der Tod ebenso zum Leben gehört wie das Leben zum Tod, wollen sie in dieser Zeit des Aufbaus nach dem verlorenen Krieg nicht wissen. Dabei können beide nicht ohne einander existieren. Sie sind voneinander abhängig wie das Wachsein und der Schlaf. Margret und Erhard sind sich einig. Gefühle lassen sie erst gar nicht entstehen. Gedanken daran werden aus dem Bewusstsein verbannt. Ihr Leben ist ausgefüllt mit dem Streben für eine bessere Zukunft. In den Gefühlen würde nur die schreckliche Vergangenheit und so sehr viel Tod nachschwingen.

Dorothea hat andere Flausen im Kopf. Ihr ist langweilig. Dieter ist im Kindergarten. Die Mutter packt Rembert in frische Windeln. Das nimmt Zeit in Anspruch. Solche Stoffwindeln müssen erst gefaltet werden. Sie reinigt den Popo sorgfältig, pudert und reibt ihn mit Penatencreme ein, bevor sie die Windel gewissenhaft drumherumwickelt, damit seine nächste Notdurft nicht herausdringt. Dorothea ruft der Mutter zu: „Ich gehe Nonno besuchen!" Und schon ist die Korridortür zu. Nonno ist der Spielkamerad von Dieter. Er wohnt im Erdgeschoss desselben Hauses. Sie lugt noch kurz im Treppenhaus nach oben, aber so schnell ist die Mutter nicht, um ihr nachzuspähen. Also nix wie raus aus dem Haus und die Welt ergründen. Weit kommt sie nicht. Auf der verkehrsreichen Kreuzung der Bockenheimer Landstraße weiß sie nicht vor und zurück. Tränen fließen über das Gesicht der Zweieinhalbjährigen. Der Schutzmann im langen, weißen Mantel mit Schirmmütze und schwarz-weiß- gestreiftem Stab, der den Verkehr regelt, steigt von seinem Podest und fragt nach ihrer Mama. Seufzend bringt sie unter großen Kullertränen hervor: „Mutti ist zuhause." Er hakt nach: „Wo ist denn dein Zuhause?" Noch bevor der Ver-kehr gänzlich zusammenbricht, kommt eine Dame aus der Nachbarschaft herbeigeeilt: „Ich kenne dieses Mädchen und bringe sie heim," nimmt sie an die Hand und fragt die Kleine: „Wie kommst du denn so alleine hier her?" Die Tränen sind getrocknet. Die Antwort lautet: „Ich will Nonno in Amerika besuchen." Alle auf der Kreuzung lachen. Sie kennt sich aus. Wäre da nicht die Kreuzung mit den vielen großen Autos gewesen, hätte sie ihr Ziel erreicht. Sie marschierte schnurstracks in Richtung Amerikahaus. Erleichterung bei Margret, dass sie heil nach Hause gebracht wird. Aber nicht nur. Die Mutter ist zornig über ihren Alleingang. Nicht, dass sie mit ihr schimpft. Nein, sie schimpft in Dieters Richtung, der inzwischen aus dem Kindergarten zurückgekehrt ist: „Dorothea ist eine ganz Schlimme. Sie wird schon sehen, was sie davon hat. Ich sah noch ihren Rockzipfel, als sie durch die Haustür verschwand. Husch, weg war sie." Dann setzt sie sie mit einem Schwung der Empörung ins Laufställchen. Eigentlich ist das jetzt das Laufställchen von Rembert, der es sichtlich genießt, auf dem Arm der Mutter zu sein. Dieter rückt nicht von Dorotheas Seite, streckt seine Ärmchen durch die Gitterstäbe und streichelt tröstend ihre Wange. Das rührt das Mutterherz. Sie nimmt alle ihre drei Kinder auf den Schoß und wünscht sich von nun an brave Kinder. Sie geloben Besserung.

Brav sein, das fällt Dieter nicht schwer. Was Gehorsam heißt, hat er gelernt; nicht nur vom Vater, auch in der Schule. Ostern 1956 wurde der Sechs-Jährige eingeschult. Da war die Freude groß. Er bekam eine Schultüte. In dieser bunten Papptüte waren Süßigkeiten, die ihm sonst nicht vergönnt waren. Bonbons seien schädlich für Kinder. Milchzähne seien besonders anfällig für Karies, heißt es. Trotzdem gibt es, wenn auch selten, Tage, an denen der Vater sich großzügig erweist. Dann holt der Gönner eine Tafel Schokolade hervor. Jedem Familienmitglied überreicht er ein kleines Stückchen davon. Wer nach einem zweiten

Stückchen fragt, wird getadelt. Er sei undankbar und gierig. Nur der Dankbare habe die Chance auf ein zweites Stückchen, aber erst am nächsten Tag. Erstaunte Gesichter blicken ihn an. Die Kinder wissen doch, dass sie ihren Vater nur sonntags zu sehen bekommen. Die übrigen Tage der Woche ist er bei der Arbeit. Sein Arbeitstag beginnt morgens um sechs Uhr. Da schlafen die Kinder noch. Wenn er abends nach Hause kommt, schlafen sie wieder. Wenn's draußen dunkel wird, gehen sie zu Bett. Sie müssten also mindestens eine ganze Woche warten. Dieter hat das verstanden und toleriert, aber Dorothea nörgelt dann immer und Rembert schaut aufmerksam zu.

Zur Einschulung bekommt Dieter einen Ranzen aus braunem Rindsleder. Der wird auf dem Rücken getragen und sorgt für gute Haltung. Ein aufrechter Gang mit stolz erhobenem Kopf ist nach dem verlorenen Krieg wichtig. Jungen tragen einen anderen Ranzen als Mädchen. Sie unterscheiden sich durch die Anordnung der Trageriemen. Dieter liebt seinen Ranzen. Er macht sich startklar für die Schule. Immer am Abend vor dem nächsten Schultag bestückt er ihn mit seiner Fibel -das ist das Schulbuch zum Lesen lernen-, seinem Griffel und seiner Schiefertafel. Aus dem Ranzen hängt ein kleiner Schwamm an einem Bindfaden heraus. Daran erkennt man den Erstklässler. Ab der zweiten Klasse verschwindet die Schiefertafel und das Schwämmchen. Dann wird Dieter in ein Heft schreiben müssen, in dem nichts mit einem Wisch weggewischt werden kann.

Die Mutter ruft: „Hast du dein Schulbrot eingesteckt?" Für sie gehört das Schulbrot zu der wichtigsten Mahlzeit des Tages. Während so eines herausfordernden Schultages treibt es den Blutzuckerspiegel in die Höhe. Es befähigt das Gehirn ihres Jungen zu Spitzenleistungen. Er kann sich besser auf den Unterricht konzentrieren, den Lernstoff schwammgleich aufsaugen und vielleicht irgendwann, wenn er groß ist, Präsident der Bundesrepublik Deutschland werden.

„Ja, Mutti, ich habe alles dabei," wirft schwungvoll den Schulranzen auf den Rücken und läuft los. Die Mutter öffnet das Kinderzimmerfenster und winkt ihm mit den Worten hinterher „Pass gut auf in der Schule!" Er winkt zurück. Hätte er ihr auch zurufen sollen „Pass gut auf"?

Sie kümmert sich um Rembert. Der Stinker benötigt dringend frische Windeln und das Fläschchen mit Säuglings-milchnahrung. Ihre Brust gab bei allen ihren Kindern keine Muttermilch frei. Jedesmal, wenn der Babymund sich ihr saugend nähert, zieht sich die Brustwarze zurück und verschließt sich. So muss sich auch Rembert mit dem Fläschchen begnügen.

Unerwartet und in einem gänzlich falschen Moment klingelt es an der Haustür; nicht einmal oder zweimal. Es klingelt Sturm. Da muss sie wohl doch die Tür öffnen, obwohl es ihre Zeit nicht erlaubt. Sie will doch Dorothea beim Zähneputzen kon-trollieren. Gefrühstückt hat sie auch noch nicht und muss gleich in den Kindergarten. Mit Rembert und Fläschchen auf dem Arm öffnet sie hastig die Wohnungstür. Kurzatmig mit hochrotem Kopf steht da die Nachbarin, drängt in die Wohnung. Ihr Dackel kommt schwanzwedelnd gleich hinterher. Margret steht wie versteinert im Flur und fragt: „Was ist denn los?" Da ist die Nachbarin auch schon im Kinderzimmer. Sie war mit dem Hund im Rothschildpark gassi gehen. Als sie auf dem Heimweg ihren Kopf gen Himmel richtete, traf sie der Schlag. Oben im dritten Stock sitzt die kleine Dorothea im karierten Schlafanzug im sperrangelweit geöffnetem Fenster und lässt ihre Beinchen nach außen hin fröhlich baumeln. Die Erleichterung ist groß. Das Kind ist nicht herausgefallen; das Zimmer gut durchgelüftet.

Für Schimpfen bleibt keine Zeit. Die Aufsicht beim Zähneputzen fällt zu Dorotheas Freude auch aus. Sie lässt das Wasser rauschen, macht den Waschlappen nass, ebenso ein wenig das

Handtuch, aber nicht ihr Gesicht, während sich die Nachbarin mit Hund strahlend verabschiedet.

Das rosa Kleidchen, das ihr die Mutter am Vorabend hingelegt hat, zieht sie sich über den Kopf und rennt fröhlich in die Küche. Dort wartet schon ihr Kinderteller mit Haferflocken und einer Prise dunklem Kakaopulver, das von der Mutter mit frischer Milch aus der Stahlblechkanne liebevoll zu einem Brei verrührt wurde. Diese Milch kommt direkt vom Bauern zum Milchmann in die Milchkanne. Inge, das Kindermädchen aus dem Zimmer im Dachjuchee tritt ihre Arbeit an. Sie zieht Dorothea Schühchen und ein Strickjäckchen, das die Mutter auf ihrer Knittax-Strickmaschine gestrickt hatte, an und hängt ihr den ledernen Brotbeutel mit einem sauber in Butterbrotpapier eingewickeltem Schinkenbrot über. Auf geht's zum Kindergarten.

Zeit für Margret, schnell die Einkäufe zu erledigen und die Wohnung zu putzen. Eine Putzfrau hat sie nicht. Die machen ja mehr dreckig als sauber. Das Geld kann sie sparen.

Nachmittags geht Inge immer mit Dieter und Dorothea in den Rothschildpark. Da ist so ein schöner Spielplatz. So hat Margret etwas Zeit für sich, während Rembert im Kinderwagen die frische Luft auf dem Balkon genießt. Das Highlight auf dem Spielplatz ist das Karussell. Die Kinder drehen sich im Kreis auf einer schrägen Holzplatte stehend, finden ihren Halt an den Stangen, die vom Drehpunkt zum Karussellrand führen. Die größeren Jungs sorgen für Geschwindigkeit, in dem sie mit einem Fuß, wie beim Roller fahren, die Erde wegtreten. Dieter wartet geduldig darauf, dass die Geschwindigkeit nachlässt. So traut er sich nicht auf die Platte zu springen. Dorothea fackelt nicht lange, rennt herbei und schreit energisch: „Stopp!" Das hat bei den spielenden Jungs gesessen. Prompt folgt der Stillstand. Beide steigen auf und die Fahrt beginnt. Das ist ein Kreisverkehr mit juchzenden Kindern. Allen voran heizt Dorothea die großen Jungs an. „Schneller. Macht schneller."

Inge sitzt auf einer Bank. Hübsch, wie sie ist, bleibt sie nicht lange alleine. Ein attraktiver Jüngling umgarnt sie bis ihre Unterhaltung vom jähen Geschrei unterbrochen wird. Keiner weiß, wie es geschehen konnte. Dorothea ist in den am Spielplatz angrenzenden See gefallen. Zufällig hat das ein Spaziergänger mitbekommen, der in voller Montur hinterhersprang und ihr das Leben rettete. Damit ist auch die Ruhe für Margret vorbei. Inge konnte doch nicht die Kleine in der nassschlammigen Kleidung lassen. Sie mussten frühzeitig heim. Von da an hat Inge einen schweren Stand bei Margret, der schlagartig klar wurde, dass so hübsche junge Dinger nicht in der Lage sein können, Kinder zu betreuen. Die haben andere Flausen im Kopf. Sie vergleicht sie sogar mit der „Nitribitt" und bekommt fast etwas Mitleid mit ihr.

Rosemarie Nitribitt war eine Prostituierte in Frankfurt, die 1957 im Alter von 24 Jahren ermordet wurde. Bei den polizeilichen Ermittlungen stellte sich heraus, dass sie Kontakt zu bedeutenden Persönlichkeiten hatte. Da der Mordfall nicht aufgeklärt werden konnte, wurde in den Medien der Eindruck erweckt, dass bestimmte Kreise aus Wirtschaft und Politik die Aufklärung zu verhindern wussten. So erlangt sie Berühmtheit. Ihr Leben inspirierte einen Roman, mehrere Spielfilme, das Musical „Das Mädchen Rosemarie" und Theaterstücke. So wird die arme Inge wenigstens mit einer Persönlichkeit verglichen. Ihre Stelle verliert sie dennoch. Margret beschließt, kein neues Kindermädchen einzustellen.

Oder ist diese Sparmaßnahme auf Erhards Mist gewachsen? Vorwürfe, die bekam sie von ihm nicht zu knapp. Immer wieder betont er, sie müsse mehr Strenge in der Kindererziehung walten lassen. „Kannst du dich noch an deinen Rauhaardackel auf dem Gutshof erinnern? Jeder wusste, das kann nur Püppchens Hund sein, so verhätschelt und verwöhnt, wie er war. Den konnte ihr Vater nicht mit auf die Jagd nehmen. Er gehorchte nicht. Wenn du bei deinen Kindern alles durchgehen lässt, wie sollen sie ihre Grenzen kennenlernen und dich als Autorität ansehen?" Eine Antwort gibt sie ihm nicht. Rechtfertigungen sind zwecklos. Sie weiß, wie sie ihn beschwichtigen kann und glücklich macht. Kein Kindermädchen. Geld sparen.

Aber ist da etwas Wahres dran, dass Dorothea diese ganzen Eskapaden macht, um Grenzen zu spüren? Welche Grenzen könnte sie fühlen wollen? Ihre Eigenen, die zwischen Leben und Tod? Ihr Schutzengelchen hatte in diesen ersten drei Jahren bereits viel zu tun. Oder testet sie die Grenzen der Mutter aus oder gar die Liebe des Vaters? Könnte ihre frühe Erfahrung im Säuglingsheim ursächlich für ihre Risikobereitschaft sein?

Eines ist klar. Sie hat dem Tod ins Angesicht geblickt und unabhängig von der Hilfe ihrer Eltern überlebt. Das stärkt einen Menschen in jedem Alter. Das Vertrauen zu sich selbst wächst; das zu anderen schwindet. Die Position von Eltern zum Kind verändert sich. Dorothea hat damit ein stückweit Unabhängigkeit erlangt. Sie wird ihrem Freiheitsdrang mehr Raum geben. Ihren Willen lässt sie nicht tatenlos von anderen Menschen bestimmen. Da kann die Mutter hundert Mal sagen „Kinder, die was wollen, kriegen was auf die Bollen". Sie geht aus dem Haus, wenn es ihr passt; spielt am See, wenn es dort etwas zu entdecken gibt und wartet nicht im Kinderbett bis die Mutti, die den kleinen Bruder wickelt und ihm das Fläschchen gibt, endlich für sie bereit ist. Die Zeit kann im Fenster sitzend fröhlicher genutzt werden. Und wenn sie auf das Karussell will, wartet sie nicht darauf, dass spielende Kinder erkennen, dass sie mitspielen möchte. Da setzt sie sich energisch durch und hilft dem schüchternen großen Bruder zu seinem Recht zu kommen. Bewusst ist ihr das nicht, aber ihr Verhalten lässt darauf schließen. Das ist für Margret nicht einfach. Eltern wollen zwar, dass ihre Kinder stark werden, zur Verantwortung fähig sind und mutige selbstaktive Mitglieder der Gesellschaft werden. Sie haben jedoch selbst eine Vergangenheit, die es gilt zu verarbeiten. Margret und Erhard wollen allerdings ihre Vergangenheit mit den schrecklichen Ereignissen des Krieges hinter sich lassen. Für sie richtet sich die Erziehung ihrer Kinder ausschließlich an die Zukunft. Ihre Erziehung ist mit einem Verbesserungsgedanken verbunden. Die Zustände, mit denen sie heute unzufrieden sind, sollen die Kinder in Ordnung bringen. Es gibt viele Erziehungsmethoden. Sie reichen von grenzenloser antiautoritärer Freiheit bis hin zum autoritären Drill. Grenzen stecken einen Rahmen, geben dem Leben eine Struktur. Es ist keine leichte Aufgabe, Kinder zu erziehen. Das muss Erhard noch lernen. Margret hat bereits erkannt, dass das Leben mit Kindern mehr ist als Schlafentzug und Windeln wechseln. Sie wird von ihren drei Kindern vom Tag ihrer Geburt an ordentlich gefordert. Sie muss sich mit ihnen aktiv auseinandersetzen, sie respektieren, ihnen ein Vorbild sein, sie schützen und ihnen möglichst viele Lernanlässe schaffen. Wenn sie da keine Grenzen steckt und Regeln mit allen Beteiligten aushandelt, die täglich gelebt werden wollen, wird sie kläglich scheitern und völlig überfordert sein. Insofern hat Erhard recht, wenn er sie anhält, strenger durchzugreifen. Nur den vorwurfsvollen Unterton könnte er sich sparen, anstatt dessen überlegen, wie er sich miteinbringen könnte. Immer ist er so schulmeisterlich. Wie gut, dass er nicht Lehrer geworden ist. So sehr sie ihn liebt, sie könnte ihn nicht ständig um sich haben. Immer würde sie für seinen Karriereweg in der Industrie plädieren. Dann ist er seltener Zuhause. Er ist stolz, eine Frau an seiner Seite zu haben, die seine Fortkommensmöglichkeiten unterstützt. Rumgeturtelt haben sie früher. Jetzt steht anderes an, obwohl ihre erotische Anziehungskraft auf ihn keinen Deut nachgelassen hat.

Die Alte Leipziger Versicherungsgesellschaft befördert ihn. Wer könnte den großen Hamburger Firmen in diesen Zeiten, Ende der fünfziger Jahre die betriebliche Altersversorgung besser erklären als der Versicherungsmathematiker Erhard Stahl, der überall so einen integren und zuverlässigen Eindruck hinterlässt. Die betriebliche Altersversorgung ist eine neue Form zur Ankurbelung der Wirtschaft. Es sind alle finanziellen Leistungen, die ein Arbeitgeber zur Altersversorgung, Versorgung von Hinterbliebenen bei Tod oder zur Invaliditätsversorgung bei Erwerbs- oder Berufsunfähigkeit zusagt. Betriebsrenten sind für viele Arbeitnehmer eine sinnvolle Möglichkeit, Einbußen in der gesetzlichen Rentenversicherung zu kompensieren. Der Staat fördert diese Maßnahme mit Steuervorteilen für den Arbeitnehmer und der Arbeitgeber spart dadurch oftmals Lohnnebenkosten. Erhard hat großen Spaß an dieser Tätigkeit und fühlt sich sozial engagiert.

Nichts wie los und auf nach Hamburg mit der ganzen Familie.

2. Umzüge sind keine Urlaubsreisen

-HAMBURG-

Der Umzugswagen ist gepackt und bricht auf in Richtung Hamburg. Jetzt heißt es Abschied nehmen. Dieters Freund Nonno wartet bereits mit seinen Eltern vor der Haustür. Ein großes, weißes Bettlaken soll die Tränen auffangen. Doch bei Nonno und Dieter fließen keine Tränen. Sie sind tapfere Jungs, die sich ein Indianerehrenwort geben. In den Ferien wollen sie sich besuchen. Dagegen bräuchten Dorothea und ihre Kindergartenfreundin zwei solcher Bettlaken. Es ist, als würde der Main und die Elbe aus ihren Augen fließen. Ihre klammernde Umarmung muss Margret mit ein wenig Gewalt lösen, um ihr Töchterchen in den beigefarbenen Opel Rekord zu manövrieren. Auch sie verdrückt sich eine Träne. Eben noch hatte Erhard seinen Wagen von seiner Stammtankstelle von innen und außen blitzblank reinigen lassen. Das hat nicht lange gehalten. Hand- und Mundabdrücke der beiden Mädchen verzieren nun sein Schmuckstück. Schluchzend kleben sie an dem Fenster hinter der rechten Tür und hoffen sehnlichst, die Trennung zu verhindern. Rembert sitzt auf der Rückbank zwischen seinen Geschwistern. Er beobachtet das Geschehen. Es scheint, als fühle er keinen Trennungsschmerz. Seine Familie ist ja bei ihm.

Margret freut sich auf Hamburg, der grünen Stadt zwischen zwei Weltmeeren, der Ost- und Nordsee. Sonne, Wolken, Regen, Wind – oder andersrum oder alles gleichzeitig. Das ist Hamburger Wetter. Etwas rauer, aber trotzdem mit vielen Sonnentagen gesegnet. Hier lässt sich gut durchatmen. Der Hanseatische Stolz ist ganz nach ihrem Geschmack. Der Hamburger Bürger beugt sich nicht. Er kniet weder vor der Kirche noch gekrönten Häuptern. Nach dem Protokoll für Besuche von Staatsgästen im Rathaus dürfen Hamburger Bürgermeister ihren Ehrengästen nicht entgegenkommen. Sie müssen sie auf dem oberen Absatz der Senatstreppe erwarten. Kirche, das ist auch Margret nicht wichtig. Sonst hätte sie Erhard nicht heiraten können. Eine Katholikin hätte sein Gebetbuch nicht akzeptiert. Er hatte mal eine Freundin mit falschem Gebetbuch. Obwohl er sie sehr gern hatte, ging diese Beziehung auseinander, weil er immer wieder betonte, dass er sie wegen dieses Umstandes nicht heiraten könne. Wie oft tröstete er sich am Klavier. Hingebungsvoll spielte er am geöffneten Fenster darauf, damit es jeder hören konnte und sang traurig „Was soll es bedeuten, dass ich so traurig bin. Ein Mädchen aus uralten Zeiten geht mir nicht aus dem Sinn..." Als die Liebe zu Margret entfachte, gab ihr Vater ihr sogleich die Zustimmung zum Protestantismus zu konvertieren. Die Kinder sollten evangelisch erzogen werden. Dennoch betet sie mit ihnen immer die katholische Version des „Vater unser", in dem es heißt „sondern erlöse uns von dem Übel" statt „von dem Bösen".

Die Drei-Zimmer-Wohnung, die die Alte Leipziger Versicherungsgesellschaft für sie in Groß-Flottbek angemietet hat, ist im obersten dritten Stockwerk wunderschön gelegen. Sie verfügt über ein Herrenzimmer mit den bombastischen alten reichlich geschnitzten Eichenmöbeln vom Gutshof, einem Elternschlafzimmer, einem Kinderzimmer und zwei Balkonen. Der Eine liegt nach hinten raus zu den Gärten der umliegenden Einfamilienhäuser, der andere gen Süden zu einer grünen Allee, die von einem Mittelstreifen geteilt ist, wo Kinder gerade Murmeln spielen. Das hat Dorothea gleich entdeckt. Sie will sich zu ihnen gesellen. Der Mutter ist es recht und bittet Dieter darum, sie zu begleiten. Er soll auf seine kleine Schwester aufpassen. So kann sie sich in Ruhe häuslich einrichten. Rembert bleibt zuhause. Er ist noch zu klein und stört auch nicht.

Dorothea findet sofort Anschluss bei den spielenden Kindern. Sie fragt in die Runde, ob sie mitspielen könne. Dieter hält noch Abstand. Er will sich nicht aufdrängen. Außerdem fehlen ihm und seiner Schwester die Murmeln. Also warum fragen. Überraschung; Christiane, der blonde Engel mit lockigem Haar, Frauke und Meino teilen ihre Murmeln auf nun fünf Spieler auf. Sie erklären das Spiel:

Jeder Spieler gräbt einer neben dem anderen eine faustgroße, flache Mulde in den erdigen Boden. Gut drei Meter entfernt ziehen sie einen Strich. Ab dem wird gemurmelt. Einer nach dem anderen schnippt seine Murmel von der Linie aus in seine Mulde. Wer seine Mulde verfehlt, gar eine fremde Mulde trifft, muss seine Murmel dem Fremden überlassen. Landet sie in gar keiner Mulde, bekommt die Murmeln der Spieler, der die wenigsten Murmeln hat. Nach jeder Runde nehmen sie die Murmeln aus der Mulde. Das Spiel beginnt von vorne bis einer keine Murmeln mehr hat. Dorothea ist begeistert. Derjenige, der wenig hat, kann viel bekommen. Hat nur einer nichts, hören alle gemeinsam auf zu spielen. Sie liebt die Gemeinschaft und das Teilen.

Margret ruft vom Balkon: „Dieter! Dorothea! Kommt herauf! Das Abendbrot ist fertig!" Nicht nur das Abendbrot; auch die letzte Umzugskiste hat sie geleert. Puh, war das ein Haufen Arbeit. Der Alltag im neuen Heim kann beginnen. Ob Erhard das wohl bemerkt? Das hat sie ganz alleine geschafft. Die Kinder liegen im Bett. Sie kuschelt sich müde und erwartungsvoll in den dicken Ohrensessel ihres Vaters. Da öffnet sich die Haustür. Sie springt ihrem Gatten wie ein junges Reh entgegen. Er drückt ihr seinen Mantel mit Aktentasche und Regenschirm -den hat er für alle Fälle immer dabei- in die Arme. „Wo ist das Radio?" ruft er aufgeregt. Nachrichten haben für ihn erste Priorität. Adenauer hatte in einem Interview angedeutet, dass er Ludwig Erhard nicht für einen geeigneten Nachfolger für das Amt des Bundeskanzlers halte. Es kommt zu heftigen Auseinandersetzungen zwischen Bundeskanzler Adenauer und Wirtschaftsminister Erhard. In die Hände dieser Männer legt er seine Zukunft und die seiner Familie. Zu Auseinandersetzungen zwischen Erhard und Margret kommt es nicht, auch wenn sie sich eine andere Begrüßung gewünscht hätte. Politik und Wirtschaft ist nichts für die Frauen. Sie dienen der Heimverschönerung ohne großer Worte. Die Aufgaben sind klar verteilt. Dennoch ist Margret nicht entgangen,

- dass der erste Flugkörper, der den Mond erreicht hat, die Raumsonde „Lunik 2" von der Sowjetunion war,

- dass das erste Luftkissenfahrzeug den Ärmelkanal zwischen Calais und Dover überquerte,

- dass der Schah von Persien, Mohammed Resa Pahlawi die schöne Farah Diba heiratete und

- Romy Schneider sich mit Alain Delon verlobte.

Wie gerne würde sie den gerade gedrehten US amerikanischen Spielfilm „Ben Hur" in einem Lichtspielhaus sehen. Schneidige, schmissige Sportskerle vermutet sie darin als Augenweide. All diese Informationen hat sie aus dem Radio. Während sie den Inhalt von 38 Umzugskisten an den richtigen Platz sortierte, ließ sie sich nicht nur von Nachrichten aus dem neuen Grundig-Radio berieseln. Die Stromkosten dafür waren ihr egal. Kurz bevor sie Erhards Heimkehr erwartete, hat sie es ausgeschaltet. Mit der Musik von

- Freddy Quinn „Die Gitarre und das Meer,

- Dalida „Am Tag als der Regen kam",

- Kingston Trio „Tom Dooley",

- Bill Ramsey „Souvenir",
- Peter Kraus „Sugar Baby",
- Caterina Valente „Tschau, tschau, Bambino",
- Conny Froboess „Kleine Lucienne" und
- Peter Alexander „Mandolinen und Mondschein"

ging alles leichter von der Hand. Besonders beflügelt war sie von Chris Barber's Jazz Band, dem Hazy-Osterwald-Sextett und Louis Amstrong. Das ist so schön schwungvoll. Erhard ahnte nichts von diesem „Rosengarten", den sie sich selbst erschaffen hat.

Sie spricht aber mit ihm darüber, wie sehr sie es begrüßen würde, wenn die Kinder ein Instrument erlernten. Damit rennt sie bei ihm offene Türen ein. „Ja, Dieter hat mit seinen neun Jahren genau das richtige Alter, um Klavier spielen zu lernen. Erkundige dich mal nach einer guten Klavierlehrerin." Die hat sie schnell gefunden. Fräulein Ninke ist eine betagte alleinstehende Dame, die in ihrer Villa in der Baron-Vogt-Straße nicht nur Unterricht erteilt, sondern auch vierteljährlich Hauskonzerte mit ihren Schülern veranstaltet. Kontrolle muss sein. Für Bildung ist Margret und Erhard nichts zu teuer. Dorothea will auch Klavier spielen. Sie hat solange gequengelt bis Vati ihr zum sechsten Geburtstag eine Blockflöte verspricht. Die Melanchtonkirche bietet Kurse für Kinder an. Ihren Geburtstag kann sie kaum erwarten.

Endlich groß sein, wie ihr Bruder Dieter, zur Schule gehen dürfen und Blockflöte spielen lernen. Der blonde Engel Christiane aus der Nachbarschaft wird mit ihr eingeschult. Margret hat dafür gesorgt, dass die beiden Mädchen nicht in derselben Schulklasse sitzen. Christiane ist in der Parallelklasse. Irgendetwas hat sie gegen dieses hübsche Mädchen. Sie verbietet ihrer Tochter sogar, mit ihr gemeinsam den Schulweg zu laufen. Christiane würde immer so trödeln. Dorothea soll pünktlich zum Unterricht erscheinen, sich nicht von anderen ablenken lassen, die es mit der Bildung nicht so ernst nehmen. Und was macht Dorothea mit diesem Verbot? Margret will ihr auf dem Balkon nur hinterherwinken, als ihr die Schamesröte zu Kopfe steigt. Oder ist es Wut? Der Wind hat es ihr bis in den dritten Stock zugetragen. „Christiane, ich darf nicht mit dir zur Schule gehen. Meine Mutter hat es verboten. Gehe du rechts um den Häuserblock. Ich gehe links herum. Dann treffen wir uns am Kalkreuthweg wieder. So weiß meine Mutter nicht, dass wir doch zusammenlaufen." Nach der Schule, da setzt es was. „Musst du denn alles weitersagen, was ich dir erzähle? Nestbeschmutzerin, wie widerlich!" schimpft die Mutter. „Geh, ab in dein Zimmer! Ich will dich hier nicht mehr sehen. Mach' deine Schulaufgaben." Im Kinderzimmer wartet Rembert auf sie. Er will mit ihr mit seinen Autos spielen. „Ok, aber ich bin die Polizei," ist ihre Bedingung.

Dieter ist im Bismarckbad und lernt schwimmen. In drei Tagen ist die Prüfung zum Freischwimmer. Das hochherrschaftliche alte Gebäude von 1911 liegt unmittelbar neben dem Bahnhof Altona. Da kann Dieter für einen Fahrpreis von 60 Pfennig mit der S-Bahn hinfahren. Er steigt an der Haltestelle Othmarschen ein und nach zwei Stationen wieder aus. Das Bismarckbad verfügt über für Frauen und Männern getrennte Hallen, sowie einem separaten Hundebad. Der nostalgische Charme dieser Hallen mit seinen alten verzierten Fliesen hat bis heute im Jahre 1961 nichts an Schönheit verloren.

Anders, der benachbarte jüdische Friedhof Ottensen. Dieser seit 1663 ehemalige jüdische Begräbnisplatz hatte die letzte Beisetzung 1934. In der Zeit des Nationalsozialismus suchte die Altonaer Bauverwaltung nach Möglichkeiten einer Enteignung des Friedhofsgeländes und setzte 1937 den Abriss der Kapelle und

Leichenhalle durch, obwohl eine zeitliche Begrenzung des jüdischen Friedhofs nicht zugelassen war. Peu à peu übernahm die Stadt Hamburg die Friedhofsteile. 1950 wurde von der jüdischen Gemeinde der Anspruch auf Rückerstattung durchgesetzt. 1952 erbaut Hertie auf dem Gelände ein Warenhaus. Der Name Hertie setzt sich aus Hermann Tietz zusammen, der einer alten jüdischen Kaufmannsfamilie entstammt.

Hier nebenan im Bismarckbad macht Dieter seinen Freischwimmer. Erhard hat sich extra freigenommen, um stolz seinem Sohn beizustehen. Seine kleine Prinzessin Dorothea hat er mitgenommen. Die Beiden stehen neben dem Bademeister am Beckenrand, als Dieter zum Abschluss noch vom Einmeterbrett ins Wasser springen muss. Die fünfzehn Minuten, ohne Schwimmhilfe im tiefen Wasser zu schwimmen, sind ihm mühelos gelungen. Aber jetzt fehlt ihm der Mut. Schlotternd steht er auf dem Sprungbrett. Er traut sich nicht in die Tiefe zu hüpfen. Wie gruselig, von dieser Höhe durch das glasklare Wasser auf den Grund des Schwimmbeckens zu schauen! Wenn doch wenigstens nicht diese vielen Zuschauer wären. Was in seinem Leben hat ihn nur so ängstlich gemacht? Die Mutter, die in ihm stets ihren verstorbenen Bruder Heinrich sieht? Oder der Vater, der nur aufgrund besonderer Vorsichtsmaßnahmen den Krieg überlebte? Oder gilt es anderes zu verarbeiten; vielleicht vorgeburtliche Erlebnisse? Die Zukunft wird es ans Licht bringen. Jetzt reißt sich Dorothea von Vaters Hand los, rennt zum Sprungbrett, an Dieter vorbei, ruft ihm zu „es geht ganz einfach, wenn du die Augen schließt" und plitsch, ist sie im Was-ser. Voller Entsetzen setzt Erhard zu einem Kopfsprung vom Beckenrand an. Er will seine Tochter retten, die ja noch nicht schwimmen gelernt hat. Da hält ihn der Bademeister am Arm zurück. „Schauen Sie! Ihrer Kleinen wird nichts passieren." Hundepaddelnd schwimmt sie fröhlich juchzend zur Leiter direkt zu Vaters Füßen. Dieters Angst, wie weggeblasen. Er springt seiner Schwester hinterher. Etwa auch, um sie zu retten? Alles geschafft! Er hat sich freigeschwommen.

Applaus im Bismarckbad, und Dorothea ist zur Wasserratte gekürt.

Wasser, das ist das Element, das die ganze Familie Stahl nicht mehr missen möchte. Hamburg im „Tor zur Welt", da sind sie richtig. Dieses Schlagwort beschreibt so unmissverständlich den Wert dieser Handels- und Hafenstadt. Vielleicht ist damit aber auch St. Pauli mit dem Tor zur Unterwelt gemeint. Die Stahls lieben den Hafen mit seinen vielen und riesigen Schiffen. Die Reederei „Hamburg-Süd" hat ihre vom zweiten Weltkrieg ruhenden Schifffahrtsgeschäfte längst wieder aufgenommen. Die „Howaldtswerke Hamburg" sind eine der Großwerften auf der Elbinsel Ross im Hamburger Hafen. Sie haben Hochkonjunktur. Mit den „Kieler Howaldtswerken" und der „Deutschen Werft AG" haben sie einen Großauftrag der „Hamburg-Süd" bekommen. Zur Ergänzung und Verjüngung ihres Schiffsparks sollen sechs neue Schiffe entwickelt werden, die den geänderten Ansprüchen entsprechen. Leicht verderbliche Lebensmittel, die rasch umgeschlagen und schnell befördert werden mussten, sollen transportiert werden können. Dafür bedarf es einer großen Kapazität an Kühlladeraum und entsprechendem Ladegeschirr. Sie sollen an die Tradition der schönen beliebten Passagierschiffe der Vorkriegszeit erinnern, sollen also mit Passagiereinrichtungen, vergrößerten Stückgutladeräumen, Kühlladeräumen und Kühlkammern, wie auch eingebauten Süßöltanks, reichlich robustem und modernem Ladegeschirr, zwei Bordkränen und schnell schließenden Lukenabdeckungen für Wetter- und Zwischendecks versehen sein. So ein Schiff ist die „Cap San Diego". Die ganze Familie Stahl macht sich auf den Weg nach Teufelsbrück. Diesen Stapellauf wollen sie sehen. Es bedarf einer genauen Berechnung, dieses 160 Meter lange Schiff an dieser schmalen Stelle der tideabhängigen Elbe ins Wasser zu lassen, ohne dabei Überschwemmungen an den Ufern zu riskieren. Besonders Dieter ist von dem Schauspiel fasziniert.

„So fahr' es hinaus, so fahr' es mit Glück, in den Hafen, nach Hause kehr' heil zurück", spricht die Taufpatin Dr. Ruth Delius zum Abschluss ihres Taufspruchs und wirft die Champagnerflasche gegen den Rumpf. Elegant, von der Sonne im strahlenden Weiß brillierend, gleitet sie vor den Augen tausender applaudierender Zuschauer in das Wasser. Seebären nennen sie liebevoll „Weißer Schwan des Südatlantik". Keiner ahnt zu diesem Zeitpunkt, welche Bedeutung dieses Schiff in Dieters späterem Leben haben wird. Überschwemmungen hat die Cap San Diego nicht verursacht.

Keine zwei Monate später dann diese Überschwemmungskatastrophe. Die Natur zeigt den Hamburgern seine Macht. Das Wasser der Elbe überrascht sie im Schlaf. Es ist die Nacht vom 16. auf den 17. Februar 1962 bei Temperaturen um den Gefrierpunkt. Die Sturmflut lässt Deiche und Dämme brechen. Das Wasser ergießt sich über das gesamte Hafengebiet bis zum Rathaus in der Innenstadt, reißt Autos, Zäune und sogar feste Häuser mit. Es strömt in die Keller von Banken und Wirtshäusern und bricht in den alten Elbtunnel ein. Die Elbinsel Wilhelmsburg ist am schlimmsten betroffen, sowie die tiefliegenden Kleingartenanlagen am Spreehafen, in denen noch viele Ausgebombte des zweiten Weltkrieges in Behelfsheimen leben. Wer kann, rettet sich auf die Dächer der Wohnhäuser oder in Bäumen und wartet völlig durchnässt auf Hilfe. Die kommt prompt vom Polizeisenator Helmut Schmidt, ohne sich um Kompetenzen und Rechtsvorschriften zu kümmern. Er startet eine großangelegte Rettungsaktion, koordiniert Hilfsaktionen zu Wasser und Hubschraubereinsätze, fordert militärische und zivile Hilfe an. Trotzdem verlieren 315 Menschen ihr Leben. Die Leichen werden in einem Zelt im Park „Planten un Blomen" aufgebahrt. Etwa 20.000 Menschen werden für längere Zeit in Notunterkünfte einquartiert. Sogar das Trinkwasser ist verschmutzt. Was für eine Katastrophe!

Aber Dorothea hat eine für sie viel schlimmere Katastrophe in Erinnerung. Es geschah in der letzten Adventszeit. Mutti musste ins Tabea-Krankenhaus in Falkenstein, eine Totaloperation. Die Gebärmutter wurde entfernt. Die berufliche Karriere Erhards erlaubte keine Auszeit. Es gelang ihm aber, für diese Zeit in Hamburg zu bleiben und nicht, wie sonst im Außendienst, Deutschland weit auf Reisen zu sein. Margret war froh, dass hre Freundin Ria aus der Zeit, als sie in Bad Gandersheim lebte, bereit war Dorothea und Rembert aufzunehmen. Dieter war mit seinen elf Jahren groß genug, um mit seinem Vater alleine zuhause zurechtzukommen. Er wurde zum Schlüsselkind. Stolz war er darüber, denn sonst wurde den Kindern nie der Hausschlüssel anvertraut. Nach dem gemeinsamen Frühstück mit dem Vater fuhr dieser ins Büro in die Hamburger Innenstadt, und Dieter schwang sich aufs Fahrrad zur Jenischschule dem Privatgymnasium in Nienstedten. Warum er auf einer teuren Privatschule war? Der Umzug von Frankfurt nach Hamburg hatte zu Schulproblemen geführt. Das Schulsystem in Hessen war völlig anders als in Hamburg. Er hatte nach der Grundschule, die in Hamburg übliche Prüfung für's Gymnasium nicht geschafft. Sollte er deshalb auf eine Mittelschule wechseln? Nein, das gab's in diesem Bildungshaushalt nicht. Seit Generationen besteht diese Familie nur aus Akademikern.

Unterdessen waren Dorothea und Rembert bei Tante Ria in Barntrup. Sie ist eine begnadete Künstlerin. Ihre Gemälde hängen in Museen. Mit ihrem Mann, ihren fünf Kindern und ihrer betagten Mutter leben sie in einem kleinen Reihenhaus. „Das riecht aber komisch hier", flüsterte Dorothea ihrem Bruder ins Ohr. Waren es die Ölfarben, die die Luft des Hauses schwängerten, oder das Terpentin in den Gläsern, in denen sie ihre Pinsel reinigte? Ein eigenartiges Haus, es wirkte unordentlich und schmutzig. Das war Zuhause anders. Bei ihnen lag nichts herum.

Alles hatte seinen geordneten Platz, selbst in ihrem Kinderzimmer. Man hätte vom Fußboden essen können. Kein Wunder. Margret jagte die Kinder, gleich nachdem sie die Schulaufgaben kontrolliert hatte, nach draußen an die frische Luft. Da war ja direkt vor der Tür der schöne Mittelstreifen der Allee, wo sie mit Murmeln oder Ball spielen konnten. Manchmal gingen sie zu Christiane, Frauke oder Meino, wenn es zu sehr regnete. Aber niemals waren die Rabauken bei ihnen Zuhause. Die machen ja nur Dreck. Und diese Geräuschkulisse bei Tante Ria. Jeder redete, wie ihm der Schnabel gewachsen war, alle durcheinander. Zuhause hieß es immer, wenn sich die Erwachsenen unterhalten, müssen die Kinder still sein. Und dann der Schock! Dorothea und Rembert trauten ihren Augen nicht. Alle sieben Kinder wurden Zeugen. Als es in der Küche zu wuselig wurde, platzte es aus Ria heraus. Wutschnaubend riss sie die Küchentür auf und schubste ihre über neunzigjährige Großmutter hindurch, den Gang entlang in die Stube, wo in aller Seelenruhe der Hausherr im Sessel sitzend genüsslich ein Buch las. Sie konnte sich nichtmals mehr auf den Beinen halten. So hart waren die Schläge auf dem Brustkorb der alten Dame. Danach war Stille im Karton.

Gleich nach dem Abendbrot hieß es: „Ab, Marsch, ins Bett. Und wehe ihr schlaft nicht gleich!" Dorothea und Rembert bekamen die zwei Matratzen in Heiners Zimmer zugewiesen. Heiner war ein Jahr älter als Dorothea. Er hatte ein Zimmer im ersten Stock, gleich gegenüber des Badezimmers. Er wollte mit seinen Mitschläfern noch ein bisschen heimlich spielen. Doch die Furcht vor dem Dragoner da unten war den Beiden zu groß. Die Furcht war so groß, dass sich Dorothea nicht traute, nachts auf die Toilette zu gehen. So gab es ein böses Erwachen. Sie hatte ins Bett gemacht. Oh Wunder Tante Ria wurde nicht böse. Sie sagte, sie habe eine Waschmaschine im Keller. Was ist das? „Zieh das Bett ab. Dann gehen wir runter und ich zeige sie dir." Dorothea zuckt mit den Schultern: „Das habe ich noch nie gemacht." Also zogen sie es gemeinsam ab. Ein Mädchen muss so etwas lernen. Zusammen trugen sie die Wäsche in den Keller, warfen sie in eine Plastikschüssel, die vor einem großen, weißen Kasten mit einem runden Fenster, wie eine Schiffsluke stand. Das sollte eine Waschmaschine sein, die ganz von selber ihr Pipi aus dem Bettzeug spülen würde. Mutti musste immer kräftig mit viel Seife die Tücher aneinander schrubben, bis sie endlich rein waren. Das machte sie in einer breiten Zinkwanne. Hier sah sie Berge von Wäsche und alles durcheinander auf einem riesigen Haufen. Das gab es zuhause nicht. Dort war alles ordentlich gefaltet und zu mehreren farblich unterschiedlichen Stapeln zusammengelegt; auch vor dem Waschen.

Es war Zeit, in die Schule zu gehen. Heiner war schon im zweiten Schuljahr. Die Erwachsenen meinten, dass sie, das I-Männchen, aufgeweckt genug wäre, um mit ihm gemeinsam in der selben Klasse die Schulbank zu drücken. Also zogen die Beiden zusammen den Abhang hinab zur Schule. In der ersten Schulstunde hatten sie Rechnen. Dorothea überrascht die Lehrerin damit, dass es dieses Schulfach erst ab dem zweiten Schuljahr in Hamburg gäbe. In Niedersachsen wurde das gleich von Anfang an mitgelehrt. Aber als besonders geliebte Tochter eines Diplom Mathematikers hatte sie eine schnelle Auffassungsgabe für dieses Fach. Sie konnte bald mit den Klassenkameraden mithalten. Es machte ihr sogar richtig Spaß im Ge-gensatz zum Lesen und Schreiben. In diesen Fächern war sie eher unaufmerksam. So unaufmerksam, dass Heiner und sie vergaßen, welche Schulaufgaben sie aufhatten. Einer verließ sich auf den anderen. Da wurde Tante Ria natürlich wieder wütend. Sie schickte Heiner zum Schulfreund, um die nötigen Unterlagen zu besorgen, und drohte mit der Rute von Knecht Ruprecht. Bald wäre Nikolaus, der nur Geschenke für brave Kinder dabei hätte. Dass sie nicht zu diesen braven Kindern gehörte, zeigte sich spätestens an diesem Abend. Nach dem Unglück der letzten Nacht kontrollierte Tante Ria, dass sie auch wirklich vor dem Schlafengehen Pipi machte. So, wie sie mit abgewinkelten Ellenbogen und den Händen in ihrer Taille vor ihr, die sie auf der Toilette saß, auf das strahlende Geräusch lauerte, ging gar nichts mehr. Dorothea konnte die Augen schließen und drücken, aber kein Tropfen wollte ihren Körper verlassen. Tante Rias Geduld war am Ende. Sie zerrte sie von der Toilette ins Bett, überlegte es sich anders, und riss sie an den Haaren über die Holzdiele schleifend wieder zurück ins Badezimmer: „Du hast jetzt fünf Minuten Zeit. Dann hast du es erledigt und bist wieder im Bett." Das Knarren der Treppe verriet, sie war nach unten gegangen. Rembert ließ seine weinende Schwester nicht alleine. Leise schlich er sich zu ihr ins Badezimmer. Da schnaubte die Furie die Treppe hoch, fasste beide am Schopfe zurück ins Bett. Heiner verkroch sich unter seiner Decke. Er stellte sich schlafend. So wurde Dorothea zur Bettnässerin. Wirklich unangenehm war ihr das nicht; hat die blöde Pute doch selber Schuld. Warum sagte sie immer, dass sie zu alt wäre und einen Schließmuskel habe? Kann sie nicht mal mit dem Finger auf sich selbst zeigen?

Aber Angst hat sie vor Knecht Ruprecht, der diesen Abend mit dem Nikolaus käme. Als es heftig an die Tür klopfte, ist der Schrecken groß. Ganz schnell versteckt sie sich unter dem großen, schweren Schreibtisch des Hausherrn und zieht den Schreibtischstuhl davor, damit er sie nicht entdecken könnte. Warum sind nur alle anderen so fröhlich und gut gelaunt? Zumindest Heiner war auch nicht brav. Der Nikolaus müsste doch wissen, was Tante Ria so Hässliches mit ihrer Großmutter gemacht hatte. Da dröhnte es mit tiefer Stimme hervor: „Hohoho, hier fehlt ein Kind. Ich habe gehört, dass hier ein Mädchen ist, dass so gut rechnen in der Schule gelernt hat." War sie gemeint? Zögernd kommt sie aus ihrem Versteck hervor. Der Nikolaus begrüßt sie mit respektvoller Stimme, gratuliert ihr zu der hervorragenden Leistung und überreicht ihr ein großes in buntem Papier eingewickeltes Geschenk. Ihre Augen wurden immer größer und strahlten wie Sterne am Firmament. Aus seinem riesigen Jutesack zog er ein Geschenk nach dem anderen. Keiner blieb ohne Geschenk, nicht einmal die Oma oder Tante Ria. Die Rute kam gar nicht zum Einsatz. Waren wir denn alle brav, oder versteht der Nikolaus etwas anderes darunter als wir Erdenbürger? Noch vor Weihnachten kamen Mutti, Vati und Dieter, um Dorothea und Rembert wieder nach Hause zu holen. Da war die Freude groß. Ohne vieler Worte gab Vati Tante Ria Geld für einen neuen Schlafsack. Eine Reinigung der Pipi-Decke sei nicht möglich gewesen. Der weiße Kasten namens Waschmaschine war wohl doch nicht so toll. Dieses Thema sprach zum Glück keiner mehr an. Daheim in Hamburg hattesie auch nie wieder ins Bett gemacht. Und über die bösen Erlebnisse in Barntrup schwiegen dann auch die Kinder. Sie wollten ja nicht ihre Eltern beunruhigen.

Wie schön, wieder in Hamburg zu sein! Alle sind glücklich vereint. Mutti sieht noch etwas blässlich von ihrer Operation aus. Sie lässt sich aber nichts anmerken, sondern gibt sich ganz wie die Alte und hält den Haushalt in Ordnung. Juhu, nach Ostern kommt Dorothea ins zweite Schuljahr. Sie freut sich auf das neue Schulfach „Rechnen". Das hat sie bereits in Barntrup gelernt und kann damit glänzen. Oder doch nicht? Ihre erste Klassenarbeit ist fehlerfrei, aber auch die von ihrem Tischnachbarn Carsten. Deshalb behauptet die Lehrerin, sie habe von ihm abgeschrieben. Rechnen, das könnten nur Jungen. Empört jagt sie gleich nach dem Unterricht nach Hause und meldet ihren Eltern diese unglaublich ungerechte Behandlung. Und wie reagiert der Vater darauf? Er glaubt der Lehrerin. Warum sollten Lehrer lügen? Dagegen schwindeln Kinder häufig mal. Als er ihre Enttäuschung wahrnimmt, erklärt er ihr: „Lehrer haben immer recht. Im Leben ist es nicht wichtig, recht zu haben. Man muss recht bekommen." Was für eine Aussage! Sie weiß, dass die Lehrerin nicht recht hat, aber sogar von ihrem geliebten Vati recht bekommt. Da hilft es nicht, dass er sie tröstend in den Arm nimmt. Sie fühlt sich alleingelassen. Immerhin verspricht er ihr, mit der Lehrerin zu sprechen. Was kommt bei dem Gespräch heraus? Dorothea wechselt zum dritten Schuljahr in die Parallelklasse. Das ist die Klasse, in der ihre Freundin Christiane ist. Die Beiden dürfen aber leider nicht zusammensitzen. Sie bekommt den Platz neben Conny. Die ist zwar einen Kopf kleiner als sie, die sie auch nicht besonders groß und sehr zierlich ist, gilt aber als ausgesprochen intelligent und kommt aus gutem Hause. Der Vater ist ein angesehener Nervenarzt. Schnell werden die Zwei Freundinnen. Jeden Nachmittag nach der Schule hocken sie zusammen. Sie darf sogar Conny auf einem ihrer sonntäglichen Spaziergänge mitnehmen. Es geht nach Klövensteen. In diesem Wald des Hamburger Elbvorortes gibt es Pferde und ein Wildgehege mit Wildschweinen und Rotwild. Dieser Ausflug macht allen richtig Spaß. Selbst die Wildschweine, die sich heftig im stinkendem Sumpf suhlen und wälzen, dürfen sie füttern. Mit Conny ist alles ganz anders als sonst. Sie hat mit ihrem Charme das Herz aller erobert. Auch Dorothea ist sehr beliebt. Wie oft wird sie von ihren Mitschülern auf dem Schulweg beim Kiosk an der Kreuzung zu einem Eis am Stiel für zehn Pfennig oder einem Lolli, der wie eine Pyramide aussieht, für fünf Pfennig eingeladen. Das hätte sie sich selber nicht kaufen können. Sie bekommt kein Taschengeld wie die anderen. Das Leberwurst- oder Schinkenbrot muss für den Schultag reichen. Außerdem darf sie sich in der Pause beim Schulhausmeister eine Dreieckstüte Milch holen. Diese Kosten zahlt Mutti einmal die Woche. Es gibt auch Kakao, aber den darf sie nicht haben. Er sei nicht gesund.

Zwei Jungen aus der Klasse über ihr bekommen immer Kakao. Oft tauschen Conny und Dorothea mit ihnen ihre Tüten. Überhaupt ist es ganz lustig mit den Jungen. Sie spielen mit ihnen auf dem Schulhof „Fangen". Nur manchmal, wenn sie mit einem

Stöckchen ihre Röckchen hochziehen, als wollten sie ihre Schlüpfer sehen, das nervt die Mädchen gewaltig. Eines Tages erzählt Thomas, der eine der beiden Jungen, dass er zum Geburtstag einen richtigen Doktorkoffer geschenkt bekommen hat; mit Stethoskop, Spritze, Verbandszeug und alles, was dazugehört. Das findet Dorothea spannend. Na ja, die Spritze nicht. Da verfolgen sie schlechte Erinnerungen. Ihre Eltern erzählen noch heute, was Klein-Dorothea in Frankfurt für Kräfte entwickelt hätte, als sie die Kinderschutzimpfungen gegen Masern, Windpocken, Diphtherie, Tetanus und Polio (Kinderlähmung) bekommen hatte. Fünf Erwachsene wären nicht in der Lage gewesen, ihr rotes Strickhöschen herunterzuziehen. Arzt, Sprechstundenhilfen und die Eltern wären machtlos gewesen. So hätte der Arzt durch den Schlüpfer hindurch die Spritze geben müssen. Nun, Thomas Doktorkoffer ist ja Spielzeug. Da wird ihr so etwas nicht blühen. Aber....? Die beiden Jungen laden beide Mädels zu Thomas nach Hause ein. Conny hat kein Interesse daran. Sie kennt diese medizinischen Instrumente in Echt von ihrem Vater, der ja Arzt ist. Also geht Dorothea gleich nach der Schule alleine mit ihnen mit. Thomas hat im Keller des pompösen Hauses seiner Eltern sein eigenes Reich. Dort kann er machen, was er will. So scheint es. Er hat sogar einen eigenen Hausschlüssel. Selbst noch im Flur zur Kellertreppe liegen kostbare echte Perserteppiche, an den Rändern teilweise übereinander. An den Wänden hängen Ölgemälde. Nur Menschen, die gibt es hier nicht. Hier wartet keine Mutti, die fragt, was es in der Schule gab. In Thomas' Zimmer steht ein Regal, das eine ganze Wand ausfüllt und vollgestopft mit diversen Spielen ist und Legosteinen, so weit das Auge reicht. Thomas zieht sich einen weißen Arztkittel an, hängt sich das Stethoskop um den Hals und setzt sich die medizinische Stirnlampe auf. Dorothea ist seine Sprechstundenhilfe und der Freund der Patient. Nach ein paar Untersuchungen, wie das Herz abhorchen und in den Rachen schauen, ist Rollentausch. Nun ist Dorothea die Patientin. Wie soll es anders sein?

Bei ihr soll die Spritze zum Einsatz kommen. Dazu muss sie ihr Höschen herunterlassen. Fröhlich lachend helfen die Jungen ihr dabei. Vor allem hat Thomas seinen Spaß. Sein Freund ist etwas zögerlich. Ihr Kinderarzt von damals hätte viel von den Beiden lernen können. Mit der richtigen Geschichte hätte er nicht die Gewalt anwenden müssen. Als die Jungen ihr die Spritze in den Popo schieben wollen, da ist abrupt das Spiel vorbei. Sie springt auf: „So wird mit mir nicht gespielt!" Hose hoch und nix wie weg, ab nach Hause. Die Mutter wartet schon auf sie. Normalerweise steht sie mit dem Holzkochlöffel an der Tür, wenn die Kinder nur eine einzige Minute zu spät kommen. Ihre Devise lautet „Des Stahls Pünktlichkeit ist zehn Minuten vor der Zeit". Das hat sich in Dorotheas ganzem Leben eingeprägt. Der Kochlöffel ist bereits von der Prügel ramponiert. Diesmal kommt er nicht zum Einsatz. Oh Wunder! Sie empfängt sie liebevoll. Es duftet nach Dorotheas' Lieblingsspeise Ravioli. Ob die Mutter spürt, dass sich ihr Kind gerade nicht sonderlich wohl fühlt? Was war das nur für ein komisches Spiel, was die Jungen mit ihr vorhatten? Da geht sie nicht wieder hin. Sie beschließt, Thomas keines Blickes mehr zu würdigen. Ihre Freundin Conny macht mit: „Jungen sind blöd!"

Aber nicht Dieter oder Rembert. Der große Bruder führt sie in eine neue Musik ein. Seit die Eltern einen Plattenspieler haben, hat Dieter eine Single von Gus Backus „Da sprach der alte Häuptling, der Indianer...". Das ist eine Vinyl-Platte. Dieser neue Kunststoff macht die Schallplatten nicht nur leichter als die alten Schellackplatten. Sie hat auch eine andere Tonqualität und verfügt über ein Stereo-Signal. So eine Single kreist auf dem Plattenteller mit fünfundvierzig Umdrehungen pro Minute. Mutti hat eine Langspielplatte von Ray Connif „Say it with Music". Sie hat dreiunddreißig ein Drittel Umdrehungen pro Minute auf dem Plattenteller. Margret schätzt Ray Connif, weil er so melodisch spielt. Er selbst hat spöttisch gesagt, dass Songs mit einer ungeraden Taktzahl im Refrain „Musik linker Hand" seien. So frotzelt er, dass der Zuhörer beim Tanzen auf dem Schlussakkord „nicht den Fuß in der Luft haben möchte". Von dieser Musik will Dieter nichts mehr wissen. Die Beatles sind der Renner. Das ist Musik. Ihre Pilzkopf-Frisuren sind super mega geil. Die will er auch haben. Margret lacht ihn aus. Erhard winkt ab: „Das ist doch keine Musik, dieses Geschrei. Ich gebe ihnen ein halbes Jahr. Dann spricht keiner mehr von denen." Das sehen Dorothea und Conny anders. Der Nachbarsjunge Meino kann sogar alle Texte der Beatles auswendig. Dieter hat von nun an ein nachhaltiges Frisurenproblem. Die Haare dürfen seine Ohren nicht berühren. Also versucht er die Eltern zu beschummeln. In die Hände gespuckt und mit der Spucke, die Haare hinterm Ohr ankleben. Das hält nicht lange vor, ist aber schnell gemacht, wenn die Kontrolle sich nähert. Rembert und Dorothea beobachten dabei ihren großen Bruder. Sie staunen, wieviel Zeit er vorm Spiegel verbringt. Rechts drücken, links drücken, in die Hände gespuckt und das ganze Procedere von vorne. Er kämpft mit seinen widerspenstigen Haaren. Das ist gar nicht lustig; nicht lustig für ihn. Für Mutti, Schwester und Bruder umso mehr. Wie gut, dass Vati das nicht sieht. Er hätte ihn standepede zum Frisör geschleppt; Topf auf den Kopf und rundherum abrasiert. Nicht ganz, aber keine Strähne hätte die Ohrmuschel berührt. Mutti schickt die beiden Kleinen noch schmunzelnd raus zum Spielen.

Ihr Lachen soll ihr bald vergehen, als Rembert ohne seine Schwester nach Hause kommt. Sie waren auf dem nahegelegenen Spielplatz. Dort trafen sie Frauke, Christiane und Meino. Nicht nur. Ein älterer Herr sprach die Kinder an. Der war sichtlich erfreut über ihr sportliches Treiben. Ganz besonders bewunderte dieser Mann das wilde Schaukeln von Christiane und Dorothea; wie hoch der Fahrtwind ihre Röckchen wehte. Seine Blicke waren Meino suspekt. Als er auch noch den Kindern ein

Eis versprach, zog es Meino nach Hause. Er wollte, seine Schwester und Freunde mitnehmen. Sie wollten aber das Eis. Für seine Schwester gab es kein Pardon. Sie musste mit ihm mitgehen. Nach kurzem Zögern schlossen sich Christiane und Rembert den Beiden an. Es sei ja auch bald dunkel. Dorothea will sich partout die Chance auf ein Eis nicht nehmen lassen. Sie erklärt dem Mann sogar, wo der Kiosk ist, in dem ein Vanilleeis am Stiel nur zehn Pfennig kostet, nimmt ihn an die Hand, drängt um Beeilung, denn um kurz vor sechs Uhr bleibt nicht viel Zeit bis der Kiosk schließt. Vergnüglich laufen sie die Allee entlang. Oh je, die Mutter steht nach ihrem geliebten Töchterchen Ausschau haltend auf dem Balkon. Da entdeckt sie ihren Liebling fröhlich an der Hand dieses Fremden. „Dorothea", ruft sie, „komm sofort rauf!" Dorothea kennt keinen Halt. Ein leckeres Eis, wann würde sie das mal kriegen. Sie schreit energisch zurück: „Nein, das ist ein ganz netter Mann. Er schenkt mir ein Eis!" „Du kommst sofort rauf. Sonst kannst du was erleben!" schallt es zurück. Was meint die Mutter damit? Warum lässt spontan der Mann ihre Hand los? Plötzlich ist er verschwunden, dieser nette Mann. Kein Eis, aber enorme Schimpfe fürchtet sie. Langsam und traurig steigt sie eine Stufe nach der anderen bis in den dritten Stock das Treppenhaus nach oben. Oh Wunder, die Mutter schließt sie herzlich in ihre Arme. Es gibt keine Schelte. Sie erklärt allen ihren Kindern, was ein Mitschnacker ist. Das sind Sittlichkeitsverbrecher, die kleine Kinder ansprechen, ihnen Schokolade oder Eis versprechen und sich dann an ihnen sexuell vergehen. Manchmal töten sie die Kinder anschließend. „Dorothea, Rembert, Dieter, habt ihr das verstanden? Ihr dürft mit keinem Fremden mitgehen. Versprecht ihr mir das?" Alle Drei haben verstanden, dass es ihrer Mutti sehr ernst ist. Aber sexuell vergehen; was is dat denn? Lieber nicht nachfragen. Sie hat gar nicht geschimpft, und sie wirkt so bedrückt. So haben sie Mutti noch nie erlebt. Deshalb halten sie alle ihren Zeige- und Mittelfinger in die Höhe und schwören ein großes

Ehrenwort. Die Kinder verziehen sich ganz still und wortlos in ihr Kinderzimmer. Schweigend kauen sie an ihrem Abendbrot, nehmen ohne Murren den Löffel Lebertran, der sonst nur mit zeter und mordio und einem Glas Milch heruntergewürgt wird. Diese angeblich so gesunde Flüssigkeit schmeckt ekelhaft. Mucksmäuschen still putzt sich jeder freiwillig die Zähne und verschwindet sauber in sein Bettchen. Das war nicht immer so. Die Mutter schaut zum Abendgebet herein, wünscht eine gute Nacht, schließt leise die Tür und wartet im Wohnzimmer sehnlichst auf ihren Mann. Sie braucht nicht lange zu warten. Da hört sie, wie sich der Hausschlüssel in der Wohnungstür dreht. Erhard kommt von einem langen Arbeitstag nach Hause. Ob der wohl auch so anstrengend war? Sie beschließt ihm nichts von der Episode mit dem Mitschnacker zu erzählen. Das würde ihn nur aufwühlen. Oder fürchtet sie, wieder Vorwürfe wegen schlechter Kindererziehung zu bekommen?

Bevor es am nächsten Morgen in die Schule geht, flüstert Dorothea ihrem kleinen Bruder zu: „Heute sind wir mal ganz brav und machen Mutti nur Freude." Zu Dieter braucht sie das nicht zu sagen. Er ist immer brav, zu brav. Auf dem Schulweg mittags nach Hause sieht sie, wie ihr großer Bruder von zwei Jungen verprügelt wird. Ganz schnell rennt sie zu ihm. Sie feuert ihn an zurückzuschlagen. Er wehrt sich nicht. Die Nase blutet und keinerlei Regung von ihm. Da wirft sie schleunigst ihren Ranzen ab, setzt mit ihrer kleinen Faust einen heftigen Kinnschlag gegen den Unterkiefer des Größeren der beiden Schläger. Völlig erstarrt lassen sie von ihrem Bruder ab und suchen das Weite. Schmutzig und mit diversen Blessuren kommt das Geschwisterpaar heim. Die Mutter setzt gerade an: „Oh je, wie seht ihr denn aus?" Da interveniert Dorothea: „Dieter hat überhaupt nicht zurückgeschlagen, als die beiden Jungs ihn verdroschen. Ich musste ihm doch helfen." Sprach's und beginnt zu weinen. Da fragt die Mutter tröstend ihren Buben: „Warum hast du dich nicht gewehrt?" Seine Antwort: „Das tut ihm doch weh!"

Dorothea kann's nicht fassen. Die Mutter nimmt ihn in den Arm und säubert mit einer Jodtinktur die Blessuren. Oh, wie das brennt! Die Wunden erstrahlen in einem wunderschönen Rot. Rembert grinst und flüstert seiner Schwester zu: „Heute sind wir mal ganz brav und machen Mutti nur Freude." Das galt dann wohl für den Rest des Tages. Auch von dieser Episode sollte der Vater nichts erfahren.

Aber die Einladung, die sein Ältester für nächsten Sonntag Nachmittag hat, die darf er wissen. Vater und Mutter sind sehr stolz über diese ehrenvolle Einladung. Dieters Schulkamerad Swante nimmt ihn mit zu seinem Onkel, keinem Geringeren als Felix Graf von Luckner. Seine abenteuerliche Geschichte um die Kaperfahrt der „Seeadler" während des ersten Weltkrieges brachte dem Grafen neben Ruhm und Ehre die Bezeichnung „Seeteufel" ein. Man sagt, er habe so viel Kraft, dass er eine rohe Kartoffel mit einer Hand zerdrücken, einen „Heiermann" -das ist ein Fünf-Deutsche-Mark-Stück- mit seinen Fingern verbiegen und das dicke Hamburger Telefonbuch mit seinen Händen in zwei Stücke zerreißen könne. Dieser Mann entstammt einer Adelsfamilie mit langer Tradition. Zu Ehren seines Urahns wurde damals der Rheinländische Marsch „Die Marseillaise" komponiert, die bis heute die französische Nationalhymne ist. Er selber erhielt für sein Wirken Ende des zweiten Weltkrieges im Jahre 1953 das Bundesverdienstkreuz am Bande verliehen. Durch den Einsatz seiner Popularität erreichte er, dass sich die Amerikaner mit einem Teilrückzug zufrieden gaben und auf das Bombardement verzichteten. Das sind für Margret und Erhard die richtigen Kreise, in denen sich ihre Kinder bewegen sollen. Für Dieter war dieser Sonntag gigantisch. Kaum Zuhause plappert er gleich los. Dieser kräftige alte Mann konnte so spannende Geschichten erzählen. Die Jungs klebten ihm an den Lippen. „Mutti, der war schon überall auf der Welt. Weißt du, wo Neuseeland liegt? Das ist ganz weit weg. Das ist auf der anderen Seite der Erdkugel. Er war da; mit einem ganz großen Segelboot.

Und die Wellen waren ganz, ganz hoch; höher als unser Haus; hoch wie ein Hochhaus. Kannst du dir das vorstellen?" Rembert und Dorothea stehen mit offenen Mündern da. Mutter und Vater hören aufmerksam, sich glückliche Blicke zuwerfend, zu. Soll das ihr Junge sein, der so viel erzählt? Dann überreicht er mit stolz geschwellter Brust das Buch „Der Seeteufel" mit einer persönlichen Widmung des Grafen, „Kiek in di Sünn, lieber Dieter". Bei Margret werden Erinnerungen an ihren Bruder Heinrich wach. Heinrich träumte nämlich als junger Bursche von der Seefahrt. Da heuerte Opa ihn kurzerhand auf einem Schiff von Genua nach New York an. So wird der Junge am Besten lernen, dass die Seefahrt mit Schiffszwieback kein Zucker schlecken oder romantisches Abenteuer ist. Opas Lachen verging ihm bald. Als er seinen Jungen im Hafen von Genua dem Kapitän des Schiffes übergab, meinte dieser, dass er seinem Sohn diese Strapazen nicht antun würde. Ein Zurück gab es für ihn keinesfalls. Gewissensbisse plagten ihn. Wer wohl in dieser Zeit mehr litt, Opa oder Heinrich? Heinrich hatte alles gut überstanden. Opa war erleichtert. Aus dem Jungen wurde ein starker, schneidiger Mann. So liebte Margret ihren Bruder unaufhörlich. Obwohl sie Dieter immer mit Heinrich vergleicht, würde sie ihrem Sohn lieber diese Erfahrung ersparen. So eine Seefahrt, die ist gar nicht lustig!

Sie wünscht ihm ein gutes Abitur mit anschließendem Studium und dem besten Umgang. Dazu zählen sein Freund Swante, der aus adeligem Hause stammt, wie auch Dorotheas Freundin Conny, dessen Vater ein renommierter Nervenarzt ist. Warum Christiane nicht dazugehört, erschließt sich Dorothea nicht. Hat ihr Vater den falschen Beruf? Ist Mutti der Beruf wichtiger als der Mensch? Sie hat doch selbst keinen Beruf. Ihr ist es aber aufgefallen, dass die Mutter von Conny oft mit Frau Doktor angesprochen wird, obwohl sie wie Mutti nur eine Hausfrau ohne Berufsausbildung ist. Conny's Mutter winkt dann immer ab. Sie will den Doktortitel ihres Mannes für sich nicht in Anspruch nehmen. Das hat Mutti sehr imponiert. Das wäre wahre Größe. Also warum darf sie nicht mit Christiane spielen? Sie versteht es nicht. Trotzdem ist sie jetzt meistens bei Conny.

Eines frühen Abends, als sie wieder bei Conny zuhause ist, geschieht etwas Ungewöhnliches. Conny's Vater gelingt es nicht seine Unruhe zu verbergen, als er in das Kinderzimmer stürmt. Ein guter Schauspieler ist er wahrlich nicht. Das Vibrato seiner Stimme spricht Bände. So aufgeregt ist er. Wo ist es geblieben, sein ruhiges Wesen, seine Gelassenheit und sein kinderfreundliches Einfühlungsvermögen? Conny und Dorothea schauen sich erstaunt an. Sie fühlen sich keiner Schuld bewusst. Seine folgenden Worte klingen nicht nach Vorwürfen. Irgendetwas Bedrohliches hören sie heraus. Was ist nur geschehen? Conny's Eltern saßen doch eben noch friedlich vor ihrem Fernseher. Den gibt es in Dorotheas Elternhaus nicht. So eine „Klimperkiste", wie Vati sagt, sei ungesund und würde zur Verdummung der Menschheit beitragen. Diesmal hat diese Kiste nichts Verdummendes an sich. Conny's Eltern lauschten aufmerksam den Nachrichten. Dort schockierte der amerikanische Präsident John F. Kennedy die Welt. Die Sowjetunion habe auf Kuba Atomraketen stationiert, nur zweihundert Kilometer von der Küste Floridas entfernt. Die Kuba-Krise bringt die Welt an den Rand eines Atomkrieges und ist der Höhepunkt des Kalten Krieges. Was das so kurz nach dem zweiten Weltkrieg bedeutet, dessen seelische Wunden noch nicht verheilt sind, erfassen Conny und Dorothea nicht. Amerika liegt doch viel zu weit weg, oder doch nicht? Mit ernstem Gesicht und ausschweifender Erklärung schickt der Vater Dorothea nach Hause. Er bittet darum, dass ein Elternteil ihn gleich nach ihrer Ankunft anrufen möge. Wie vom Blitz getroffen schlüpft sie in ihr Mäntelchen und ihre Schühchen und rennt so schnell, wie sie kann, heim. „Mutti, du sollst Connys Vater anrufen", brüllt sie, als würde die Welt untergehen. „Es ist etwas ganz Schlimmes passiert." „Nun beruhige dich erstmal," beschwichtigt sie die Mutter. „Was ist denn los?" „Ich weiß es nicht. Er hat ferngesehen. Dann schickte er mich nach Hause. Ich habe ihn noch nie so gesehen." Besänftigend hilft Mutti ihr aus dem Mantel. Vati darf nicht gestört werden. Er hängt mit seinem Ohr am Radio, konzentriert sich auf die Nachrichten eines eventuellen Atomkrieges. Sie bleiben aber viel gelassener. Ihre Devise: in Krisenzeiten muss man die Ruhe bewahren. Was soll das heißen? Mutti flüstert ihren Kindern zu: „Stellt keine Fragen. Geht leise in euer Zimmer. Alles wird gut! Nichts wird so heiß gegessen, wie es gekocht wird." Alle gehorchen. Margret erinnert sich an die Worte ihres Vaters am Ende des zweiten Weltkrieges auf dem Gutshof. „Die Amis spielen nur mit euch." Das war, als die Flieger den langen Weg zum Hof hinter ihnen herschossen und sie sich in die Gräben flüchteten. Sie kamen stets heil nach Hause. Das wird auch jetzt so sein. Die großen Streitmächte, die USA und die Sowjetunion spielen miteinander; ein gefährliches Spiel. Das spüren alle. Oder hat Mutti eine Vorahnung? Nur acht Monate später, am 26. Juni 1963 kommt der US-Präsident John F. Kennedy mitten in der Phase des Kalten Krieges, als es zwischen Ost und West so richtig brodelt, ausgerechnet in die „Frontstadt" West-Berlin. Mit nur einem Satz „ich bin ein Berliner" bewegt und beruhigt er die Menschen im abgeschnittenen Westteil, der durch den Mauerbau 1961 und dem Potsdamer Abkommen der Alliierten 1945 zu einer Insel Westdeutschlands im sowjetisch besetzten Gebiet, DDR-Deutsche Demokratische Republik, wurde. Ein weiterer Satz seiner Rede, „die Freiheit ist unteilbar, und wenn auch nur einer versklavt ist, dann sind alle nicht frei" lässt die Menschen Westdeutschlands aufatmen. Sie fühlen sich beschützt. Das Leben im geteilten Deutschland wird zu einer Normalität. Der Vater schafft das Geld heran, die Kinder lernen in der Schule und die Mutter kümmert sich um das Wohl der Familie. Inzwischen ist auch Rembert eingeschult. Dort hat er Michael, ein sehr aufgewecktes Bürschchen, kennengelernt.

Das Weihnachtsfest steht bevor. Die Spannung bei den Kindern wächst mit jedem Tag. Was wird wohl das Christkind für sie mitbringen? Eigentlich glauben sie nicht mehr an den Weihnachtsmann. Trotzdem schreibt jeder eine lange Wunschliste. Rembert wünscht sich einen Roller und Autos. Autos kann er nicht genug haben. Dorothea hofft auf eine Puppenstube und eine heile Puppe. Bei ihrer Puppe hatte der kleine Rotzlöffel die Augen eingedrückt, weil sie beim Spielen mit den Autos immer die Polizei sein wollte. So hatte Rembert die Puppe krankenhausreif gemacht. Ohne Verletzte hätte die Polizei keinen Einsatz.

Auf Dieters Liste steht nur eine Eisenbahn von Märklin. Die würde ihn glücklich machen. Er spart bereits darauf. Er ist der Einzige von den Dreien, der jede Woche ein kleines Taschengeld bekommt. Als Gymnasiast muss er lernen, mit Geld umzugehen. Für jede Klassenarbeit mit der Note „1" erhält er eine Mark, für jede „2" fünfzig Pfennige. Solche Noten sind bei ihm eher selten, aber dennoch hat er bereits einige Eisenbahnschienen kaufen können. Für eine Lokomotive oder gar einen Trafo reicht sein Budget nicht. Da muss er fleißig lernen oder auf Weihnachten hoffen.

Erst müssen sich alle in Geduld üben. Das Weihnachtsfest bei den Stahls ist nämlich ein religiöses Fest mit einem traditionellen Ablauf, an den sich alle halten müssen. Jedes Jahr geht der Vater in der Woche vor Weihnachten mit einem seiner Kinder einen Weihnachtsbaum kaufen. Dieses Jahr darf Dorothea den Baum aussuchen. Auf dem Marktplatz stehen so viele Tannenbäume, große, kleine, mit dicken Nadeln, mit feinen und in ganz unterschiedlichen Grüntönen. Alle sind so schön, und wie viele verschiedene Düfte sie haben. Wer die Wahl hat, hat die Qual. Der Vater hilft. Zu groß darf er nicht sein, denn er soll auf einem kleinen Tischchen stehen, damit die alte Krippe mit handgeschnitzten Holzfiguren von seinen Tanten, die er seit vierzig Jahren wie seinen Augapfel hütet, nicht seine festliche Wirkung verliert. Es soll ein Baum sein, der möglichst wenig nadelt. Seine Zweige sollen gleichmäßig und ausladend mit genügend Abstand voneinander haben, damit die Bienenwachskerzen kein Unheil anrichten, wenn sie den Baum in ihrem Schein erstrahlen lassen. Während er das alles seiner Tochter erklärt, ruft sie, ihn an der Hand zu den linken Bäumen zerrend: „Schau mal da! Der Baum winkt mir zu!" Erhard verharrt einen Augenblick. Meint sie der Baum lebt und spricht mit ihr? Die Fantasie seiner Tochter will er nicht unterbinden, fragt aber nach, wie sie das meint. Sie antwortet prompt: „ Siehst du das denn nicht, wie sich die Äste bewegen? Den Baum möchte ich haben; keinen anderen!" Es ist eine pazifische Edeltanne, auch Silbertanne genannt. Das ist eines der teuersten Bäume auf diesem Markt. Er ist stolz über den anspruchsvollen Geschmack seiner Tochter und stimmt dem Kauf zu. Für fünf Mark ergattert er einen jungen Mann als Träger für den Heimweg. In eisiger Kälte muss dann der Baum auf dem Balkon aushalten. Einen Tag vor Weihnachten bleibt das Wohnzimmer für die Kinder verschlossen. Es ist nur noch für Eltern und das Christkind zugänglich. Die Neugierde wächst. Was geschieht hinter dieser verschlossenen Tür. Rembert lugt heimlich durch das Schlüsselloch. Dorothea und Dieter halten Wache, um nicht entdeckt zu werden. Entdecken kann er nichts. Oder haben sie ein Rascheln hinter der Tür vernommen? Gibt es doch einen Weihnachtsmann? Vati ist heute morgen, wie üblich, zur Arbeit gefahren. Mutti steht in der Küche und macht das Mittagessen. Also weiterhin die Ohren spitzen und Geduld üben.

Es ist Heiligabend vierzehn Uhr. Dorothea sieht süß aus in ihrem rotkarierten Kleidchen und der grauen Wollstrumpfhose, die sie so hasst, weil sie ihr immer das Gefühl vermittelt, dass sie jeden Augenblick in die Kniekehlen rutscht. Zur Feier des Tages mault sie nicht und erträgt dieses unangenehme Gefühl. Dieter und Rembert müssen auf ihre geliebten Lederhosen verzichten. Beide sehen schnieke aus in ihren Hosen aus feinstem Tuch und den weißen steif gebügelten Hemden. Dazu trägt Rembert eine karierte Fliege und Dieter eine blaue, gestrickte Krawatte. Die Familie zieht fröhlich in die Kirche zum Kindergottesdienst. Dort gibt es ein Krippenspiel, in dem Kinder die traditionelle Weihnachtsgeschichte von der Geburt Jesu szenisch darstellen. Das ist für sie nicht so langweilig wie diese ellenlangen Predigten, die der Pastor im Gottesdienst für Erwachsene hält. Das findet nur Vati interessant. Heute muss er zurückstecken. Dafür freut er sich die ganze Familie bei sich zu haben. Dieter findet, dass Mutti die hübscheste Frau in der Kirche ist. Ihr echter Persianermantel und der rote Lippenstift machen sie so attraktiv. Zum Schluss reicht Vati jedem seiner Kinder einen Groschen und Mutti 1,- DM-Stück für den Klingelbeutel, der für „Brot für die Welt" bestimmt ist, denn zu Weihnachten, da muss man doch sein Hab und Gut teilen. Bei Glockenklang geht es nach Hause. Die Aufregung steigt weiter.

Jeder weiß, wo sein Platz ist. Der Herr des Hauses im Wohnzimmer, die Kinder im Kinderzimmer und Mutti in der Küche. Sie bereitet Kartoffelsalat mit Wiener Würstchen zu. An diesem Tag soll sie mal nicht so viel Arbeit mit dem Essen haben. Alles steht bereit. Der Weihnachtsbaum ist geschmückt, die Kerzen angezündet. Das festliche Wohnzimmer dürfen sie erst betreten, wenn Vati das Glöckchen klingelt. Wie die Orgelpfeifen stehen Mutter und Kinder vor der Zimmertür und warten. Juhu, es klingelt. Die Tür öffnet sich. Rembert sieht den leuchtenden, mit Strohsternen und Engelchen bestückten Baum und ruft: „Genau, den habe ich mir gewünscht!" Er hat wohl die Geschenke noch nicht entdeckt. Sie liegen auf dem Esstisch und sind von einem riesigen, weißen Bettlaken verdeckt, das an den Seiten bis auf den Boden reicht. Nichts zu erkennen. Vati nimmt die Bibel zur Hand. Sie ist dick, groß, rot und die Seiten leuchten am Rand gülden. Er liest langsam und tragend den ersten Teil der Weihnachtsgeschichte vor. Bedächtig hören alle zu. Zumindest scheint es so. Nun ist Dieter gefragt, seine bei Fräulein Ninke erlernten Klavierkenntnisse zum Besten zu geben. Er spielt trotz Aufregung fehlerfrei ein Präludium von Bach. Alle applaudieren. Mutti ist ganz besonders gerührt. Wie musikalisch ihr Junge ist! Vati liest den zweiten Teil der Weihnachtsgeschichte. Jetzt stellt sich Rembert stocksteif mit gerader Haltung und feierlicher Miene, seinem Vater gleich, vor den Tannenbaum und trägt mit getragener Stimme sein Gedicht vor:

Advent, Advent, ein Lichtlein brennt,

erst eins, dann zwei, dann drei, dann vier, dann steht das

Christkind vor der Tür.

Begeisterung strömt durch den Raum, wie gut der kleine Mann das machte. Die Kinderaugen verweilen immer länger auf dem weißen Bettlaken über dem Gabentisch.

Der dritte Teil der Weihnachtsgeschichte, und dann setzen sich Mutti und Vati ans Klavier. Vierhändig spielen sie Weihnachtslieder: „Vom Himmel hoch, da komm ich her....", „Oh, du Fröhliche....", und zum Schluss „Stille Nacht, heilige Nacht....." Dorothea begleitet sie auf der Blockflöte. Eltern, Dieter und Rembert singen textsicher und voller Inbrunst mit. Die Jungs machen sich einen Spaß daraus, als wenn sie sich selbst einen Witz erzählen. Richtig spaßig ist es, als Rembert beim letzten Lied den Text nicht inhaltlich richtig erfasst. Er singt lauthals anstatt „Oh, wie lacht" ein „Ovi lacht. Darüber lachen alle, nur Rembert nicht. Endlich der letzte Teil der Weihnachtsgeschichte, und anschließend spielen Mutti und Vati vierhändig die „Petersburger Schlittenfahrt" von Richard Eilenberg komponiert und von Vati's geschätztem Komponisten Robert Schumann übernommen! Dieses flotte Orchestermusikstück schrieb Eilenberg 1886. Sein Werk gilt als der älteste verzeichnete Titel im „Lexikon des deutschen Schlagers". Er darf auf keiner Weihnachtsfeier von Erhard fehlen. Liegt es daran, dass der Komponist so gute Kontakte zu Russland hegte? Dabei ist ihm das kommunistische Russland zuwider. Er schätzt den kapitalistischen Westen. Vielleicht sind es ein paar positive Erinnerungen in seiner schweren Zeit in der russischen Gefangenschaft. Eilenberg's Konzertreisen führten durch halb Europa. So hatte er eine Einladung des Zaren nach Russland. Er wurde beauftragt, den Krönungsmarsch zur Feier der Inthronisierung des Kaisers Alexander III. von Russland zu komponieren. Das Werk erklang pünktlich zur Krönungsfeierlichkeit 1883 in Moskau. Fortan weilte er oftmals an Moskva wie Newa, wo er im russischen Winter zur „Petersburger Schlittenfahrt" angeregt wurde.

Immer wenn Vati mit Mutti dieses Klavierstück zusammen auf dem Klavier gespielt haben, geht so ein besonderer Glanz über sein Gesicht.

Jetzt aber ran an die Geschenke! Nein, erst werden Kartoffelsalat und Würstchen gegessen. Dazu öffnet er eine Flasche seines besten Weines. Für die Kinder gibt es zur Feier des Tages keine Milch, sondern Sinalco. Nein, nicht Sinalco Cola, sondern Sinalco Orange. Cola wäre ungesund und mache süchtig. Sinalco Orange ist so lecker und süß. Die Bescherung muss warten. Alle stoßen mit ihren Gläsern miteinander an, wünschen sich frohe Weihnachten zum Fest der Liebe, wie die Eltern beide betonen. Im Krieg war das Leben Kampf und sollte Liebe sein. Zu Weihnachten ist das Leben Liebe und sollte kein Kampf sein. Vati gibt sogar Mutti einen Kuss direkt auf den Mund. Das haben die Kinder noch nie gesehen. Ist er verliebt? Mutti freut sich über den hellen Klang der Weingläser beim Anstoßen. Das sei ein Zeichen von Qualität. Ihre Gläser sind sehr wertvoll. Hat eine Eisenbahn, wie Dieter sie sich wünscht, nicht diese Stahlsche Qualität? Vati betont oft, dass es kein dümmeres Spielzeug als eine Eisenbahn gäbe. Nur zu sehen, wie die Bahn auf den Schienen kreist, sei etwas für Blödmänner und bringe keinerlei Lernerfolg.

Ta ta ta taaaaa! Das Bettlaken ist gelüftet und findet sofort seinen Platz, sorgfälltig gefaltet, im Schrank. Bei Mutti darf nichts herumliegen. Der Tisch gibt fünf weihnachtliche Pappteller mit Wallnüssen, Paranüssen, Haselnüssen, Spekulatius, Marzipankartoffeln, Lebkuchenherzen, einer Mandarine, einem Schokoladenweihnachtsmann, Karamellbonbons und Gummibärchen, die Rembert über alles liebt, frei. Rembert könnte sich von Gummibärchen und Plockwurst ernähren. Alles andere muss man ihm aufdrängen.

Dieter scheint nicht enttäuscht über die fehlende Eisenbahn zu sein. Er freut sich über die große Kiste mit allem Zubehör für Laubsägearbeiten. Mit Holz kreativ sein, das gefällt ihm. Und dann sind da noch drei Schächtelchen mit Faller Modellbausätzen: ein Bahnhof, ein Bahnsteig mit Zubehör und ein Wohnhaus mit Dorfladen. Vielleicht wird es doch noch was mit seiner Eisenbahn. Auch Dorotheas Wunsch auf eine Puppenstube bleibt ein Wunsch. Dafür steht direkt am Rande des Gabentisches ein Kaufmannsladen mit einer Ladentheke, auf der eine Kasse mit Spielgeld steht, und einem Regal, gefüllt mit vielen Miniaturwaren wie Spaghetti, Reis und diversen Maggi-Produkten. Das ist viel besser als eine Puppenstube. Dieter tuschelt in Muttis Ohr: „Dorothea soll wohl lernen, wie man Geschäfte macht." Rembert bekommt seinen sehnlichst erwünschten Roller, stabil mit guten Reifen, einer auch bei höheren Geschwindigkeiten sicheren Hinterradbremse und einer lautklingenden Schelle. Er ist stolz wie Nachbars Lumpi und kann es kaum erwarten, dieses tolle Gefährt auszuprobieren.

Gleich nach Weihnachten ist es soweit. Sein Freund Michael hat auch einen neuen Roller bekommen. Sie verabreden sich zu ihrer ersten längeren Tour. Dass sie so lang wurde, war nicht geplant. Dieser Schock, den Mutti und Vati ertragen mussten, auch nicht. Das Telefon im Hause Stahl klingelt. Mutti ruft aus der Küche: „Vati, geh du bitte ran, wenn das Essen nicht anbrennen soll." Am anderen Ende der Leitung meldet sich ein Polizeikommissar der David- Wache: „Haben Sie einen Sohn namens Rembert?" „Ja", mehr bringt Vati nicht heraus. Er fürchtet das Schlimmste. „Ihr Sohn ist bei uns. Es geht ihm gut." Großes Aufatmen. Erleichtert, aber auch aufgeregt holt er sein Auto und fährt auf schnellstem Wege zur David-Wache. Dorothea nimmt er mit. Im Büro des Polizeikommissars empfängt Rembert sie mit süffisantem Lächeln. Der Polizeikommissar lobt den Bub in höchsten Tönen. Er habe alles richtig gemacht. Wirklich alles? Was war geschehen? Michael und Rembert wollten Michaels Oma besuchen. An einer Weggabelung stritten die Beiden sich über den richtigen Weg. Michael wollte nach links. Rembert war sich sicher, dass sie nach rechts fahren müssten. Beide pochten auf ihr Recht. So rollerte und rollerte er bis er irgendwann an eine Straße kam, die ganz sicher nicht zur Oma führte. So viele Lichter an den Häusern hatte er noch nie gesehen. Es war die Reeperbahn. Was nun? Er wusste nicht vor noch zurück. Da entdeckte er gegenüber ein Haus mit großen Lettern: POLIZEI. Er ging hinein, erzählte ganz sachlich sein Problem. Angst hatte er nicht. Sie waren alle nett zu ihm, gaben ihm sogar ein Glas Apfelsaft. Froh ist er dennoch, dass Vati und Schwester jetzt bei ihm sind. Als Mutti zuhause die Geschichte hört, schimpft sie: „Wie kannst du nur meinen, dass du den Weg zu Michaels Oma besser kennst als Michael?" Eine Antwort gibt er darauf nicht. Warum auch? Er hat seinen Fehler eingesehen. Das Leben geht weiter.

Nächstes Jahr Weihnachten verkündet Erhard seinen neuen Karriereschritt. Nächstes Jahr wird er die Alte Leipziger Versicherungen AG verlassen und Chef des Außendienstes beim namhaftesten Rentengutachter Deutschlands, der Firma Herbert E. G. Höfer mit Sitz in Mülheim an der Ruhr werden. Ein neuer Umzug und Schulwechsel stehen an.

-ESSEN-

Am 8. April 1965 ist es so weit. Der Umzugswagen hat mit allen ihren Möbeln den Weg gen Essen angetreten. Erhard fährt

mit seinem Auto noch schnell zum Getränkemarkt. Inzwischen hat er einen dunkelroten Mercedes Benz 240. Seine Familie soll nicht dursten. Wo hat dieser Mathematiker nur seine Gedanken?

Vor dem Getränkemarkt parkt er direkt hinter einem großen Lastwagen im toten Winkel. Da passiert es, als er gerade seine Kiste „Fachinger Wasser" an der Kasse bezahlt. Rums, und der LKW sitzt beim Versuch auszuparken auf der Motorhaube. Zum Glück ist nicht viel passiert. Der Fahrer hatte ein schnelles Reaktionsvermögen. Trotzdem heißt es jetzt warten bis die Polizei kommt, um Schaden und Unfallhergang zu dokumentieren. Puh, die Polizei erklärt seinen angeschlagenen Wagen noch für fahrtüchtig. Alles andere kann in Essen geregelt werden. Am meisten ärgert sich Erhard über sich selbst. Nun aber schnell die Familie einsammeln. Mutti lacht schadenfroh, dass so etwas ihrem gewissenhaften Mann passiert ist. Bis Essen schaut Erhard missmutig drein. Das hindert ihn nicht aufs Gaspedal zu treten. Im Auto ist er eine Sportskanone. Er liebt das Autofahren. Wenn die Bahn frei ist, soll es schnell gehen. Schnell, was das Fahrzeug hergibt. Dennoch hält er sich an die Geschwindigkeitsbeschränkungen. Nicht immer! Wenn er hundert Meter vor sich das Schild für freie Fahrt sieht, tritt er etwas verfrüht aufs Gaspedal. Er fährt wie ein junger Gott. Schließlich pflegt er zu dem

Herrn eine besondere Beziehung. Jeden Sonntag geht er mit der ganzen Familie in die Kirche. Ob ihn das immer schützt? Und wo bleibt sein sonst stetes Verantwortungsgefühl, das er als Familienoberhaupt so hegt?

Flash! Blitz! Was ist das denn? Es hat ihn erwischt. Mutti äußert sich amüsiert: „Habt ihr für das Foto alle schön gelächelt?" Sein Missmut steigt. Mutti setzt noch einen drauf: „Musst du denn immer so rasen?" Wütend kommt es aus ihm heraus: „Das ist doch eine Frechheit, reine Geldschneiderei, so kurz vor dem Freie-Fahrt-Schild!" Eigentlich kann er froh sein, dass er nicht nach dem Geschwindigkeitsbegrenzungsschild geblitzt wurde. Das wäre ihm teurer gekommen, so schnell wie er dann immer ist. Seine Bremsen müssen doch geschont werden. Deshalb lässt er ab dem Schild sein Auto ausrollen bis es die erlaubte Geschwindigkeit anzeigt. So glaubt er, dass die Motorbremse, also das Herunterschalten des Ganges, sich auf sein Portemonnaie positiv auswirken könnte. Langsam fahren, kommt ihm, dem sonst so Unsportlichen, nicht in den Sinn.

Damals als Student hatte er sich überlegt, dass ihm seine Unsportlichkeit später zum Verhängnis werden könnte. Seitdem rudert er. Eine sitzende, körperliche Ertüchtigung an der frischen Luft und auf dem Wasser, erschien ihm für sich als ideale Sportart. Er trat in den ARV, der akademischen Ruderverbindung Münster ein. Eine schlagende Verbindung lehnte er nach seinen Kriegserlebnissen vehement ab. Sich mit einer Mensur zur Schau stellen, passt nicht in seine Vorstellungen vom Leben. Eine Mensur ist ein traditioneller, streng reglementierter Fechtkampf zwischen zwei männlichen Mitgliedern unterschiedlicher Studentenverbindungen mit geschärften Klingenwaffen. Dieses Kräftemessen und die damit verbundenen Blessuren, auch Schmisse genannt, liegen ihm nicht. Vielen Frauen von damals gefielen diese schmissigen Männer. Sie strahlten so eine Männlichkeit aus. Da fühlten sie sich geborgen. Für diese Schönheit hatten sich manche Studenten extra einen gut sicht- baren Schmiss vom Ohr bis zum Mundwinkel verpassen lassen. Auch Margret hat einen Faible für solche schneidigen Männer. Er aber zog die Ruderverbindung vor. Ein guter Ruderer wurde er nie. Seine Kommilitonen machten ihn bald zum Steuermann. Das Boot in der richtigen Bahn halten, und den Takt für die Ruderer angeben, beherrschte er perfekt. Überhaupt schätzten alle sein Taktgefühl, wenn er den Lausbuben aus der Patsche half und erst recht seinen Takt am Klavier bei den Festen. Er trank ja keinen Tropfen Alkohol während der Saufgelage der Männer und flirtete nicht mit den Mädels bei den Feiern. Er war immer gerne gesehen, denn, wenn's Ärger gab, war dieser nüchterne Erhard mit seiner verständnisvollen, freundlichen Art stets nützlich. Sein Geist war eben sportlich, so wie sein Fahrstil im Auto.

Vier Stunden dauert die Autofahrt von Hamburg nach Essen. Sie hatten keine Pause unterwegs. Doch, eine kurze Pinkelpause hat Mutti trotz ihrer aller trainierter Schließmuskeln durchsetzen können. Da halfen auch keine quengelnden Kinderfragen „wann sind wir da?". Endlich, das Auto steht still. Was für ein Anblick! Das Haus, in dem sie ihre Zukunft verbringen sollen, ist ein riesiger breiter Kasten. Acht Stockwerke in der Höhe und vier Wohnungen mit zwei Hauseingängen in der Waagerechten. Den großen Rasen davor trennt ein abschüssiger, asphaltierter Weg zu den Garagen. Voller Stolz zeigt Vati mit seinem Finger auf die Wohnung rechts unten. Da unten, das soll eine Luxuswohnung sein? Ja, es sind nur die Küche und das Kinderzimmer unten liegend. Das Haus steht an einem Abhang. Nach hinten hin liegt sie im dritten Stock mit Blick auf Villa Hügel und dem Baldeneysee. Der Garten nach hinten heraus verfügt über eine Pforte direkt in den Park der Villa Hügel. Vati's Stolz über diese, wie erfindet, Traumwohnung lässt nach. Bei dem Anblick aus dem lädierten Fahrzeug heraus kommt von dem Rest der Familie nur ein betretenes Schweigen. Mutti gibt sich einen Ruck: „Die Lage ist gut. Es ist eine sehr ruhig gelegene Straße mit sonst nur großen Einfamilienhäusern. Kommt Kinder, lasst uns aussteigen und die Wohnung von innen begutachten!" Dieter nuschelt: „Wenn ich groß bin, gehe ich nach Hamburg zurück." Dorothea und Rembert stimmen gleich mit ein: „Ich auch." Aber dann, als sie die Wohnung betreten, werden ihre Augen immer größer. Ein Leuchten zieht in ihre Gesichter. „Wow, sind das große Zimmer und durch die riesigen Fenster so schön hell. Das Herrenzimmer ist mit dem Esszimmer durch eine gigantische Loggia verbunden. Alle sind von diesem weiten Blick über den Wald auf den See beeindruckt. Wie geräumig! Da haben für alle Fünf der Familie Gartenmöbel Platz. Bei Regen wird keiner nass, wenn der Wind nicht von Süden kommt. Das kommt er bei Regen selten. Das Esszimmer ist gleichzeitig das Elternschlafzimmer, aber als solches nicht erkennbar, denn es gibt kein Ehebett, sondern eine vier mal einen Meter lange Sitzgelegenheit mit grünen Polstern auf weißem Holzgestell. Darauf schlafen sie nachts Fuß an Fuß. Das war Muttis Idee, auch der große, weiße Einbauschrank über die ganze Fläche der Wand zum Flur hin, der nur durch die Zimmertür unterbrochen ist. Den hat sie extra vom Tischler anfertigen lassen und bietet viel Stauraum. Sie ist eine wahre Künstlerin in Sachen Design und Mode. Fast alleKleidung näht sie selbst. Dafür bekommt sie überall großes Lob. Nur Dorothea mag die Sachen nicht tragen, die sie so chic für sie genäht hat.

Ob es Erhard immer gefällt, dass er mit seiner Liebsten nun Fuß an Fuß schlafen muss? Mehr als drei Kinder würden ja auch zu einer Bevölkerungsexplosion beitragen. Aber seit Muttis Totaloperation in Hamburg ist eine Kinderplanung nicht mehr nötig. Da könnten sie doch ihren Spaß haben. Doch mit der Entfernung der Gebärmutter verringert sich die Produktion der Hormone, wohl auch der Libido. Kein Ehebett ist Muttis Idee und Vati fügt sich. Außerdem lässt es sich auf zwei mal einem Meter besser kuscheln, wenn sie doch mal zusammenrücken wollen. Sonntagmorgens springen Dorothea und Rembert gerne ins eheliche

Bett. Dann flüchtet Mutti ganz schnell, und Vati kitzelt die Kinder durch. Das ist eine mords Gaudi. Eigentlich fühlt sich Dorothea zu alt für solche Spielereien. Sie macht das nur mit, weil ihr Vati der beste Papa der Welt ist. Er hat extra für sie das Kinderzimmer mit einer Rigipswand trennen lassen. So hat sie ihr eigenes Prinzessinnenreich. Die Tür zum benachbarten Jungenzimmer mit Etagenbett wurde durch einen roten Vorhang ersetzt.

Der erste Familienspaziergang führt durch ihre Gartenpforte in den Wald zum Baldeneysee. Die Eltern sind sich einig, hier, am Rande der Ruhrpottstadt, ist die Luft gar nicht so schlecht. Das liegt wohl an den vielen Bäumen. Dieser Mischwald reinigt hervorragend die vom Bergbau kohlegeschwängerte Luft. Trotzdem ist es kein Vergleich mit der Stadt zwischen zwei Weltmeeren, Hamburg. Nun sind sie hier. Und sie sind sehr glücklich. Dieter läuft wie immer an der Seite der Eltern. Seine jüngeren Geschwister pesen querfeldein durchs Gestrüpp. Der Vater stoppt sie alle an einer Reihe von Rhododendren. Er hat etwas wichtiges mitzuteilen: „Wo habt ihr diese Sträucher schon mal gesehen?" „Auf dem Friedhof bei Oma und Opa in Münster!" schallt es aus Dorotheas Mund. Mutti schmunzelt leise bemerkend: „Totengräberblumen." Dorothea blickt entsetzt zu ihr. So eine wunderschöne Blüte in leuchtenden Rottönen nennt sie Totengräberblume? Nur darum geht es Vati gar nicht. Dieser vorausschauende Mann mit Verantwortung für seine Familie macht darauf aufmerksam, dass sie bei diesen Rhododendren die Weggabelung zum See hin nach links und zum Haus hin nach rechts nehmen müssen, wenn sie mal ohne seine Führung hier langlaufen.

Die Villa Hügel ist ein Familienwohnsitz und Erinnerungsort des Begründers der Firma Fried. Krupp. Sie ist weit mehr als ein imposanter Unternehmerwohnsitz. Sie ist Symbol des Zeitalters der Industrialisierung Deutschlands. Dieses Wohnhaus und Refugium für die Familie Krupp von Bohlen und Halbach bietet ebenso einen würdigen Rahmen für Repräsentation, Empfänge und Festlichkeiten. Dort waren Kaiser und Könige, Unternehmer aus aller Welt, Politiker und Regierungschefs vieler Nationen, Wissenschaftler und Künstler zu Gast. Nicht ohne Grund bewarb Adolf Hitler seine Hitler-Jugend in seiner Rede 1935 mit den Worten „Hart wie Kruppstahl, zäh wie Leder und flink wie ein Windhund". Er wollte neue Menschen erziehen, auf dass das Volk nicht an den Degenerationserscheinungen der Zeit zugrunde geht. Im April 1945 verhafteten die einmarschierenden Amerikaner den Hausherrn Alfred Krupp von Bohlen und Halbach, beschlagnahmten das gesamte Anwesen und machten es zum Sitz der Alliierten Kohle Kontrollkommission. Erst im Juli 1952 erhielt es die Familie zurück. Es diente der Familie nie mehr als Wohnhaus, sondern wurde von Alfred und Bertha Krupp von Bohlen und Halbach der Allgemeinheit zur Verfügung gestellt, besonders im Sinne der Förderung von Kunst, Wissenschaft und Kultur. In diesem Umfeld möchten Margret und Erhard ihre Kinder aufwachsen sehen. Ihre Erziehung soll ebenfalls die Grauen des Krieges nicht weiter berühren, sondern Kunst, Wissenschaft und Kultur fördern.

So wird Dieter beim Jungengymnasium Essen-Werden in der Nähe des Baldeneysees, Dorothea auf dem Mädchengymnasium Grashofstraße in Bredeney und Rembert auf der Graf-Spee-Schule, der Grundschule, in deren Nähe die Nachkommen der Krupps leben, angemeldet. Den Klavierunterricht übernimmt für Dieter und Dorothea eine Lehrerin der Folkwang-Schule. Der Name Folkwang ist ein kulturelles Markenzeichen weit über nationale Grenzen hinaus. Hier wird interdisziplinäres Lehren, Lernen und Produzieren angestrebt. Damit bekommen die Kinder in jeglicher Form die beste Ausbildung. Dafür ist den Eltern nichts zu teuer. Nicht ganz! Von deutscher Geschichte halten sie ihre Kinder fern. Diese problembehaftete Vergangenheit soll sie nicht interessieren. Sie sollen nach vorne

in eine rosige Zukunft blicken, die Wirtschaft ankurbeln, später einen Beruf erlernen, mit dem sie ihr Brötchengeld verdienen können. Dabei wünschen sie ihnen finanziellen Reichtum und Ansehen, wohl doch nicht nur Brötchen. Und na klar wünschen sie ihnen Liebe. Nur darüber sprechen sie nicht. Die kommt von ganz alleine, aber bitte mit einem standesgemäßen Partner. Ob die Ausblendung der Probleme und Vergangenheit immer richtig ist? Das stellt sich später heraus. Der Schulwechsel in das Gymnasium Werden erweist sich für Dieter sehr schnell als problematisch. Vor allem hat er im Fach Englisch große Schwierigkeiten. Hingegen fällt ihm Latein sehr viel leichter. Die Eltern haben gleich eine Erklärung dafür. Latein sei eine logische Sprache, ganz im Gegensatz zur Englischen, die mit ihren vielen Idioms ziemliche Intuition einfordert. Da ist es selbstverständlich, dass dem Sohn eines Mathematikers Latein viel besser liegt. Der Grund, dass in der Untertertia nach drei Schuljahren Englisch höhere Anforderungen gestellt werden als nach einem Schuljahr Latein, kommt in ihren Vorstellungen nicht vor.

Sie lassen ihn nach nur einem halben Jahr wieder die Schule wechseln. Das ist zwar mit neuen Schwierigkeiten verbunden, denn seine neue Schule, das Helmholtzgymnasium, beginnt in der Sexta mit Latein und lehrt als zweite Fremdsprache Englisch. Aber mit einem privaten Lehrer lassen sich sicherlich die fehlenden Kenntnisse von zwei Jahren Unterricht ausgleichen. Besonders erfreut sind sie, dass dieses Gymnasium das Fach Rudern in ihrem Lehrprogramm anbieten. Das wird dem Jungen Spaß machen. Fit wird er sein und so besser lernen. Dabei denken sie an Turnvater Jahns Devise „In einem gesunden Körper wohnt ein gesunder Geist". So ganz gelingt es ihnen nicht die Vergangenheit auszuklammern. Allerdings würden sie nicht mehr als so ein Zitat ihrer Historie aussprechen. Wissen sie gar selbst nicht, wie solche Zitate entstanden sind und wofür sie stehen, oder wollen sie es nicht wissen? Was hat der Nationalsozialismus damit zu tun? Das spielt in der jetzigen Zeit keine Rolle mehr. Ihnen geht es lediglich um die Zukunft ihrer Kinder. Wie gut, dass die Kinder sie nicht mit Fragen dazu kompromittieren.

Nein, Dieter freut sich, wenn er bald auf dem Baldeneysee rudern darf. Das Helmholtzgymnasium kooperiert mit dem hochangesehenen Ruderverein des ETUF, dem Essener Tennis- und Fechtclub, der über Tennis und Fechten hinaus auch Rudern, Segeln und Hockey anbietet. Dort ist der profilierte und nicht immer bequeme Siegfried Kuhlmey-Becker Trainer der Ruderer. 1953 war er selbst Deutscher Meister im Achter der Mannheimer Amicita, 1962 der Trainer der ersten Vierer-ohne (Steuermann) Weltmeister von Kiel/Lübeck und hat daneben eine Vielzahl von Erfolgen im gesamten Spektrum des Leistungssports zu verzeichnen. Er soll vielen Menschen große Freude am Rudersport vermittelt haben. So auch Dieter, der von nun an sechs mal die Woche emsig trainiert. Mutti ist ganz überrascht, wie gut sich ihr Sohn macht. Der schüchterne Bub entwickelt eine körperlich männliche Statur, die sie kaum für möglich hielt. Nachdem Kuhlmey-Becker den Ratzeburg Achter zum Weltmeister brachte, wird nun auch Dieter im Vierer mit (Steuermann) mit diesem Trainer Deutscher Meister. Vati, Mutti, die ganze Familie strotzen nur so vor Stolz über diesen Erfolg. So erfolgreich ist Dieter leider nur beim Rudern….und bei den Mädels.

Schulisch bringt er die Eltern an den Rand der Verzweiflung. Jeden Abend überlegen sie, was sie falsch gemacht haben, und was sie tun könnten, um ihren Dieter auch schulisch auf den richtigen Weg zu bringen. Sie erinnern sich, wie alles in Essen begann. Als Dieter in Werden nicht die gewünschten Leistungen erbrachte, hatte die ganze Familie ihre Sommerurlaubsplanung umgeworfen. Seit sieben Jahren fuhren sie alle gemeinsam jedes Jahr für drei Wochen ins beste Hotel am Platze auf die autofreie

Nordseeinsel Spiekeroog. Im Hotel zur Linde buchte Vati stets Vollpension. Das Schöne war, die Eltern mussten sich um nichts kümmern. Die Kinder konnten frei herumlaufen. Gefahren lauerten dort nicht. Da Dieter unbedingt seine Englischkenntnisse aufbessern musste, schickten sie ihn dieses Jahr auf eine Sprachreise nach Paignton im Südwesten von England. Dort lernte er Vieles, aber auch Englisch? Jedenfalls war das die Gelegenheit für Vati, einmal nicht den Sommer an der See zu verbringen, sondern in den Bergen. Einen Urlaub ohne Wasser konnte sich der Rest der Familie so gar nicht vorstellen. Diesmal machten sie ganz demokratisch einen Kompromiss. Es ging zum Schliersee. Das war für Dorothea und Rembert kein Genuss. Sie wollen unbedingt nächstes Jahr wieder nach Spiekeroog, wo sie Spielgefährten haben, die jedes Jahr wiederkommen. Als dann die Hotelrezeption ein R-Gespräch aus England avisierte, war Holland in Not. Ein R-Gespräch ist ein Telefonat, bei dem der Angerufene die Kosten des Anrufs übernimmt. Wenn das der brave Dieter seinem Vater zumutet, dann muss etwas ganz Schlimmes passiert sein. Die Erleichterung ist groß, als Vati hört, dass es ihm nur an Geld fehlt. Warum? Das kann später zuhause in Essen geklärt werden. Dafür wollte Vati nicht die Kosten des Telefonats in die Höhe treiben. Seine Aufregung war aber enorm. Wie könnte er am Schnellsten Bargeld, das der Junge so dringend benötigt, nach England transferieren? Am Einfachsten bewerkstelligt er das bei der Post. Es ist 12:30 Uhr, noch eine halbe Stunde bis sie schließt. Nichts, wie hin und die Familie mitnehmen. Geschafft! Ab, zur nächsten Telefonzelle gerannt; die Familie ähnlich wie Entenküken dem Vater hinterher gewatschelt, um dem Sohn in England Code und Daten für die Auszahlung bei der dortigen Post zu übermitteln. Alles erledigt, aber die Aufregung blieb. Der ach so brave Junge hielt es nicht für nötig sich nochmals zu melden, ob alles gut gelaufen ist. Zurück in Essen erkannte Mutti sofort die Veränderungen ihres Sohnes, als sie ihn mit Silberkettchen am Handgelenk und diesem gewissen Etwas im Blick am Flughafen Düsseldorf abholte. Sie hieß Gunilla, eine blonde Schönheit aus Schweden, die ihren Dieter verzauberte und ihm das Küssen beibrachte. Wovon das Herz voll ist, läuft der Mund über. Er erzählte, erst Mutti und dann seiner Schwester, dass er anfangs gar nicht verstand, was sie mit ihrer Zunge machte. Dann war es ein Genuss und ihr Name im Silberkettchen verewigt. Diesen Genuss hätte er auch noch bei anderen Mädels ausprobiert.

Bei all dem Grübeln im Herrenzimmer zieht es Vati zum Likörschrank. Ohne Genuss erscheint ihm die Entscheidungsfindung für die Zukunft seines Sohnes unmöglich. Er nimmt sich einen von den für eventuelle Gäste aufbewahrten Zigarillos und zwei Portweingläser heraus, die er für sich und seine Gattin füllt. Mutti meint: „Vielleicht haben wir den Jungen zu streng erzogen?" Vati will den Abend friedlich enden lassen und äußert nur darauf: „Morgen ist ein neuer Tag. Ich werde einen Termin bei dem Schuldirektor machen." Fachleute haben sicherlich einen Rat.

Bei Dorothea verläuft das erste Schulhalbjahr ganz anders. Begeisterung schlägt ihr von den Lehrern wegen ihrer schnellen Auffassungsgabe entgegen. Sie sei eine Überfliegerin. So soll sie ein Schuljahr überspringen und mit dem Halbjahreszeugnis gleich von der Sexta in die Quinta wechseln. Zur Begrüßung der neuen Mitschüler bittet die Musiklehrerin sie um ein Vorspiel einer ihrer Lieblingsstücke auf dem Piano. Sie weiß von ihrem Klavierunterricht bei der Lehrerin der Folkwang-Schule. Dorothea gibt „Für Elise" von Beethoven zum Besten. Applaus und Zugaberufe schallen ihr entgegen. Als sie dann noch den „Wilden Reiter" von Schumann spielt, hat sie alle Herzen erobert. Doch dann ist es vorbei mit der Glückssträhne. In Mathematik bleiben ihre Leistungen hervorragend, aber in Deutsch, Geschichte und Erdkunde baut sie rasant ab. Die Lehrer sind von ihr enttäuscht. Da gibt es Klassenbucheinträge noch und nöcher. Die Eltern hören vom Deutschlehrer, sie sei eine dreiste verwöhnte Göre, die ihre Schulaufgaben zu machen verweigert. An fünf aufeinanderfolgenden Tagen habe sie nicht das Gedicht „Die Bürgschaft" von Schiller aufsagen kön-nen. Nicht einmal geschämt hätte sie sich dafür. Ja, intelligent sei sie, aber auch grenzenlos faul. Was folgt? Sie muss die Quinta wiederholen, zurück zu den ehemaligen Klassenkameradinnen. Jetzt ist Mutti gefordert. Jeden Mittag überprüft sie die Schulaufgaben, bevor die Kinder die Wohnung zum Spielen verlassen. Doch Dorothea hat eine Idee, wie sie Mutter und Lehrer austricksen könnte. Ihre Spielzeit wegen dusseliger Schulaufgaben verkürzen, das kommt ihr nicht in die Tüte. So wie sie in der Schule oft den Kasper macht, fehlt es ihr nicht am Beliebtheitsgrad bei den Mitschülern. Sie bewundern ihren Mut zum Ungehorsam. Aufsässig ist sie dabei nicht. Der Trick soll ja geheim bleiben. Nur sie selbst und ein paar wenige Schulfreundinnen wissen davon. Sie schreibt die Schulaufgaben morgens vor und manchmal sogar während des Unterrichts bei ihnen ab. Mittags legt sie sie ihrer Mutter vor und deklariert sie als Schulaufgaben für den nächsten Tag. Mutti ist immer überrascht, wie schnell sie ihre Aufgaben erledigt hat. Dann noch eine halbe Stunde am Klavier üben, was die Klavierlehrerin ihr aufgetragen hat. Ihre halbe Stunde sind maximal fünfundzwanzig Minuten. Ein präparierter Wecker unterstützt ihr Täuschungsmanöver, weil die Mutter glaubt, eine Uhr würde die Zeit nicht anhalten können.

Jetzt aber raus zu den Peters-Zwillingen. Das sind ihre Freundinnen, die hinter der vielbefahrenen Bredeneyer Straße gegenüber des Jungengymnasiums „Goetheschule" leben. Sie wollen zusammen Gummitwist spielen. Das ist ein sportliches Spiel für mindestens drei Personen mit einem drei- bis vier Meter langem an den Enden zusammengenähtem Hosengummiband. Das Gummi wird um die Füße zweier Spieler gespannt. Der Dritte hüpft in der Mitte: Mitte, Grätsche, Auf und Raus! Macht der

Hüpfende einen Fehler, ist der Nächste an der Reihe. Es gibt Schwierigkeitsgrade: das Gummi an den Füßen, an der Wade, in den Kniekehlen, an der Hüfte, in der Taille, am Brustkorb und schließlich um den Hals. Manchmal springen sie fünf Stunden ohne Unterbrechung. Bei soviel Spaß kann man schon mal die Uhrzeit aus dem Auge verlieren, aber nicht Dorothea. Sie weiß, was ihr blüht, wenn sie nur eine Minute zu spät kommt. Der Kochlöffel, der wegen so eines Grundes mal in Hamburg längs gespalten wurde, liegt immer noch in Muttis Küchenschublade. Es war nur einmal, dass sie diese Schläge bezogen hatte. Dieses eine Mal möchte sie nie wieder erleben. Manchmal streift sie auch mit den Peters-Zwillingen durch das Wäldchen hinter der Goetheschule. Da gibt es einen kleinen Bach mit ganz klarem und erfrischendem Wasser. Lecker! Heute hat sie eine Plastiktüte mit Quellwasser und sechs Kaulquappen gefüllt. Die will sie mitnehmen und sehen, was aus ihnen wird, wenn sie groß sind. Aber bevor sie heimgeht, wollen die drei Freundinnen noch beim Bunker vorbeischauen. Dort ist es immer so schön gruselig. Sie hatten ihn ganz zufällig entdeckt. Er liegt versteckt in einer Bodenerhebung im Wald. Auf der einen Hügelseite ist der Eingang, ein großes düsteres Loch, in das sie ganz weit hineinlaufen könnten, wenn da nicht die Angst wäre. Sie zieht es immer wieder dorthin. Heute bleiben sie nicht lange. Dorothea muss nach Hause. Was wohl Mutti und ihre Brüder zu ihrem Mitbringsel sagen werden?

Hoffentlich hält die Plastiktragetasche bis dahin. Zweifel kommen auf, denn bei Mutti hat sie so ein Behältnis noch nie gesehen. Das Kaufhaus Horten in Neuss gab 1961 die ersten Plastiktüten aus. Sie wurden Hemdchentüten genannt, weil die Träger wie die eines Unterhemds aussahen. 1965 folgt schließlich die Reiterbandtragetasche. Uff, zuhause angekommen. Alle Kaulquappen schwimmen fröhlich im Wasser. „Was hast du denn mitgebracht?" ruft die Mutter entsetzt. „Guck mal, das sind Kaulquappen, sechs Stück. Ich habe sie PAMELA genannt, für jede einen Buchstaben. Sind sie nicht süß?" Mutti verzieht ihr Gesicht und führt Selbstgespräche: „Nichts als Dreck schleppt sie mir ins Haus!" Der Tochter antwortet sie: „Ab in die Küche! Hier, da hast du ein Glas." Sie holt ein leeres Marmeladenglas aus dem Küchenschrank. Wieviele sie davon hat! Alle, nach dem Verzehr der Marmelade, gereinigt und gehortet. Dorothea freut sich. Sie schüttet den Inhalt ihrer Tüte sofort ins Glas: „Das ist ja prima, Mutti! In den Deckel kann ich Löcher bohren. So bekommen meine PAMELA Sauerstoff." „Die Peters-Zwillinge sind auch nicht der richtige Umgang," grübelt Mutti. „Sie schleppt nur Unfug an. Schulisch können sie eigentlich auch nichts nützen, kommen sie doch aus einer Handwerkerfamilie. Warum zieht es unsere Tochter immer zu den einfachen Leuten? Akademikerhaushalte gibt es in Bredeney doch genug." Dieter und Rembert haben immer die richtigen Freunde. Warum hat Dorothea kein Gespür dafür?

Kein Gespür? Sie hat sehr wohl ein gutes Gespür. Ihre neue Freundin heißt Elke und hat ein Pferd, einen Vater mit großem Mercedes, einem Sportflugzeug, einer Segelyacht und einem Hausboot am IJsselmeer in Holland. Er nimmt die Beiden gerne, wenn er Zeit hat, dorthin mit und verwöhnt sie ohne Unterlass. Wenn das nicht der richtige Umgang ist? Nicht ganz! Elkes Eltern sind geschieden. Sie wohnt mit ihrer Mutter in einer Wohnung in Bredeney. Dem kann nichts entgegenzusetzen sein, denn Mutti betont immer, dass sie keine „Schaffe, schaffe Häusle baue Mentalität" habe. Gute Wohnungen in feiner Lage seien genauso teuer wie Einfamilienhäuser. Außerdem machen sie nicht so viel Arbeit. Sie schätzt zwar die Natur, aber nicht die Gartenpflege. Außerdem läge der Wert eines Menschen in seiner Bildung. Ob sie damit auch die Herzensbildung meint? Jedenfalls fährt Dorothea jetzt fast täglich mit Elke zum Reitstall „Borchers". Ist das ein toller Duft, der von den Pferden und dem Heu in ihre Nase strömt! Erhaben und glücklich sieht Elke auf ihrem Schimmel aus, wenn sie unter Anweisung von Borchers, ihrem Reitlehrer eine Dressur durch die Reithalle reitet. Dressur. Das ist die Harmonie zwischen Pferd und Reiter. Maßgeblich für die Ausbildung des Pferdes sind sechs Punkte: Takt, Losgelassenheit, Anlehnung, Schwung, Geraderichten und Versammlung. Durch korrektes Reiten werden die natürlichen Veranlagungen des Pferdes gefördert und verfeinert. Die klassische dressurmäßige Ausbildung bildet auch in anderen Disziplinen wie dem Springreiten stets die Grundlage zum Erfolg. Was für das Pferd gilt, müsste doch auch für den Menschen gelten. Wäre das nicht ein Argument für die Eltern, damit sie ebenfalls Reitunterricht bekommen könnte? Sie hat sich getäuscht. Als sie ihren Wunsch auf Reitstunden äußert, hat Mutti gleich die passende Antwort: „Frauen, die reiten, be-kommen einen „Bratarsch" und einen „Hängebusen". Ein angewiderter Blick trifft sie harsch. Sofort prustet sie zurück: „Elke ist rank und schlank, mit ihrem langen Pferdeschwanz eine wahre Schönheit!" Die Mutter: „Weil sie jung ist. Sieh dir Tante Ingeborg an. Die war als junges Mädchen auch eine Schönheit!" Mutti und ihre Schwägerin, Tante Ingeborg haben nie ein gutes Haar an dem anderen gelassen. Überhaupt scheint Mutti keine Frauen zu mögen. Scheut sie die Konkurrenz? Schlichte Schönheit mit einem dezent eleganten weiblichen Äußeren ist ihr immer sehr wichtig. Schönheit ist nicht Dorotheas Thema. Sie will reiten! Jeden Tag begleitet sie Elke zum Reitstall. Wenn sie beim Ausmisten hilft, lässt Borchers sie auch mal aufs Pferd. Das bringt ihr so viel Vergnügen, dass sie den Kampf um die Erlaubnis ihrer Eltern nicht aufgibt. Weihnachten ist es soweit. Eine Reithose, die dazugehörigen Stiefel und eine Gerte liegen auf dem Gabentisch. Das ist wohl das glücklichste Weihnachten ihres Lebens. Rembert's Wunsch auf eine Carrera-Autorennbahn geht auch in Erfüllung. Nur Dieter hat immer noch nicht seine begehrte Modelbaueisenbahn. Vati bevorzugt die Autorennbahn deshalb, weil der Spieler selbst mit seinem Daumen die Geschwindigkeit seines Miniaturrennwagens bestimmen kann. Es ist wie es ist. Ein 28er Herrenrad ist für Dieter auch eine große Freude.

Bei Rembert läuft alles wie am Schnürchen. Er rollert jeden Morgen mit seinem adäquaten Freund Jan aus dem Nachbarteil ihres Wohnblocks zur Schule. Schulprobleme hat er keine. Da ist ja seine Schwester, die heimlich für ihn die Schönschreibschulaufgaben in seinem Heft erledigt. In diesem Heft sind die Zeilen mit drei Linien gekennzeichnet. Dahinein malt Dorothea konzentriert und akkurat die Buchstaben. Sie beherrscht diese Schreibschrift. Rembert will das nicht gelingen, jedenfalls nicht ordentlich. Er hält den Stift so komisch. Bockig weigert er sich, ihn auf das untere Glied des Mittelfingers zu legen. Er klemmt ihn zwischen die Kuppen seines Daumens und seines Zeige-, Mittel- und Ringfingers. Mutti lacht darüber. Bemerkt sie denn gar nicht, dass Dorothea seine Schulaufgaben gemacht hat? Nein, die Lehrer in der Grundschule merken es auch nicht. Die Geschwister erkennen die Vorzüge des Zusammenhaltens. Das macht das Leben sehr viel angenehmer. Schule gefällt ihnen nur deshalb, weil sie dort auf so viele Gleichaltrige stoßen. Mutti sagt zwar immer: „Ihr lernt nicht für mich oder die Schule. Ihr lernt für euch!" Was für ein Unsinn! Natürlich lernen sie für Mutti oder die Schule. Sie selbst würden sich nie diese Schulaufgaben geben. Die Zeit könnten sie besser nutzen. Die Erwachsenen verstehen das nur nicht. Wenn sie durch die Natur streifen, Kaulquappen beim groß werden beobachten, ist das kein Lernen? Wie gerne kundschaften sie aus, was das Leben so bietet.

So oft durchforsten sie mit den Kindern aus ihrem Wohnblock, Jan, Melanie, Viola und Constantin den Wald der Villa Hügel. Es geht so einfach mit der Gartenpforte auf ihrem Grundstück. Mitten im Unterholz haben sie sich eine kleine Höhle gebaut. Dort spielen sie Autoquartett, wer das schnellste Auto auf der

Hand hat oder den höchsten Hubraum oder PS. Rembert und Jan kennen sich inzwischen perfekt mit Autos aus. Manchmal beobachten sie die Tiere. Es gibt viele Vögel und Eichhörnchen. Constantin kann sogar die Vogelstimmen nachmachen und weiß, wie die Vögel heißen. Die Eichhörnchen sind so putzig. Häufig finden sie den Weg durchs Kippfenster in die Wohnungen, grasen die Wolle von den guten Orientteppichen ab und verschwinden durchs selbe Fenster zurück in den Wald. Die Höhle ist ein Paradies. Darin fühlen sich alle geschützt, sogar vor dem Regen. Das bleibt nicht immer so. Was sehen ihre Augen, als sie wiedermal dort Schutz suchen? Eine leere Schnapsflasche, mehrere leere Bierflaschen, leere Zigarettenschachteln und viele Kippen finden sie dort in ihrer Höhle. „Iiii, igittigitt," schreien sie im Einklang und suchen auf kürzestem Wege jeder sein Elternhaus. Da hatte wohl ein Landstreicher Unterschlupf gesucht.

Solche Erlebnisse kommen in Dieters Leben nicht mehr vor. Aus dem Kind ward ein Mann. Ihn zieht es zum anderen Geschlecht. Sein Herz schlägt für Ulrike. Ihre dauergewellten blond gefärbten Haare und die langen Beine mit den puderfarbenen Seidenstrümpfen unter dem knallroten Minirock haben auf ihn eine enorme Anziehungskraft. Diese Frau will er erobern. Eine kleine Stiländerung und mit wachsenden Koteletten und edlem Sakko wächst der Funkenflug. Fortan sind die Beiden ein Liebespaar. Verwöhnen will er sie. Dieter macht gerne Geschenke. Wenn doch wenigstens sein Taschengeld mehr hergeben würde. Da gibt es nur eine Lösung, denkt er. Im großen Einbauschrank zwischen der Bettwäsche liegt Muttis Haushaltsgeld. Boah, ist das viel! Mutti wird sicherlich nicht merken, wenn ein Schein fehlt. Irrtum! Sie hat es bemerkt. Erhard hält sie nämlich knapp bei Kasse. Um eine fünf-köpfige Familie davon zu ernähren, bedarf es großes Geschick. Sie rennt von einem zum nächsten Kaufmann, um die Angebote zu nutzen. Und nun das. Wo ist der Geldschein mit der Klaviervirtuosin Clara Schumann und ihrem

Flügel? Jedes ihrer Kinder wird einzeln befragt. Über Dieters Ohren zieht die Schamröte bis übers ganze Gesicht. Der Dieb ist erkannt. Das Einzelgespräch dauert länger. Er verspricht, es nie wieder zu tun. Sie verspricht, es für sich zu behalten. Diese Tat bleibt ihr Geheimnis. Dennoch rattert es schon wieder in seinem Kopf. Wie kann er mit seinem spärlichen Taschengeld seiner Liebsten Geschenke machen? War da nicht auch in Muttis Kleiderschrank ganz viel Schmuck? Den trägt sie gar nicht. Wäre das schlimm, wenn ein Ring fehlt? Was er nicht bedenkt, nur im Alltag trägt sie keinen Schmuck. Vati und Mutti sind auf eine große Feierlichkeit des ARV, der akademischen Ruderverbindung, im Saalbau eingeladen. Der Saalbau ist ein renommiertes Konzerthaus im Essener Südviertel mit angegliederten Gastronomie- und Veranstaltungsbereichen. Zu solchen Anlässen trägt sie sehr wohl Schmuck und nicht irgendwelchen. Ihr Schmuck besteht aus edlen Perlen, Brillanten und hochkarätigem Gold. Während sie sich für diesen Abend fein macht, fällt ihr der Verlust des Verlobungsvorsteckringes ihrer verstorbenen Mutter aus Weißgold mit zwei Diamanten auf. Diesmal hat sie Dorothea in Verdacht. Das lässt Dorothea nicht auf sich sitzen. Auf dem Schulhof hat sie nämlich beobachtet, dass Ulrike so einen Ring an ihrem Finger stolz ihrer Freundin zeigte. Oh je, Dieter wird zum zweiten Mal überführt. Reumütig erklärt er, dass er diesen silberfarbenen Ring gar nicht so wertvoll eingeschätzt habe. Mutti erläutert ihm den Wert des Ringes. Es gibt Gelb-, Rot- und Weißgold. Letzteres sei am teuersten. Vati erinnert ihn an das siebte Gebot „Du sollst nicht stehlen". Umgehend soll Dieter den Ring herbeischaffen. Kleinlaut bittet er, telefonieren zu dürfen, bevor er Ulrike einen Besuch abstattet. Im Hause Stahl dürfen Telefongespräche nur mit Erlaubnis des Hausherrn geführt werden. Kurz müssen sie sein, denn sie dienen ja nur der Nachrichtenübermittlung. Glück gehabt! Ulrike zeigt volles Verständnis am Telefon. Sofort radelt Dieter zu ihr. Wie schnell er mit Ring wieder zurück ist. Für ihn ist damit aber nicht alles erledigt. Sein Kopf rattert schon wieder. Er will den Schaden wieder gut machen. Nicht bei Mutti, bei Ulrike. Er will irgendwie Geld verdienen.

Er findet in Velbert-Langenberg einen Job in einer Gärtnerei. Die liegt direkt an der Stadtgrenze von Essen und ist prima mit dem Bus erreichbar. Trotzdem macht sich Mutti Sorgen. Kommt nicht der Kirmesmörder Jürgen Bartsch aus Langenberg? Eine schreckliche Geschichte ist das, tödlich für vier Knaben und schicksalshaft für den Täter Jürgen Bartsch. Er ertrug lange ein Kaspar-Hauser-Leben bei seinen Adoptiveltern, damit er nicht von Außen über seine Adoption informiert würde. Bartsch überredete seine Opfer, ihn in einen ehemaligen Luftschutzbunker zu begleiten. Dort zwang er sie mit Schlägen und Fußtritten, sich zu entkleiden und nahm sexuelle Handlungen an ihnen vor. Anschließend tötete er sie und zerstückelte die Leichen. Soll Margret ihrem Sohn erlauben, dort sein Taschengeld aufzubessern? Sie lässt es zu, und Dieter wird immer attraktiver. Kein Wunder, mit seiner stets neuen Kleidung hat er nun auch noch eine Liebschaft in Duisburg. Seine Schwester weiht er ein. Er fürchtet, dass Ulrike sein Doppelleben auf dem Schulhof von seiner Schwester erfahren könnte. Da ist es besser, ihr vorher seine Gefühle zu schildern. Eigentlich will er nur eine Freundin haben. Treu sein, will er ihr. Ist er bei der Einen, wächst seine Liebe für sie ins Unermessliche. Dann beschließt er, die andere Liaison unverzüglich zu beenden. Ist er bei der Anderen, stellt sich dasselbe Gefühl ein. Wie damit umgehen? Er liebt sie beide. Das ist Dorothea egal. Sie kennt diese Liebesgefühle nicht. Selbstverständlich wird sie ihren großen Bruder nicht bloßstellen. Geschwister müssen doch zusammenhalten. Vielmehr interessiert sie die Sorge ihrer Mutter. Wer ist Jürgen Bartsch? Lesen gehörte noch nie zu ihren Hobbys, aber jetzt liest sie jeden Artikel, den sie findet, über diesen Kriminellen. Ja, es ist grausam, was er diesen Knaben, die er so bestialisch tötete, angetan hat. Sie empfindet großes Mitleid. Noch größer ist aber ihr Mitgefühl für den Mörder selbst. Er wurde 1946, kurz nach dem Krieg, als nicht eheliches Kind geboren. Die Geburtenstation in der Klinik hat er noch nicht verlassen, da starb seine Mutter an Tuberkulose. Die Frau eines Fleischers hatte im selben Krankenhaus eine Totaloperation. Was das bedeutet, kennt sie von Mutti; keine eigenen Kinder mehr. So nahmen die kinderlosen Eheleute das Waisenkind zu sich. Wegen zweifelhafter Herkunft des Kindes gab das Jugendamt erst nach sieben Jahren die Adoption frei. Aus Angst den Jungen zu verlieren, wuchs er völlig isoliert und ferngehalten von anderen, eingesperrt in einem Kellerraum mit vergittertem Fenster und bei Kunstlicht auf. Dort erlebte er überraschende Gewaltattacken seines Adoptivvaters. Die Adoptivmutter hatte einen Sauberkeitswahn und schrubbte ihren Jungen selbst im Alter von neunzehn Jahren noch in der Badewanne. Schon früh erlebte er die Familienatmosphäre als eine empathielose Double-Bind Situation. Diese Schizophrenie spiegelte sich zwischen ihm und seinen Opfern wieder. Für eine strenge Erziehung schickten die Adoptiveltern ihn 1958 in ein katholisches Internat, wo er vom Pater sexuell missbraucht wurde. Er habe die Absurditäten und Launen der Erzieher widerspruchslos und ohne Gefühle von Hass hinnehmen müssen. So baute sich sein Aggressionsdruck auf. Was daraus folgt? Er verhielt sich seinen Opfern gegenüber ebenso dominant und gefühllos, wie er selbst von Erwachsenen behandelt wurde. Nun waren die Jungen die hilflosen Opfer. Durch seine sexuellen Handlungen an ihnen entledigte er sich seines Aggressionsdrucks. Sein Machtempfinden stieg. Dorothea ist fassungslos. Wer ist Täter, und wer ist Opfer? Immer wieder rennt sie zu Mutti, um eine Antwort auf ihre Fragen zu bekommen. Aber Mutti will ihr nicht zuhören. Es ist ihr zu grausam. Dabei liest sie gerne Krimis. Sind Krimis nicht auch grausam? Krimis entsprechen aber nicht der Realität. Ihr Leben soll schön sein. So wartet Dorothea bis Vati wieder da ist. Er hört ihr immer zu. Endlich, es ist Sonntag. Vati hat Zeit für sie. Sie erzählt ihm alles, was sie von Jürgen Bartsch weiß. Vati stellt Fragen: „Was denkst du? Wenn ein Kind geboren wird, ist es dann immer ein guter Mensch? Oder gibt es auch Menschen, die böse auf die Welt kommen?" Dorothea grübelt: „Ich glaube, gleich nach der Geburt sind alle Menschen gleich." Vati hakt nach: „Du glaubst also nicht, dass es genetisch unterschiedliche Menschen gibt?" Sie antwortet: „Doch, es gibt schwarze, weiße, gelbe, rote Menschen. Die Gene sind unterschiedlich, aber deshalb sind sie nicht gut oder böse, arm oder reich, gesund oder krank. Auf die Welt kommen alle gleich." Noch lange diskutieren sie liebevoll hin und her. Eine abschließende Lösung finden sie nicht. Aber das belastende Thema „Jürgen Bartsch" hat sich aus ihrer Gedankenwelt verflüchtigt.

Ein neues Thema beschäftigt sie jetzt. Sie hat über Organtransplantationen in der Zeitung gelesen. Nierentransplantationen gäbe es bereits seit dreizehn Jahren. Jetzt 1967 sind drei wichtige Voraussetzungen für eine Herztransplantation beim Menschen erfüllt:

- Die Herz-Lungen-Maschine kann für die Dauer einer Operation die Herzfunktion übernehmen.

- Verbindungen von Blutgefäßen und Vorhöfen sind vereinfacht und verkürzt die OP-Zeit.

- Eine ausreichende Konservierung des Spenderherzens ist möglich.

Christiaan Barnard gelingt in Kapstadt, Südafrika die erste Transplantation eines Herzens. Alle Medien berichten. Barnard avanciert zum Superstar der Medizin. Aber wie ungerecht, der schwarze Südafrikaner Hamilton Naki bekommt keine Würdigung, obwohl er im Team Barnard wesentlich zur Entwicklung der Operationstechnik beigetragen hat. Es heißt, aufgrund der

Apartheid in Südafrika wurde seine Leistung verschwiegen. Wieder sucht Dorothea das Gespräch bei ihrer Mutter. Sie berichtet über ihre Faszination von dieser Herztransplantation und wie anschaulich es in der Zeitung bebildert sei. Mutti bestätigt: „Ja, das ist enorm, was die Forschung alles kann. Wenn du fleißig in der Schule mitarbeitest, kannst du später auch Arzt werden." Das wollte sie eigentlich nicht hören, dass sie fleißig sein soll. Das übergeht sie einfach und erzählt von der Ungerechtigkeit dem Schwarzafrikaner gegenüber. Muttis Antwort: „Ach, lass mich in Ruhe. Was du immer alles wissen willst." Wenn sie wissen will, was Apartheid ist, muss sie wiedermal auf den Vater warten. Richtig, der Vater schenkt ihr auch diesen Sonntag sein Ohr. Er gibt ihr sogar das Gefühl, von ihr zu lernen. Von dieser Herztransplantation hat er nur am Rande etwas mitbekommen. Sein Leben ist mit Rentenangelegenheiten und den damit verbundenen Steuervergünstigungen zur Genüge ausgefüllt. Bei ihm dreht sich alles um Altersversorgung und -vorsorge und natürlich um das Wohl seiner Familie. Stolz ist er auf seine Tochter, wenn sie ihm so kluge Fragen stellt, sich sogar in ihrem Alter für Chirurgie und Forschung interessiert. Jetzt möchte sie allerdings wissen, was Apartheid ist. Ob ihm eine Erklärung darauf leicht von der Zunge geht? Er überlegt einen Moment lang, wie er seiner Tochter eine strategisch zufriedenstellende Antwort geben kann, ohne bei ihr ein Interesse an Politik und Geschichte zu wecken. Sie soll ja nicht allzu kritisch, sondern strebsam in die Zukunft blicken. Er beginnt: „Eigentlich ist Apartheid ein harmloses Wort aus dem Afrikaans, der Sprache der Südafrikaner. Es steht für Gesondertheit, beziehungsweise Trennung." „Und umeigentlich?", fragt Dorothea umgehend nach. „Der Begriff hat seit der langanhaltenden strikten Rassentrennung dort seine Belanglosigkeit verloren. Man bedenke, dort leben zehnmal soviel Schwarze wie Weiße. Die Weißen haben eine ganz andere Bildung als Schwarze. Deshalb wurde noch vor dem ersten Weltkrieg eine südafrikanische Union mit ersten Gesetzgebungsmaßnahmen gegründet." Sofort interveniert Dorothea: „Aber Hamilton Naki hat auch eine gute Bildung und ist schwarz." Puh, wie darauf antworten? „Ja, aber du hast gefragt, was Apartheid ist. Lass es mich weiter ausführen. Die Weißen brauchten damals diese Trennung und ein striktes Gesetz dazu, um dort friedlich leben zu können. So wurden Schwarze mit dem „Mines and Works Act" verpflichtet, nur niedrige Arbeiten zu verrichten. Später gab es „Native Land Act", Siedlungsgebiete nur für Schwarze. So war der Frieden gewährleistet." „Das ist doch ungerecht," lässt sie nicht locker. „Ja, da hast du wohl recht. Aber du siehst, wenn du etwas lernen willst, dann ist das immer und überall möglich," sprach's, und nun muss sie locker lassen, wenn sie nicht über Schule sprechen will.

Viel spannender als Schule findet sie die Treffen bei den christlichen Pfadfindern oder ein Internat, womit die Eltern immer drohen, wenn sie schulisch nicht spuren. Dabei hat sie im Sommerurlaub auf Spiekeroog ein Internat entdeckt, von dem sie träumt, dort zur Schule zu gehen. Ob dieser Traum mal wahr wird? Jetzt hat erstmal ihre Klassenkameradin Karin sie zu den Pfadfindern mitgenommen. Karins Vater war schon bei den Pfadfindern und ihr Bruder auch. Die Gruppe trifft sich jeden Dienstag von 17:00 bis 18:30 Uhr im evangelischen Gemeindehaus. Der Gruppenleiter ist ein ganz cooler Deutschlehrer. Sein Programm macht richtig Spaß. Sie können spielen, toben, singen, basteln, Lagerfeuer machen, Abenteuer erleben, im Gelände spielen, in Zeltlager touren, Natur erkunden und vieles Interessante mehr; eben alles, wozu sie Lust haben. Wobei die Zeltlagertouren nur für Jungen angeboten werden. Da dürfen die Mädchen nicht mit. Warum? Immer wenn es spannend wird, ist es nur für die Jungen. Schon beim Völkerballspiel mit den Janusz- und Lietzmann-Brüdern aus ihrer Straße musste sie kämpfen, um als Mädchen mitspielen zu dürfen. Dabei beherrschte sie dieses Spiel besser als die meisten Jungen. Selten gelang es den

Gegenspielern sie abzubacken. Klein und zierlich, wie sie war, tauchte sie unter dem heranfliegenden Ball ab. In letzter Zeit hänselten sie die Brüderpaare, weil ein Ansatz von Busen bei ihr erkennbar ist. Dann zieht sie ihren Pulli lang und glatt und sagt: „Seht her; ich sehe genauso aus wie ihr." Sie grinsen dann schelmisch und lassen sie gewähren. Eine gute und sportliche Freundin ist sie ja. Bei den Pfadfindern muss sie wieder kämpfen. Die nächste Zeltlagertour steht an. Die beiden einzigen Mädels, Karin und sie sollen nicht dabei sein. Mädels wären Unruhestifter in dieser Männergemeinschaft. Das sehen nicht alle so. Der Gruppenleiter lässt sie über das Für und Wider diskutieren. Toll, wie er die Diskussion führt. Jeder und jede kommen zu Wort. Am Ende stimmen sie demokratisch ab. Welch Freude! Karin und Dorothea haben es geschafft. Sie sind die ersten Mädchen, die bei den christlichen Pfadfindern mit auf Lagertour gehen dürfen. Und sie bekommen das hellblaue Pfadfinderhemd mit dem Abzeichen, einer Lilie, das an die riesigen Brusttaschen angeknöpft wird. Können sie darauf stolz sein? Sie sind sich nicht sicher, aber das stolze Gefühl verleugnen sie nicht. Es ist eindeutig da. Im November soll es losgehen. Fröhlich hüpft Dorothea nach Hause: „Mutti! Karin und ich dürfen mit auf die Zeltlagertour!" Die Mutter verzieht eine Grimasse: „Wir haben die Pfadfinder immer „Heilopilokakaos" genannt." Missachtung schlägt ihr entgegen. Diesen uniformierten, dem evangelischen Gruppenzwang verschriebenen Jugendlichen kann Mutti nichts abgewinnen. Sich mit ihr darüber auseinanderzusetzen erscheint Dorothea sinnlos. Da wartet sie lieber auf den Vater. Oh Gott, auch er ist dagegen. Seine Tochter ein ganzes Wochenende mit einer Horde pubertierender Männer zu wissen, gefällt ihm gar nicht. „Das kommt überhaupt nicht in Frage," kontert er prompt. „Im November ist es für ein junges Mädchen viel zu gefährlich, auf dem kalten Boden zu schlafen. Da könnte dein Unterleib Schaden nehmen, der nicht reparabel ist." Darüber lässt er nicht mit sich reden. Mutti ist auch keine Hilfe. Soll ihr Kampf umsonst gewesen sein? Sie bespricht sich mit Karin. Karin ist eine hervorragende Schülerin aus gutem Hause. Die Eltern schätzen ihren Umgang, denn auch Dorotheas schulische Leistungen scheinen sich zu bessern. Die Beiden gehen mit ihrem Problem zu Karins Vater. Er muss helfen. Und er hilft. Als Dorotheas Vater seine Tochter mit dem Auto bei Karin in Essen-Haarzopf, dem benachbarten Stadtteil, abholt, lotst ihn Karins Vater geschickt ins Wohnzimmer. Wie ist es ihm nur gelungen? Karin und Dorothea dürfen mit ins Zeltlager. Aber unter einer Bedingung: Sie bekommen ein Extra-Zelt nur für sich, mit Heuballen unter den Schlafsäcken und ordentliches Essen. Karins Vater hat sich dafür verbürgt. Herzlich umarmend tanzen die Freundinnen ein Hohelied auf ihre Väter singend durchs ganze Haus. Diese Freude soll jeder im Hause spüren. Von wegen, Kinder, die was wollen, kriegen was auf die Bollen. Es lohnt sich Visionen zu haben und sich dafür einzusetzen. Die Tour kann beginnen. Sie ist nicht ohne, denn die Jungen, die keine Mädchen dabeihaben wollten, stellen sie auf den Prüfstand. Schnell stellen sie fest, dass es den Mädchen an der nötigen Kraft fehlt, um auf einen Baum ohne Äste zu klettern. Wie ein nasser Sack klammern sich die Beiden an den Baumstamm und können gerade mal ihr Körpergewicht daran festhalten. Eine Bewegung in Richtung Baumkrone, undenkbar. Die Anziehungskraft der Erde ist einfach zu hoch. Spöttisch erschallt es: „Was wollt ihr machen, wenn eine Wildsau mit ihren Frischlingen kommt? Ihr wisst doch, in diesem Wald gibt es davon viele." Es folgt eine Nachtwanderung. Oh je, wie konnte das passieren? Wo sind die anderen? Wo ist Karin? Dorothea sackt immer weiter ins Moor ein. Aus eigener Kraft sieht sie keine Chance mehr, hier herauszukommen. Ihre Schreie werden immer panischer. Als sie bis zur Hüfte feststeckt, kommt die Rettung. Die Blödmänner haben alles unter Kontrolle. Sie führten beide Mädels unbemerkt voneinander weg ins Moor, um dann als Retter in der Not die Lorbeeren einzusammeln. Karin und Dorothea sind sich aber einig. Diese Lorbeeren bekommen die Jungs nicht. Ihre Gefühle zwischen Angst und Wut geben sie nicht preis. Am Schluss ernten sie großes Lob für ihre Tapferkeit von ihren Kameraden. Das bekommen sie, als sie gemeinsam in der Jute rundum das Feuer sitzen. Über dem Feuer hängt ein großer Eisentopf, in dem das Pasta Asciutta vor sich hinbrodelt. Bei diesem leckeren Nudelgericht und den romantischen Gesängen, begleitet von zwei Gitarren, ist alles Unangenehme vergessen. Die Mädchen haben die Hürden gemeistert, die Männer sie in ihrer Runde willkommen geheißen. Diese Erlebnisse arbeitet der Gruppenleiter bei der nächsten Runde am Dienstag noch einmal auf. Sie haben gelernt, wie wichtig gemeinsames Handeln, Verantwortung für sich und andere zu übernehmen und Solidarität zu üben, ist. Manchmal macht dieser Deutschlehrer auch Deutschunterricht mit ihnen. Nur, das fühlt sich gar nicht so an. Dann liest er eine lustige oder lehrreiche Geschichte vor. Darüber diskutieren sie. Oft amüsieren sie sich darüber, was ihnen alles so dazu einfällt. In der Schule nennt man das Interpretation. Dort fiel Dorothea nie etwas ein. Hat sie da keine Fantasie oder Kreativität? Zucht und Ordnung hemmt ihre Vielfalt. Dabei können Wortspielereien so drollig sein. Sie ist überrascht, welche Bedeutung Intonation in der Sprache haben kann. Auf einem Mal findet sie es spannend, sich intensiv mit Texten auseinanderzusetzen, damit zu spielen, zu überlegen, was hat der Autor gemeint. Bisher hat sie, vom Vater sachlich geprägt, Interpretationen als Geschwafel und Bla-Bla angesehen. Kaum dass sie dieses neue Wissen in den Schulunterricht integriert, rasselt es gute Noten.

Auf dem Gymnasium für Frauenbildung fühlt sie sich absolut fehl am Platze. In der Quarta musste sie sich zwischen dem neusprachlichen Zweig oder dem der Frauenbildung entscheiden. Sie? Nein, ihre Eltern haben es für sie entschieden, so wie sie alles in ihrem Leben entscheiden für ihre ach so gute Zukunft.

Mitsprache kommt ihr nicht in den Sinn. Mutti wollte es ihrer Tochter leichter machen. Oder hatte sie einen anderen Grund, dass sie ihr die weniger anspruchsvolle (Frauen-)Bildung ans Herz legte? Der Vater hält höhere Bildung für Mädchen sowieso für überflüssig. Sie wird später heiraten und andere Pflichten haben. Allerdings legt er auch bei seiner Tochter großen Wert auf das Abitur. Wie gut die Eltern glauben, ihre Zukunft zu kennen. Es kommt alles anders. Mit einem guten Zeugnis wird sie in die Untertertia versetzt.

Sie hat eine neue Klassenlehrerin, die ganz sicher nicht verheiratet ist und keine Kinder hat. Mitglied in einer religiösen Gen-Sekte soll sie sein. Was das für eine Sekte ist, hat sich den Schülern nie erschlossen. Jeden Morgen vor dem Unterricht müssen sie mit ihr religiöse Lieder singen. Ohne dem sei der Mensch nicht aufnahmebereit. Ein Lied wird ein Ohrwurm in Dorotheas Leben. Es gefällt ihr:

Dominique, Dominique,

Der zog fröhlich durch die Welt,

Zu Fuß und ohne Geld,

Und er sang an jedem Ort

Immer wieder Gottes Wort;

Immer wieder Gottes Wort.

Die pubertierenden Mädchen in ihrer Klasse nehmen die Lehrerin nicht ernst und machen sich lustig über sie. Sie haben einen anderen Musikgeschmack:

- die Schiwago-Melodie zum gleichnamigen Film,
- Puppet on the String von Sandy Shaw
- Dear Mrs. Applebee von David Garrick
- Massachusetts von den Bee Gees
- All you need is love von den Beatles.

Das ist der Renner und steht an jeder Hauswand geschrieben. In den Ohren der Klassenlehrerin schmerzt diese Musik. Sie beginnt mit dem Biologieunterricht. Der neue Lehrplan führt den Sexualkundeunterricht ein. Weder Lehrerin noch Schüler sind offen für dieses Thema. Was macht Dorothea, die genau wie die anderen peinlich berührt ist? Sie flüstert nicht ganz leise zu ihrer Nachbarin: „Was wollen Sie denn wissen?" Diese Aussage bleibt nicht ohne Folgen. Im Halbjahreszeugnis verschlechtert sich ihre Note von „gut" auf „ausreichend". Gerne hätte sie ihr zur Strafe sogar ein „mangelhaft" gegeben. Dann wäre Dorotheas Versetzung gefährdet. Keine Chance. Ein Herabsetzen von mehr als zwei Noten lässt das Schulgesetz nicht zu. Die Fronten sind geklärt. Das nächste Halbjahr kann kommen.

Frauenbildung ist wahrlich nicht Dorotheas Interesse. Warum? Ihre Spielgefährten sind Jungen oder burschikose Mädchen, ihre Geschwister alles Brüder. Die einzige Frau in ihrem Leben ist die Mutter, der sie nicht einmal zur Weihnachtszeit beim Plätzchen backen helfen darf. Sie könne das alleine viel schneller. Außerdem machen Kinder nur Dreck. Aber von dem leckeren Teig mit guter Butter dürfen sie naschen. Die fertigen Plätzchen füllt sie in bunte Blechdosen. Die sind nur für Vati. Wie soll also Dorothea kochen lernen? Alle anderen Schülerinnen sind in diesem Schulfach besser als sie. Eigentlich kann Mutti auch nicht kochen. Keines ihrer Gerichte, Rumpsteak, Filetsteak, Pommes

Frites, Ravioli, Spaghetti mit Ketchup oder ihrem Salat stehen auf dem Schulplan. Dabei ist Muttis Salat der Beste. Kein anderer bitterer Salat als Kopfsalat darf in die Schüssel. Die Sauce ist beim Arbeitsdienst im Krieg aus der Not heraus entstanden. Sie hatte auch kein Kochen gelernt. Das erledigten Bedienstete auf dem Gutshof. Da wurde sie in die Küche geschickt und sollte für die BDM, Bund deutscher Mädchen einen Salat zubereiten. Von nix ne Ahnung schüttete sie alles, was sie fand, zusammen: Öl, Kondensmilch, Zitrone und Maggi. Schwupp, die Salatsauce war fertig. Dann gehört zur Frauenbildung noch Handarbeiten. Was muss Dorothea in diesem Fach viel Ärger einstecken. Mutti gibt ihr für den Strickunterricht die alten, an der Spitze beschädigten, Stricknadeln von Oma, die längst tot ist, mit in die Schule. Damit hatte Oma die vielen Strickhöschen und Pullis für ihre Enkel gestrickt, bis die Nadeln nicht mehr wollten. Oder hatte Mutti sie nicht sorgfältig genug aufbewahrt, was nicht nötig war? Sie hat ja die Knittax-Strickmaschine. Jedenfalls kann sie quengeln, soviel sie will. Es gibt keine Neuen. Nun auch noch die Lehrerin: „Damit kannst du doch nicht stricken lernen! Morgen kommst du mit ordentlichen Stricknadeln." Es ist bitter, aber Mutti meint, dass diese Nadeln für eine Anfängerin genügen. Dorothea erinnert sich an die Aussage ihres Deutschlehrers in der Quinta, dass sie eine verwöhnte Göre sei. Was sie gerade erlebt, ist alles andere als eine verwöhnte Göre. Nun, er bezieht seine Aussage auf ihre frechen Antworten, die sie nur in der Schule, nicht zuhause herausbringt.

Im nächsten Sexualkundeunterricht sind die Schülerinnen unruhig. Nicht wegen des Unterrichts. Nein, wegen der dicken Liesel. So wird diese Mitschülerin genannt, weil sie die Fraulichste mit ihren weiblichen Rundungen in der Klasse ist. Sie hat die neue Single von Jane Birkin „Je t'aime" mit in die Schule gebracht. Das erregt Aufsehen. Jeder will sie in der Hand halten. Kaum, dass sie bei Dorothea ist, wird die Gen-Lehrerin auf sie aufmerksam. Im Stechschritt stampft sie wutschnaubend zu ihr:

„Was hast du da?" Sie reißt ihr die Platte aus der Hand und brüllt ihren Blick über alle schweifend: „Das hätte ich mir denken können. Du schon wieder. Schäme dich, so einen Schund in die Schule zu bringen." Sie holt einmal Luft und fragt dann: „Wo hast du sie her?" Dorotheas Antwort: „Kennen Sie die Platte? Ich noch nicht." Niemals würde sie die dicke Liesel verpetzen. Es kommt, wie es kommen musste. Erst segelt der blaue Brief „Die Versetzung ist gefährdet" nach Hause. Dann, am letzten Schultag vor den Ferien, erhält sie das Zeugnis mit dem Vermerk „Dorotheas Leistungen entsprechen nicht den Anforderungen für die Versetzung in das nächste Schuljahr."

Noch nie hat sie derartig auf dem Heimweg getrödelt. Zorn, Wut und Trauer begleiten sie. Das „Mangelhaft" in Biologie, Kochen und Handarbeiten hat nichts mit ihren Leistungen zu tun. Wie soll sie das ihren Eltern erklären? Voller Angst drückt ihr kleiner Zeigefinger auf den Klingelknopf. Die Mutter öffnet. Der Vater ist in einem ernsten Gespräch mit Dieter. Dieter hat bereits zum zweiten Mal nicht die Versetzung von der Untersekunda in die Obersekunda geschafft. Damit hat er mit seinen inzwischen achtzehn Jahren immer noch keine „Mittlere Reife". Dorothea ist erleichtert. Sie steht nicht alleine mit ihrem Dilemma da. Rembert hat sich in sein Zimmer zurückgezogen. Er spielt mit seiner Carrera-Autorennbahn. Ihm ist der Aufstieg von der Grundschule auf das Helmholtzgymnasium gelungen. Sein neuer Klassenlehrer wird dort der berühmte Rollkunstläufer Hans-Jürgen Schamberger sein. Mit seiner Frau Martha gewann 1964 der Essener die deutschen Meisterschaften im Rollschuhtanz. Voller Entsetzen nimmt Mutti Dorotheas Zeugnis entgegen. Sie sagt nicht, wie enttäuscht sie ist. Sie sagt: „Wie könnt ihr das eurem Vater antun?" Er war immer Klassenbester. Sonst hätte er nicht das Stipendium für das Schulgeld bekommen. Seine Mutter, die im ersten Weltkrieg ihren Mann verlor, hätte das nicht aufbringen können. „Der arme Vati hat solche Rabenkinder," fügt sie hinzu. Dorothea weint. Sie liebt doch ihren Vater so sehr.

Die Eltern beschließen, Dieter aufs Internat zu geben, das Internat, von dem Dorothea seit Langem träumt. Die Hermann Lietz-Schule soll eines der besten pädagogischen Internate Deutschlands sein. Es gehört zu den deutschen Landerziehungsheimen, so wie auch Salem, Birklehof und Louisenlund. Dort wird die Reformpädagogik gelebt. Der Begründer Hermann Lietz bildete 1898 mit seinem ersten Internat in Haubinda ein Gegenpol zu Kadettenanstalten und Klosterschulen. Er wollte frei sein von militärischem Drill und der Bevormundung durch die Kirche. Persönlichkeitsbildung steht im Vordergrund. Eine ganzheitliche Erziehung ist sein Ziel. Dafür sind vier Standbeine nötig:

- Akademische Bildung, die die linke Gehirnhälfte aktiviert.

- Kunst und Handwerkliches soll die rechte Gehirnhälfte anregen.

- Körperbewusstsein durch Morgenläufe und Sport.

- Soziales Lernen, denn der Mensch ist nicht allein, sondern ein soziales Wesen.

Inzwischen gibt es vier Hermann Lietz-Schulen. Drei Schlösser in der Rhön, Buchenau für die Fünf- bis Neunklässler, Hohenwehrda für die Mädchen und Bieberstein für die Jungen der Oberstufe. Auf der Insel Spiekeroog gibt es seit 1928 abgelegen im Osten ebenfalls eine dieser staatlich anerkannten Internate. Diese einsame Insel, wo die ganze Familie seit zehn Jahren ihren Sommerurlaub verbringt, könnte Dieter wieder auf die richtige Bahn bringen. Vati hadert noch wegen der hohen Kosten. Doch

Mutti ist sich sicher, dass ihr Mann das nötige Geld erarbeiten wird. Seine übertriebene Vorsicht ist ihr manchmal zuwider.

„Und was machen wir mit Dorothea?" ist seine Frage. Muttis Antwort: „Einen Termin beim Schuldirektor. Das geht doch nicht mit rechten Dingen zu, wegen „Kochen" und „Handarbeiten" sitzenzubleiben." Der Schuldirektor ist eine Schuldirektorin. Fräulein Endlein hat einen Aufstieg gemacht und ist nun die neue Direktorin. Vorher war sie Lehrerin an dem mathematisch-naturwissenschaftlichen Gymnasium „Luisenschule" in der Essener Innenstadt. Vati und Fräulein Endlein verstehen sich auf Anhieb blendend. Sie habe sich über Dorothea bei den Lehrern erkundigt und räumt ein, dass es zwischen der Klassenlehrerin und Tochter zu Unstimmigkeiten kam. Hingegen sei die mathematische Begabung doch ein Grund sie zu fördern. Deshalb schlage sie einen Wechsel zur Luisenschule vor. Damit rennt sie bei Vati offene Türen ein. Seine Tochter in Vaters Fußstapfen. Gute Beziehungen habe sie noch dorthin. Sie könnte eine Schülerin bitten, Dorothea in den Ferien zu besuchen, um den Schulstoff abzugleichen. Ein Mann ein Wort, eine Frau erst recht ein Wort. Dorothea ist an der Luisenschule, leider nicht auf der Hermann Lietz-Schule Spiekeroog, angemeldet und Marion, nun in der Untertertia, bei ihr zu Besuch. Marion ist nicht nur total gewissenhaft, sondern auch Klassenbeste. Sie liebt klassische Musik und Schlager von Karel Gott. Das ist nicht ganz Dorotheas Geschmack, aber die Beiden kommen gut miteinander klar. So gut, dass Marion nun schon zum fünften Mal in diesen Ferien bei ihr ist. Dorothea muss viel Neues lernen. Sie freut sich aber darauf.

Bevor das neue Schuljahr beginnt und Dieter Internatsschüler der Hermann Lietz-Schule Spiekeroog wird, soll er in den Sommerferien seinen Gehorsam beim DHH, dem Deutschen Hochseesportverband Hansa unter Beweis stellen. Der DHH fördert den Segelsport, die internationale Jugendbewegung und das Mitgliedersegeln. Wer hier seinen Segelschein absolviert, erlangt größtes Ansehen. Der Verein wurde 1925 von Vizeadmiral Adolf Lebrecht von Trotha, als 1. Vorsitzenden aus Mitteln des Ruhrfonds als klandestine wehrsportliche Schulungseinrichtung der Reichsmarine gegründet und war ab 1934 Teil des Reichsbunds Deutscher Seegeltung. Die Ausbildung der deutsch gesinnten jungen Leute stand unter dem Motto: Unbedingte Unterordnung, Pflichttreue und Pünktlichkeit. Ab 1933 verlor der militärische Schulungszweck seine Priorität. Das Damensegeln wurde mehr und mehr popularisiert. Der Verein baute eine enge Kooperation mit der NS-Gemeinschaft „Kraft durch Freude" auf. Mitte der sechziger Jahre war der Konteradmiral Bernhard Rogge 1. Vorsitzender. „Der Blaue Peter" ist die Mitgliederzeitschrift des Vereins. Sie erscheint viermal jährlich. Der Titel leitet sich vom „Blauen Peter", der Signalflagge P, ab, die, wenn ein Schiff sie setzte, ansagte, dass es binnen vierundzwanzig Stunden den Hafen verlassen wird. Das war wichtig für die Lieferanten, die noch Außenstände einzutreiben hatten, sowie für Mannschaftsmitglieder auf Landurlaub. Auf so einem Landgang war Dieter letztes Jahr bei seinem A-Schein-Segelkurs in Glücksburg an der Flensburger Förde wohl mindestens einmal zu viel. Aus diesem Grund, und dass er zu häufig ins Bierglas schaute und die Glimmstängel nicht aus dem Mund ließ, wurde für ihn die Signalflagge P gehisst und er bereits nach der Hälfte der regulären Zeit dieses Kurses nach Hause geschickt. A-Schein adé. Mit erheblichem Verhandlungsgeschick ist es dem Vater gelungen, dass ihm der DHH-Glücksburg diesen Sommer eine zweite Chance auf den A-Schein gewährt. Es ist nochmal gut gegangen. Geschafft. Die Lizenz zum Mieten von Segelbooten auf der ganzen Welt hat er in seiner Tasche. Er muss sich enorm untergeordnet und gepaukt haben. Sonst hätte er die hohen Anforderungen, die der DHH an den A-Schein stellt, nicht gemeistert. Mutti und Vati sind erleichtert. Der Junge ist auf dem richtigen Weg. So soll es weitergehen.

Die ganze Familie reist nach Spiekeroog. Schließlich wird Dieter bei so einem wichtigen Umzug nicht alleingelassen und Dorothea kann ihren Traum aus der Nähe betrachten. Nach der Begrüßung des respekteinflößenden Heimleiters Höltje wird ihm von der liebevollen Hausdame ein 15qm großes Zimmer zugewiesen, das er sich mit einem Klassenkameraden teilen muss. Zwei Betten, zwei Schreibtische, das war's. Die Kleiderspinde befinden sich auf dem Flur; Waschräume, Duschen und Toiletten auch. Ob er glücklich ist? Er lässt es sich nicht anmerken. Der Rest der Familie auch nicht. Nur Mutti, sie kann ihre Gefühle trotz großem Bemühens nicht ganz verbergen. Sie vermisst ihn schon jetzt. Sie denkt an ihren Bruder Heinrich, der im Alter von achtzehn Jahren seinen tödlichen Autounfall hatte. Genau dieses Alter hat jetzt Dieter, der sie ins Internat verlässt, und wenn überhaupt, nur noch in den Ferien bei ihr sein wird. Ein gemeinsames Abschiedsessen im Hotel zur Linde soll die Gemüter beruhigen. Noch einmal stehen die drei Gläser für die Kinder direkt nebeneinander und warten darauf, auf den Strich genau gleichmäßig mit Sinalco Orange befüllt zu werden. Kein Kind soll sich benachteiligt fühlen. Dann trennen sich die Wege. Am nächsten Morgen geht's mit der ersten Fähre nach Deutschland, wie die Insulaner sagen, und wortkarg mit dem Auto nach Hause.

Noch ein schulfreier Tag und dann bringt Vati erst Rembert ins Helmholtzgymnasium und anschließend Dorothea zur Luisenschule. Alle seine Kinder besuchen dieses Jahr eine neue Schule. Mögen die Wünsche der Eltern wahr werden!

Dieter hat sich schnell eingelebt. Dort gibt es viele Freunde, die, wie er, die Freiheit fern von Zuhause genießen. Sie müssen nicht mehr den Eltern Rede und Antwort stehen. Die Schüler sind zwar in Familien von ungefähr zehn Schülern unterschiedlichen Alters aufgeteilt, denen ein Lehrer als Familienvater vorsteht, aber er hat einen ganz anderen Status als der leibliche Vater. Der Morgenlauf um sechs Uhr vor der ersten Unterrichtsstunde lässt sich nicht umgehen. Das Frühstück im großen Speisesaal vor der zweiten Unterrichtsstunde ist immer fröhlich. Zweimal die Woche müssen alle Schüler nachmittags eine Gildenarbeit verrichten und einmal die Woche „Heimverschönerungsarbeiten". Das sind die anfallenden Reparaturen im Heim, die unter Anleitung einer entsprechenden Fachkraft von Schülerhand bewerkstelligt werden. Warum es in dieser Schule Gilden gibt? Es sollen nicht nur kognitive Fähigkeiten gefördert werden, sondern auch handwerkliche, musische und organisatorische. Die Schüler dürfen selbst entscheiden, welche Gilde ihnen zusagt. Da gibt es neben Schlosserei-, Tischlerei-, Töpferei -auch Bootsbau-, Segel-, Deichbau-, Fahrrad-, Landwirtschafts-, Reit-, Gartenbau- inklusive Gewächshaus und Kompostgilden, aber auch eine Musik- und Theatergilde. Schade, dass es keine Mädchengilde gibt, denn die Schule besteht nur aus männlichen Schülern und wenigen Werks- bzw. Dorfschülerinnen. Das Problem hat Dieter aber schnell gelöst. Da gibt es doch Kiki vom Hotel zur Linde. Kiki mochte er schon als Fünfzehnjähriger. Er erinnert sich, als sie Beide auf dem Heuboden des Reitstalls im Dorf mitten im Heu schmusten. Sie war eine exzellente Reiterin. Das war die Zeit, als Dorothea und Rembert so wild mit Kikis kleinem Bruder Hannes im Bollerwagen tobten. Keiner wusste, ob erst der Bollerwagen auseinanderbricht oder Hannes Knie Schürfwunden vom vielen Herausfallen bekommen. Jedenfalls fühlten und fühlen sich noch die beiden Familien sehr verbunden. So ist es ein Leichtes für Dieter, wieder den Kontakt zu Kiki aufzunehmen. Dorothea ist für alles Neue sehr offen. Sie ist nicht nur schnell zu begeistern, sondern begeistert auch schnell andere; jetzt ihre neuen Klassenkameradinnen. Nur die strebsame und zurückhaltende Marion, die sie so gut in den Schulstoff eingewiesen hatte, ist verwundert. Sie hatte ein ganz anderes Bild von ihr. Klar, zuhause ist sie auch eine ganz Andere. Dort will sie ihren Eltern alles recht machen. Aber weit weg, in der Schule, da bricht es aus ihr heraus. In der Schule stellt sie Gehorsam an letzte Stelle. Sie schlägt sich immer auf die Seite der Schwächeren. Das sind eindeutig die Schülerinnen. Mutti's Worte klingen noch in ihren Ohren: „Da kommst du auf eine Schule der Intelligenten, nicht der vom reichen Elternhaus Begünstigten. Du wirst sehen, wie diese Mädchen aus der Arbeiterklasse froh sind, etwas lernen zu dürfen." Das will sie jetzt wissen. Sie freundet sich mit Petra an. Petra kommt aus einem Heim, ist also eine vom Leben nicht Begünstigte. Fleißig ist sie auch nicht. Dennoch sind ihre Schulnoten im oberen Drittel. Von solchen Mädchen hält Marion sich fern, grüßt sie maximal freundlich, wie sie das mit jedem macht. Ihr sind die vielen Widerworte und hitzigen Diskussionen zuwider. Dorothea findet das gerade spannend. Aber ob diese Freundschaft ihr guttut, wird sich noch zeigen. Marion hat ihr gutgetan. Mit dem neuen Schulpensum kommt Dorothea ohne Probleme zurecht. Sie ist bei Schülern und Lehrern geachtet, noch jedenfalls. Ihre Klassen- und Deutschlehrerin Frau Dr. Holtkötter hat einen wohlwollenden und einen beobachtenden Blick auf sie geworfen. Mag sie sie, oder mag sie sie nicht? Das ist nicht zu erkennen. Ihr ist die Frau suspekt, die von sich selbst behauptet, sie könne bereits im ersten Schuljahr, wenn sie eine Klasse neu übernimmt, beurteilen, wer von diesen Schülern das Abitur mache. Jedem Schüler überreicht sie sogar einen Zettel mit ihrer Vermutung. So könnten die Schüler am Ende ihrer Schulzeit den Wahrheitsgehalt ihrer Aussage überprüfen. Dorothea kommt zu spät in diese Klasse. Sie hat so einen Zettel nicht bekommen. Dafür hat sie nach einem Gespräch über Schuld und Sühne ihr ein Jurastudium prognostiziert, angeblich weil ihre logischen Folgerungen denen ihres Ehemannes gleichen, der Jurist sei. Ist das ein Kompliment?

Dieses Schuljahr macht die ganze Klasse eine Klassenfahrt ins Schullandheim Gelslingen bei Drolshagen im Sauerland. Dr. Holtkötter und die Mathematiklehrerin Spröcke tragen eine hohe Verantwortung für die achtundzwanzig Achtklässlerinnen. Mit einem eigens dafür gemieteten Bus geht es auf Reisen. Natürlich sitzt Dorothea mit den am lautesten singenden Mädchen auf der Hinterbank in der letzten Reihe. Sie singen Lieder wie:

- In einem Harung jung und stramm, zwo, drei, vier ss-ta-ta, tirallala,

- Wir lagen vor Madagaskar,

- Bolle reiste jüngst zu Pfingsten, nach Pankow war sein Ziel.

Und sie haben die „Mundorgel" dabei. Das ist ein Liederbuch mit hauptsächlich christlichem Liedgut. Fröhlich und gut gelaunt erreichen sie das Ziel. Die Mädchen werden auf Drei- und Vierbettzimmern aufgeteilt. Dorothea hat ein Zimmer mit Petra und Dagi. Dagi hat in Essen schon ihren ersten richtigen

Freund. Obwohl die Drei ganz unterschiedlich sind, verstehen sie sich ausgezeichnet. Dorothea ist eindeutig am Kindlichsten von den Dreien, aber das braucht ja keiner zu merken. Klar findet sie Jungs auch spannend, aber nicht so wie ihre Zimmergenossinnen. Während sie ihre Betten beziehen -für Dorothea ist es das erste Mal, das sie das macht- entdeckt Dagi als Erste, die hübschen langhaarigen Kreidler-Rocker vor ihrem Fenster. Shit, die Fenster sind mit einem Schloss verriegelt. Wo sind die Schlüssel? Keine Chance, so ein Fenster zu öffnen. Aber ihre Blickkontakte lassen die ersten Funken sprühen. Doch wofür? Das Programm der Lehrerinnen ist eng getaktet. Die Schülerinnen sollen doch die Schönheiten des Sauerlandes mit seiner von Wäldern bestimmten Mittelgebirgslandschaft und den Baudenkmälern in Drolshagen kennenlernen. Die katholische Pfarrkirche

St. Clement, die 1960 einen modernen Anbau bekam, und das mittelalterliche Kloster der Zisterzienserinnen, von dem nur noch eine Ruine übriggebliebene ist, sind ein Muss ihrer Besichtigungen. Abends nach dem Abendbrot und vor dem Schlafengehen dürfen die Mädchen auf der Terrasse zu ihrer Musik tanzen. Ausgerechnet die spröde Spröcke hat Spaß daran und tanzt mit ihnen mit. Seitdem hat die Mathematiklehrerin bei ihnen einen Stein im Brett. So passiert es, dass am nächsten Tag der Nachmittag zur freien Verfügung steht. Sie teilen sich in verschiedenen Grüppchen auf. Dorothea nimmt mit mehreren den Linienbus nach Drolshagen zum Marktplatz. Plötzlich aus heiterem Himmel kommt Dagi zu ihr gelaufen: „Dorothea, wir haben die Jungs, die immer vor unserem Fenster stehen, getroffen. Der Süße mit den langen Haaren steht total auf dich." Dorothea fragt nach: „Hä, welcher?" „Na, der Süßeste. Hast du ein Glück! Wir haben mit ihnen vereinbart, sie heute durchs Fenster einsteigen zu lassen, wenn wir es irgendwie aufbekommen." Tatsächlich, mit Schraubenzieher und Zange aus der Werkzeugkiste des Hausmeisters ist es ihnen gelungen, das Fenster an den Scharnieren aufzuhebeln. Zwei Jungen kommen herein; der Süße und sein Freund. Wie fröhlich es auch ohne Getränke ist! Aber nicht lange. Auf dem Gang entsteht so eine gefährliche Unruhe. Eine Klassenkameradin hat sie bei der Höltkötter verpetzt. Schnell verkriechen sich die Jungen unterm Bett. Petra und Dorothea verschwinden samt Kleidung unter ihren Bettdecken. Dagi schafft es gerade noch in Blitzschnelle in ihr durchsichtiges, rosafarbenes Baby-Doll zu schlüpfen. Da steht bereits die Holtkötter wutentbrannt im langen, hellblauen Nachthemd mit weißen Binsen im Zimmer: „Was ist hier los? Das hätte ich mir ja denken können! Dorothea! Mit so einem hübschen Mädchen wie Dir, mit diesen strahlenden Männer reizenden Augen, kann es nur Probleme geben. Und dann noch dieses durchsichtige Schlafzeug!" Auf eine Antwort wartet sie nicht. Noch um Mitternacht ruft sie Dagis und Dorothea's Eltern an. Diese verdorbenen Mädchen müssen sofort abgeholt werden. Vorher amüsieren sich noch die Fünf, bevor die Jungs durchs Fenster das Weite suchen. Beschimpft doch die Lehrerin die Mädchen und gewährt selbst den Jungen unterm Bett diesen interessanten Ausblick. Dieses Vergnügen ist von kurzer Dauer. Zu groß ist die Angst vor den anreisenden Eltern. Enorme Manschetten haben sie vor dem, was da kommen mag. Dorothea's Furcht schlägt ihr auf den Magen. In der folgenden Nacht umarmt sie die Toilette mehr als ihre Bettdecke. Gleich morgens erscheinen die beiden Elternpaare. Manchmal ist es von Vorteil, in einem Heim aufzuwachsen. Da gibt es keine Eltern, die benachrichtigt werden. Vati's erste Frage an die Lehrerinnen: „Ist meine Tochter schwanger?" Er kann sich nicht vorstellen, warum er sonst so mitten in der Nacht gerufen wurde. Alles andere hätte Zeit bis zum nächsten Tag gehabt, wenn sich die Gemüter beruhigt haben. Es haben sich aber keine Gemüter beruhigt. Dorothea kotzt und weint ohne Unterlass. Keiner, der sie tröstet. Was sagt die Mutter zu ihr: „Wenn das Dieter erfährt; wie enttäuscht er von seiner Schwester sein wird!" Vati ist erstmal froh, dass seine Tochter keinen Geschlechtsverkehr hatte. Auf der Fahrt nach Hause herrscht Totenstille. Oft muss Vati am Straßenrand anhalten, damit nichts ins Auto geht, von der Galle, die noch zum Spucken bleibt. Ob wenigstens Rembert ein bisschen Mitleid mit ihr hat? Er durfte ja nicht alleine zuhause bleiben und musste alles mit ansehen. Keinen Ton hat er von sich gegeben. Mitleid, den darf sie jetzt nicht erwarten.

Zuhause im Briefkasten lauert schon die nächste Hiobsbotschaft, eine Gerichtsvorladung. Dorothea wurde mit Petra bei Woolworth beim Stehlen erwischt. Mutti ist außer sich: „Dieter wird nichts mehr mit dir zu tun haben wollen. Was bist du nur für eine Schlimme!" Mehr sagt sie nicht. Auch Vati fehlen die Worte. Eine ganze Woche sprechen sie kein Wort mit ihr. Keinerlei Erklärung wollen sie von ihr haben. Nicht einmal ihre

Schulaufgaben kontrolliert ihre Mutter noch. Gehört sie überhaupt noch zu dieser Familie? Wenigstens begleiten sie die Eltern zum Gerichtstermin. Petra ist auch mit ihrer Mutter da. Dorothea ist überrascht, dass sie eine Mutter hat. Warum ist sie dann in einem Heim? Die Richterin verlangt von den Mädchen eine genaue Schilderung des Tathergangs. Dorothea berichtet, wie die Beiden gemeinsam durchs Kaufhaus schlenderten. Immer wenn Petra etwas sah, was ihr gefiel, ließ sie es unauffällig in ihre Plastiktüte plumpsen. Sie hatte ja nicht das Geld, um es rechtmäßig zu erwerben. Deshalb erklärte sie Dorothea: „Einen Teil bezahlen, und die anderen mitnehmen. Das geht ganz einfach." Dieses Mal ging es nicht einfach. Noch an der Kasse wollten die Kaufhausdetektive einen Blick in ihre Tüte werfen. Zu Dorothea rief sie ganz schnell: „Lauf" und warf ihr die Tüte in hohem Bogen von der Kasse durch den offenen Kaufhauseingang hinterher. Dorothea schnappte sich die Tüte und rannte und rannte, als wäre die Polizei hinter ihr her. Die Polizei kam aber zu Petra und nahm von ihr und ihrer Freundin die Daten auf. Nun stehen sie vor Gericht. Es hagelt Fragen über Fragen. Die Richterin will den vermeintlichen Unschuldsengel nicht so davon kommen lassen. Petras Darstellung ist nämlich ganz anders. Demnach hätten sie beide den Inhalt der Tüte mitgehen lassen. Warum sollte Petra zwei Füllfederhalter klauen? Hart wird Dorothea in die Mangel genommen. Sie fühlt sich elendig. Erst soll sie ein verkommenes Stück Etwas sein, die sich mit prolligen Halbstarken abgibt und nun auch noch eine Kriminelle. Was denken die Eltern von ihr? Beides ist sie nicht. Haben sie kein Vertrauen zu ihren Kindern? Den Lehrern schenken sie auch immer mehr Glauben als ihren Kindern. Dabei hat sie ihre Eltern doch so sehr lieb. Die Fragen der Richterin hören nicht auf. Vor lauter Tränen ist ihr Kopf kurz vorm zerplatzen. Es fühlt sich jedenfalls so an. Wenn sie bei der Wahrheit bleibt, fürchtet sie, wird die Verhandlung überhaupt kein Ende nehmen. So gibt sie schließlich unter heftigem Schluchzen zu, dass sie den einen

Füllfederhalter mitnahm. Da kommt der Vater zu Wort. Er macht deutlich, dass das seine Tochter nicht nötig gehabt habe. Sie ist doch keine Kleptomanin? Dorotheas Gedanken bekommen Schüttelfrost. Was ist denn eine Kleptomanin? Dieses Wort hat sie noch nie gehört und klingt ganz abscheulich. Wie kommt sie hier nur wieder raus? Keiner hat sie mehr lieb. In ihrem tiefsten Kummer kommt endlich der Urteilsspruch: Dorothea und Petra müssen an sechs aufeinanderfolgenden Wochenenden in einem Mutter-Kind-Heim jeweils insgesamt 72 Arbeitsstunden ableisten. Der Mutter von Petra spricht die Richterin noch besonders ins Gewissen, damit die Tochter nicht ganz auf die schiefe Bahn gerate. Sie sei doch ein intelligentes Mädchen. Zu Dorothea sagt sie: „Das wird dir eine Lehre gewesen sein. So etwas mache bitte nie wieder." Die Sitzung ist geschlossen. Eingeschlossen ist die Hilflosigkeit, Ohnmacht und Trauer in Dorotheas Herzen bis am nächsten Tag nach der Schule der Vater in ihr Zimmer kommt und fragt: „Kommst du mit mir mit in die Innenstadt? Ich brauche eine neue Brille." Dieser Frage bedarf es keiner Antwort. Würde sie nicht mit ihm fahren, müsste sie weiterhin einsam in ihrem Elend aushalten. Kaum dass die Beiden im Auto ihre Welt zu Zweit haben, wird der Vater wiedermal zum Retter in der Not. Er bittet sie, sowohl vom Rauswurf aus dem Schullandheim, als auch vom Besuch bei Woolworth, ihm ihre Version zu berichten. Er habe volles Vertrauen zu ihr und glaube, dass in beiden Fällen alles ganz anders stattgefunden habe. Ein Stein fällt von ihrem Herzen, und nachdem sie alles wahrheitsgetreu in sämtlichen Einzelheiten erzählte, auch von seinem Herzen. Seine Tochter ist kein verkommenes Luder und auch keine Diebin. Pferde sind ihr immer noch wichtiger als Jungs, und ihr Vater bleibt der beste Vati der Welt. Fröhlich ziehen die Beiden Arm in Arm durch die Kettwiger Straße. Vati bekommt eine hochmoderne Goldrandbrille und seine Tochter eine Gabardinehose. Niemals hätte sie es für möglich gehalten, dass ihr Vater sich zu einem Kauf einer Hose für sie hinreißen ließe. Für ein Mädchen schickt es sich nicht in Hosen herumzulaufen. Doch heute soll sie richtig verwöhnt werden. Er weiß, warum. So kommen beide gut gelaunt nach Hause. Eine Familie bleibt eine Familie.

Nicht nur das; das Drama im Schullandheim bringt eine tiefe Freundschaft zu Moni hervor. Sie ist zu diesem Zeitpunkt Klassensprecherin und versteht unter dieser Aufgabe etwas ganz anderes als die Holtkötter. Richtig Ärger bekommt sie, weil sie von dem Einlass der jungen Männer wusste, es aber nicht vorweg den Lehrern gemeldet hatte. Das wäre ihre Pflicht als Klassensprecherin gewesen. Sie habe ihre Verantwortung missachtet. Moni fühlt sich aber, ähnlich wie die Aufgaben einer Gewerkschaft für Arbeitnehmer, als Sprecherin ihrer Klassenkameradinnen, die sie gerade deshalb dazu gewählt haben, weil sie immer so stark und standhaft bleibt. Sie hält ihr Wort und wechselt nicht die Seiten. Leider bekommt sie bei ihren Auseinandersetzungen mit der Holtkötter keine Unterstützung von ihren Mitschülern. Das ist der Grund, warum sie dann ihr Amt als Klassensprecherin niederlegt. Aus ihrer Wut und Trauer entsteht diese fantastische Freundschaft mit Dorothea. Sie wol-len sich für das Gemeinwohl einsetzen; Holtkötter's Erziehung zum Denunziantentum widersetzen. Die politischen Hintergründe kann Dorothea nicht erfassen, aber Moni hat sie mit ihrem Einsatz überzeugt. Moni hat überhaupt so eine interessante Denkweise. So vertraut sie ihr ein großes Geheimnis an: „Weißt du eigentlich, dass Karin Bouali gar nicht Karin heißt?" Sie weiß es nicht. Sie versteht nicht einmal, warum dass so ein großes Geheimnis sein soll. Karin, ihre Klassenkameradin, kommt aus dem Iran und heißt tatsächlich Kerima. Die Namensänderung sei ein Schutz zum Kindeswohl. Da stellt sich doch wiedermal die Frage, wer will hier wen schützen. Von nun an gehen Moni und Dorothea durch dick und dünn. Sogar sonntags begleitet Dorothea, so oft sie darf, Moni's Familie bei den Spaziergängen. Sie gehen zusammen durch verwunschene Wälder, um Pilze zu suchen. Ihr Vater erklärt, woran man erkennen kann, welche Pilze giftig sind, dass sich der grüne Knollenblätterpilz dem Wiesenchampignon sehr ähnelt, aber tödlich sein kann. Es gibt echte und falsche Reizker, Schwämme und Röhrlinge. Ein echter Reizker ist das Auto, mit dem sie unterwegs sind. Der Vater fährt einen Citroen DS mit Hydropneumatik. Das ist ein Federungssystem, dass sich der Fahrzeugbelastung anpasst. Sobald der Zündschlüssel den Motor in Gang setzt, erhebt sich das Fahrzeug. Was für eine Gaudi!

Aber wie geht es Rembert mit seinem Schulwechsel? Kaum dass er auf dem Gymnasium ist, weist sein erstes Halbjahreszeugnis in Sport und Erdkunde ein „mangelhaft" aus. Der sonst so unproblematische Junge schweigt und verzieht keine Miene. Er hat bei seinen älteren Geschwistern gelernt. Jede Erklärung ist sinnlos. Reden ist Silber, schweigen ist Gold. Die Eltern warten nicht lange, sondern suchen schnellstens seinen Klassenlehrer, den Rollschuhtänzer, der ihn in diesen Fächern unterrichtet, auf. Sein Kommentar zu der Benotung: „Ihr Junge kann nicht einmal einen Aufschwung am Reck. In Erdkunde bekommt er, selbst wenn er angesprochen wird, seinen Mund nicht auf." Kaum zu glauben; das ist der Grund für die schlechte Benotung. Die Eltern wundert's, nehmen aber die Aussage einfach so hin, denn einem Lehrer widerspricht man nicht. So hat der Vater es von seiner Mutter gelernt. Rembert informieren sie. Das muss reichen, und es reicht tatsächlich. Sein Versetzungszeugnis weist sogar in allen Fächern eine bessere Note aus. In der Quinta dasselbe Spiel. Das Halbjahreszeugnis ließe keine Versetzung zu, aber sein Versetzungszeugnis lässt ihn ohne Probleme weiterkommen.

Und wie geht es inzwischen Dieter auf der Hermann Lietz-Schule? Sein Halbjahreszeugnis war ganz passabel. Einen Grund für Probleme war darauf nicht zu erkennen. Auch in den Ferien zuhause machte der Junge einen zufriedenen Eindruck.

Der Schein trügt. Er ist gerade mal ein Dreiviertel Jahr auf diesem Internat, als die Heimleitung ihn wegen schlechten Betragens von der Schule verweist. Schulisch ist an ihm nichts auszusetzen, aber in seiner Freizeit ließ er sich mehrmals beim Regelverstoß erwischen. Mutti erinnert sich, was er ihr stolz in der Küche erzählte, während sie mittags das Geschirr spülte. Mit mehreren Schülern wäre es ihm gelungen, ohne erwischt zu werden, ins „Laramie" zu gehen. Das „Laramie" ist eine Spelunke für junge Leute, ganz im Westen der Insel. Sie ist nur von Ostern bis September geöffnet, weil die Herbststürme es regelmäßig über den Winter hin unter Schlick und Meerwasser setzen. Selbstverständlich ist den Schülern der Besuch dieser Gastronomie untersagt, zumal sie erst um einundzwanzig Uhr öffnet und um zweiundzwanzig Uhr der LvD, Lehrer vom Dienst den Kontrollgang macht, ob alle Schüler ordnungsgemäß im Bett liegen. Sollte doch mal ein Schüler auf Abwegen sein, wird er mit dem Suchscheinwerfer, der sich im Turm des Westflügels im Internatsgebäude mit Fenstern in alle Himmelsrichtungen, aufgestöbert. Dieter und seine Freunde präparierten so manches Wochenende ihre Betten mit Kissen, täuschten so den Schlafenden vor, nahmen nicht den neun Kilometer langen gepflasterten Weg, sondern stiefelten durch die Felder, sprangen über Priele und kletterten, wie sie zählten, über siebzehn Zäune von Lietz bis zum Laramie. Wenn sie im Dunkeln zurückkamen, und der Scheinwerfer der Lietz seine Kreise nahm, warfen sie sich im Lichtkegel jedesmal flach auf den Boden. Mutti fand diese Erzählungen immer putzig. Es amüsierte sie, dass ihr braver Sohn, sich mit solchen Geschichten wichtig machen wollte. Außerdem erinnerte sie das an ihre schöne Zeit auf dem Gutshof, als sie sich auf dem langen Weg immer in den Graben schmissen, wenn die Amis aus der Luft auf sie schossen, weil sie laut Opa nur mit ihnen spielten. Das Dieters Erzählungen der Wahrheit entsprechen könnten, wäre ihr bis heute nicht im Traum eingefallen. Nun, der Grund für den Schulverweis ist ein anderer. Nicht das

Laramie hat ihn gereizt. Es war seine Freundin Kiki aus dem Hotel zur Linde, wo er eine ganze Nacht verbrachte. Das war nicht alles. Er wurde auch mit einer Flasche Bier und Zigarette rauchend entdeckt. Solche Regelverstöße sind auf diesem Internat nicht tragbar. Der Junge muss weg. Das ist zu viel für Mutti. Ist der Junge noch zu retten? Wenn er das Internat verlassen muss, wie soll er dann das Abitur schaffen? Auf eine Staatsschule so kurz vor der Versetzung zu wechseln, das kann nicht gut gehen. Noch hat er nicht einmal die Mittlere Reife. Schnippisch nimmt sie ihren Sohn zur Brust: „Wie kannst du so dumm sein? Willst du etwa Klempner werden und in den Klos fremder Leute wühlen? Schäm dich!" Ihr Blutdruck steigt. Das Rot ihrer Gesichtsfarbe lässt sie wie einen Leuchtturm erscheinen. Wie gut, dass Vati nicht seine Gelassenheit verliert. Dafür verliert er gerade den Überblick über die Kosten seiner Telefongespräche, oder sind sie ihm ausnahmsweise mal egal? Ein Telefonat jagt das Nächste. Zunächst versucht er den Heimleiter Höltje zu bekehren, erklärt ihm, welche Auswirkungen dieser Verweis mit sich bringt. Das wären fatale Folgen für Dieter. Seine ganze Zukunft wäre dadurch verbaut. Sie sind sich einig, dass das nicht der Sinn eines Verweises sein sollte. Es folgen Gespräche mit dem Vorstandsvorsitzenden der Stiftung Deutscher Landerziehungsheime der Hermann Lietz-Schulen und mit dem Heimleiter Zollmann von Schloss Bieberstein. Muttis Blutdruck darf wieder sinken. Alle sind erleichtert. Dieter bekommt seine Chance und wechselt kurzfristig von der Nordsee in die Rhön.

Liegt es an der Sehnsucht nach seinem großen Bruder, oder warum hat Rembert plötzlich so einen heftigen Heuschnupfen? Er kann kaum noch aus den Augen gucken. Das ganze Gesicht ist geschwollen. Nicht nur seine Nase läuft und läuft. Sein ganzer Körper schüttelt sich beständig von seinen grässlichen Nießern. Ansonsten läuft nichts mehr bei dem Jungen. Sein Halbjahreszeugnis in der Quarta übertrifft alles Vorherige an mangelhaften

Noten. Sollte er das wieder, wie die Jahre zuvor, aufholen können? Der Hausarzt hat eine Lösung. In der Rhön hätte er sicherlich nicht diese gesundheitlichen Probleme. Dort ist die Luft sehr viel reiner als im Ruhrpott. Vati will nichts von der Möglichkeit, auch ihn aufs Internat zu geben, wissen. Er denkt an die enormen Kosten und Mutti an das Wohl ihrer Kinder. Sie setzt sich wiedermal durch. Rembert wird mitten im Schuljahr auf die Hermann Lietz-Schule Schloss Buchenau wechseln. Nur Dorothea muss auf der Staatsschule verharren. Die Ferien sind beendet. Nun heißt es Abschied nehmen. Beide Söhne verlassen das Elternhaus in die Rhön. Welches Herz wohl gerade am meisten blutet? Beherrschung ist angesagt. Das kennen sie schon. Darin sind sie alle geübt. Wenn das nicht so wäre, wäre das der Augenblick, an dem der ganze Park der Villa Hügel von einer Lawine ihres Herzbluts von tiefen Rot überschwemmt würde. Mutti in der Küche und Dorothea in ihrem Zimmer hocken jeder für sich am weit geöffneten Kippfenster und schauen mit traurigen Augen zu, wie Vati sein Auto aus der Garage holt, die Jungs noch einmal winken und „tschüss, bis zum Sommer" rufen, einsteigen und von dannen fahren. Es dauert eine lange Weile bis die zurückgebliebenen Frauen sich zusammen finden. Mutti fragt: „Was wollen wir heute essen? Worauf hast du Lust?" Hunger hat keiner der Beiden. Dorothea weiß aber, dass Mutti immer gerne Tatar isst, wenn sie sich krank fühlt. Tatar besteht aus hochwertigem Rinderfilet, fast ohne Sehnen und Fett und feiner zerkleinert als Rinderhack. Mit einem Eigelb, fein gehackten Zwiebeln und Gewürzen wird es roh verzehrt. Also wünscht sie sich Tatar, was durch diesen Umstand zu ihrer beider Lieblingsspeise wird. Jetzt können sie wieder lachen. Sie lachen sogar laut, nämlich darüber, dass sie eine Gemeinsamkeit entdeckt haben. Alles hat eben eine Kehrseite.

-Buchenau-

Fern vom behüteten Zuhause im idyllisch gelegenen Internat Schloss Buchenau erlebt Rembert eine ganz andere Kehrseite. Ob er dort auch etwas zu lachen hat? Bisher war er als Jüngster von drei Geschwistern der kluge Beobachter, während die Älteren ihre Kämpfe mit den Eltern ausfochten. Selbst bei schulischen Problemen hatte er nicht viel auszuhalten. Rumerzogen wurde bei den anderen Beiden. Er lief so am Rande mit. Seine Wünsche zu Weihnachten oder zum Geburtstag gingen immer ohne Debatten in Erfüllung. Sogar wenn er bei der Polizei abgeholt werden musste, galt er als cleveres Bürschchen. Jetzt aber als Neuzugang auf dem Internat, muss er sich bewähren. Seine neuen Mitschüler lassen sich Mutproben einfallen, die sein Leben auf Messer's Schneide stellen. Benno, der viel ältere und kräftige junge Mann aus der Obertertia hat sofort erkannt, dass er bei diesem zierlichen jungen Männeken mit Beinen wie Streichhölzer kein Schwergewichtsheber sein muss, um ihm einen üblen Streich spielen zu können. Um fast Mitternacht befindet sich der LvD, Lehrer vom Dienst, sicherlich schon im Tiefschlaf, wie alle anderen auch. In dieser noch frischen Frühlingsnacht knotet Benno den verschlafenen Rembert in sein Bettlaken, nimmt das Häufchen Elend auf seine breiten Schultern, trägt ihn zum Teich, droht ihm, nicht zu schreien, und lässt ihn im verknoteten Beutel ins kalte Wasser plumpsen. Ist das seine Äquatortaufe? Eine Sportskanone ist er nicht, aber geschickt und gelenkig windet er sich aus dem Tuch. Ohne jeglichem Kommentar schüttelt er sich wie ein nasser Hund, schnappt sich sein Laken, geht stumm auf sein Zimmer, wechselt Bettlaken und nassen Schlafanzug und tut am nächsten Tag so, als wäre nichts geschehen.

Bei den kommenden Fußballspielen macht er sich einen Namen, weil er so schnell mit dem Ball über den Platz flitzen kann und trotz staksiger Beinchen ohne jeglicher Angst vor Verletzungen mutig und heftig in die robusten Sportlerbeine der Großen grätscht. Dabei erwischt er mit Genuss die Beine von Benno, dessen Aufschrei des Schmerzes sofort nach Erkennung des Verursachers verstummt. Ansonsten meidet er jede Berührung mit ihm.

Er bevorzugt die Freundschaft mit den Kleinmann-Zwillingen. Sie sind nicht nur in seiner Klasse, sondern kommen auch aus Essen-Bredeney. Rembert findet es so drollig, dass die Zwillinge drei Geschwister haben, die älter sind als ihre Mutter. Wie ist das möglich? Der inzwischen achtzigjährige Vater hatte nach dem Tod seiner ersten Frau eine sehr viel jüngere Frau wiedergeheiratet. Aus beiden Ehen sind jeweils drei Kinder entstanden. Der Vater hatte sich ausgerechnet, dass er mindestens sechsundachtzig Jahre alt werden müsse, um seine Jüngsten vor seinem Ableben zum Abitur führen zu können. Und dann gefällt ihm noch Claus, der wie er so ein dünnes Hemdist. Er kommt aus Hamburg, ist der Enkelsohn aus der bekannten Reemtsma-Familie und hat immer so irrwitzige Ideen. So lernt er das Fremdwörter-Lexikon auswendig, um sich mit Wörtern zu schmücken, die sonst kein Schüler kennt. Die Erwachsenen amüsieren sich darüber. Er benutzt die Fremdworte oft falsch und sinnentfremdet. Genauso sinnentfremdet sind seine surrealistischen Bilder, die er mit Begeisterung malt. Er liebt es mit Farben zu jonglieren und darin bunt seine Geschichten zu erzählen. An Kreativität fehlt es diesem Jungen keineswegs. Aber auf dem Fußballplatz sieht ihn keiner, dort, wo Rembert seinen Englischlehrer näher kennenlernt und sie Freunde werden. Das ist in doppelter Hinsicht nützlich für ihn. Sie haben nicht nur gemeinsam ihren Spaß, sondern Rembert entlockt ihm jedesmal die Aufgaben der kommenden Klassenarbeit. So bekommt er gute Noten in Englisch, obwohl er kaum Englisch kann. Seine Klassenkameraden lernen diese Fremdsprache bereits im dritten Unterrichtsjahr, während es für ihn das erste Jahr ist. Seine erste Fremdsprache auf dem Helmholtzgymnasium war Latein. Er hat also viel nachzuholen. Dabei unterstützt ihn sein Lehrerfreund auf untypische Art und Weise. So haben die Eltern recht behalten, als sie nicht auf den Vorschlag des Heimleiters, ihn wegen seines katastrophalen Zwischenzeugnisses erst ein Jahr zurückzusetzen, eingingen. Sie glaubten an ihren Sohn. Wenn der Heuschnupfen ihn nicht so sehr plagt, wird alles gut. Der Heuschnupfen ist aber geblieben, wenn auch in etwas abgeschwächter Form. Es sind andere Wege, wie er sich durch das Schuljahr hindurchlaviert. Mit seinen hervorragenden Lateinkenntnissen, die ihm sein Nachhilfelehrer in Essen brachte, kann er sogar zwei Klassenkameraden helfen, indem er sie von sich abschreiben lässt. Nur deshalb gelingt ihnen die Versetzung in die nächste Klasse. Er erinnert sich an diesen komischen Kauz, der die Nachhilfestunden mehr auf der Toilette als bei ihm verbrachte. Dafür benötigte er Dorotheas Hilfe. Schnell erkannte er, dass der komische Kauz immer zur Toilette musste, wenn Dorothea auf dem Klavier das Lied „Heidschi-Bumbeidschi" von dem kindlichen Schlagerstar Heintje mit der kräftigen, klaren Stimme spielte. Also gab er ihr den Auftrag, dieses Stück wiederholt während seiner Nachhilfestunden zu üben. Dennoch lernte er genug Latein, um seinen Mitschülern behilflich sein zu können.

-Bieberstein-

Dieters Leben auf Schloss Bieberstein nimmt einen ganz anderen Lauf, als es sich die Eltern vorstellen. Wie gut, dass ihnen das zum größten Teil verborgen bleibt. Aus der Entfernung nehmen sie nur die schulischen Leistungen mittels der Zeugnisse wahr. Darin ist nicht viel auszusetzen. Er hat gelernt, gegen Regeln zu verstoßen, ohne erwischt zu werden. Dass seine Haare und Koteletten immer länger werden, ist nun das große Thema und sein gewaltigster Kampf mit den Eltern. Trotz seiner vielen gewesenen Eskapaden gehört er auch jetzt nicht zu den braven, angepassten Internatsschülern. Wo ist seine Vorsicht, die er so ausgiebig im Kindesalter pflegte, geblieben? Hat er keine Angst, auch von dieser Schule verwiesen zu werden, oder ist sein Vertrauen zum Vater so unermesslich hoch, dass der im Notfall wieder alles richten würde? Von den Eltern haben er und seine Geschwister nie mitbekommen, wie mit eigenen Problemen umzugehen sei. Ihr Fokus war und ist nicht auf die Bewältigung von Schwierigkeiten im Leben der Kinder gerichtet. Sie erachten es als sinnvoller, alle Hürden für sie zu meistern, damit die Kinder sich frisch, fromm, fröhlich, frei auf die Bildung konzentrieren können. Dieser Kraftaufwand soll Part der Eltern sein. Bei ihnen liegt die Verantwortung und Entscheidungsgewalt. Sie schicken ihre Kinder auf die besten Schulen, damit für sie am Ende der Weg frei ist für eine gute Karrierelaufbahn im Berufsleben. Was sie dabei nicht bedenken, ist die eigene Persönlichkeit ihrer Kinder, deren Verständnis vom Wohl oft eine ganz andere Richtung nimmt. Auf dem Internat im Schloss Bieberstein haben sich drei unterschiedliche Schülergruppen herauskristallisiert:

- Die braven, regelkonform, Angepassten,

- Die Säufer und

- Die Kiffer.

Dieter findet seine neuen Freunde in den Reihen der Kiffer. Die Säufer sind ihm zu reaktionär, konservativ und rückwärtsgewandt. Dagegen läuten die Kiffer eine neue Ära ein, betrachten ihre Umgebung aus möglichst vielen Perspektiven. Er meint, dass sich Marihuana und Haschisch, beides Canabisprodukte, im Gegensatz zu Alkohol nicht lähmend, sondern bewusstseinserweiternd auswirken. Es würde alle Sinne wecken und neue Denkmuster berühren. Dieter und seine Freunde streben ein Gegenmodell zur bürgerlichen Kleinfamilie an, so wie es ihnen die

1967 gegründete Kommune 1 in der Wohnung des Schriftstellers Hans Magnus Enzensberger in West-Berlin vorlebt. Ihre Idole sind Dieter Kunzelmann von der Münchner Subversiven Aktion, Rudi Dutschke und Bernd Rabehl vom Berliner SDS, dem Sozialistischen Deutschen Studentenbund, die sich überlegten, wie sie sich von spießig und kleinbürgerlichen Vorstellungen lösen könnten. Der SDS verfolgt in seinem Kommune-Arbeitskreis folgende Ideen:

- Aus der Kleinfamilie entstehe der Faschismus. Sie sei die kleinste Zelle des Staates, aus deren unterdrückerischem Charakter sich alle Institutionen ableiten.

- Mann und Frau leben in Abhängigkeit voneinander, so dass sich keiner von beiden frei zum Menschen entwickeln könne.

- Diese Zelle, also die Kleinfamilie müsse zerschlagen werden.

Das gefällt Dieter und seinen Freunden; haben sie doch jahrelang unter diesen Unterdrückungsmechanismen ihrer Eltern gelitten. Außerdem wollen sie sexuelle Freiheit. Sie propagieren den Slogan „Wer zweimal mit derselben pennt, gehört zum Establishment". Dutschke und Rabehl sprangen nur nach kurzer Zeit ab. Theorie und Praxis macht den Unterschied. Sie wollten dann doch nicht das Zusammenleben mit ihren Frauen und ihrer alten Lebensumstände aufgeben. Diese Tatsache haben Dieter und die Jungs aus ihrer Gedankenwelt gestrichen. Nein, Sex and Drugs and Rock'n Roll suchen sie, seitdem sie von dem Münchner Fotomodell Uschi Obermaier ganz angetan sind. Sie lebte erst in der Münchner Künstler-Kommune der Rockband Amon-Düül, verliebte sich dann in Langhans und zog in die Berliner Kommune, wo schließlich der legendäre Gitarrist Jimi Hendrix ihr Herz eroberte. Diese Vorbilder treiben Dieter in den Größenwahn. Das muss doch gehen drei Freundinnen zur selben Zeit.

Und es geht. Wow, was für eine Traumwelt er sich da zusammenschustert. Heißt es nicht, Schuster bleib bei deinen Leisten? Der große Frauenversteher ist er dann doch nicht. Es ging nämlich nur solange gut, wie die drei Frauen sich als die einzige Liebesgefährtin fühlten. Seitdem ihnen sein Spiel gewahr wurde, hat er nichts mehr zu lachen. Sie bombardieren ihn in einer weiblichen Solidargemeinschaft mit giftigen Blicken und scharfer Zunge. Plötzlich ist er der Super-Macho und mieseste Frauenaufreißer aller Zeiten. Es trifft ihn hart, und er fühlt sich so richtig scheiße. Das hat er nicht gewollt. Er wollte Spaß und Unabhängigkeit für alle. Hat er die Kommune 1 falsch verstanden?

Ab jetzt wird nur noch gechillt, mit Freunden auf ihrer Bude, einem Joint und guter Mucke. Auf der anderen Seite des großen Teiches passiert gerade etwas, was ihnen einen Schauer über den Rücken laufen lässt. Gänsehaut pur. Zwei junge Männer Lang und Kornfeld planen mit finanzieller Hilfe der New Yorker Oberschicht ein zweitägiges Musik- und Kunstfestival, um aus dem daraus fließenden Gewinn ihre Ton- und Aufnahmestudios zu finanzieren und medienwirksam zu promoten. Daraus entsteht das unbeschreiblich große Festival in Bethel, nicht weit von Woodstock im Bundesstaat New York, USA unter dem Motto: „Die Woodstock Musik- und Kunstmesse präsentiert eine Wassermann-Ausstellung - drei Tage voller Frieden und Musik". Dieser Leitgedanke thematisiert den Aufbruch des Wassermann-Zeitalters, eine unter Hippies weit verbreitete, auf Astrologie beruhende Annahme, dass ein neues Zeitalter voller Liebe und Frieden beginnt. Während der Veranstaltung herrschen aufgrund des schlechten Wetters und organisatorischer Missstände teils katastrophale Zustände. Nicht alle 400.000 Besucher haben Eintrittskarten, so dass das Catering-Unternehmen „Essen für Liebe" den Überblick verliert und die Ware auch an Menschen ohne Ticket herausgibt. Zahlreiche Musiker, Mitarbeiter und Besucher stehen unter dem Einfluss von Drogen wie LSD, Mescalin, Haschisch und Marihuana. Trotz alledem bleibt die Stimmung während des gesamten Festivals friedlich. Zweiunddreißig Bands und Solokünstler der Musikrichtungen Folk, Rock, Psychedelic Rock, Blues und Country treten auf, darunter Stars wie Jimi Hendrix, Janis Joplin, Joe Coecker und The Who. Sie setzen Amerika in ein neues Licht. Im Gegensatz zu dem gespaltenen Amerika im Vietnamkrieg und den politischen Morden an John F. Kennedy, MalcomX und Martin Luther King entsteht Frieden. Dicter interessiert sich zwar nicht für Astrologie, aber für Liebe, Musik und Frieden.

Außerdem beginnen seine Gedanken, eine politische Richtung einzunehmen. Sein politisches Denken geht in die entgegengesetzte Richtung seines Vaters, der als eingefleischter CDU-Wähler nur den Fortschritt in wirtschaftlicher Hinsicht befürwortet. Warum wohl? Liegt es an seiner Vergangenheit, dass er nicht nur die russische Kriegsgefangenschaft überlebte, sondern bereits im ersten Weltkrieg seinen Vater verlor? Natürlich ist ihm auch das „C" im Parteinamen wichtig. Schließlich hat ihm der Glaube geholfen, sein Leben zu meistern. Dieter glaubt aber an Gott so wenig wie an den Weihnachtsmann. Schon Karl Marx sagte, dass Religion das Opium des Volkes sei. Der Mensch mache die Religion. Die Religion mache nicht den Menschen. Der Mensch sei kein abstraktes, außerhalb der Welt hockendes Wesen. Der Mensch, das ist die Welt des Menschen, Staat, Sozietät, die ein verkehrtes Weltbewusstsein produzieren. Religion ist eine Theorie, ihre Logik in populärer Form, ihre moralische Sanktion, ihr allgemeiner Trost und Rechtfertigungsgrund. Sie ist der Seufzer der bedrängten Kreatur, das Gemüt einer herzlosen Welt. Dieter will diesen illusionären Zustand aufgeben, das Jammertal und den Heiligenschein verlassen. Er strebt nach Selbstbewusstsein und Selbstgefühl. Das kann in der Religion nicht erworben werden oder wird darin zumindest verloren gehen. All diese Erkenntnisse traut er sich nicht seinem Vater mitzuteilen. Er ahnt, was das zuhause auslösen würde. Aber so ganz den Mund halten, das will er auch nicht. So pirscht er sich beim nächsten Heimurlaub langsam an.

Dorothea weist er in seine neue Plattensammlung ein. Bei seinem Budget sind es natürlich nur von seinen Freunden geliehene Platten. Die Musik von Fleetwood Mac und Crosby, Stills, Nash and Young mag sie besonders. Sie stört auch nicht die „Eunuchenstimme" von Neil Young, wie Dieter sie nennt. Mutti erzählt er in der Küche von seinen Liebschaften, die ihn nicht verstanden hätten, als er die freie Liebe predigte und das Leben der Kommune 1 so klasse fände. Und er erzählt ihr von Woodstock und der Doppelmoral unserer Gesellschaft. Sie hört ihm zu, kann aber kaum glauben, was sie da hört. Sie versucht es als dumme Flausen im Kopf ihres Sohnes abzutun. Oh, diese Jugend. Das wird hoffentlich bald vorübergehen. Wenn er nur nichts dem Vati davon erzählt. Wie gut, dass Vati so selten zuhause ist. Da kann sie Dieter noch rechtzeitig vorher zum Frisör schicken. Wie sieht der Junge nur aus, mit seiner Mähne. Ein paar Diskussionen und dann wird dem Vater ein ordentlicher Sohn präsentiert.

-Essen-

Dorothea findet ihren großen Bruder cool. Das riecht nach Freiheit, dieses Internatsleben. Dieter ist ganz anders als früher. Echt scharf, wie er spricht. Es ist mehr ein Brummen, so wie er seine Zähne kaum auseinander bekommt. Das wirkt lässig. Sie erinnert sich daran, als er noch zuhause lebte. Immer, wenn er sich freute, vibrierte sein ganzer Körper. Dann schüttelte er ganz heftig seine Arme und Hände aus. Das ist vorbei. Dabei freut er sich heute viel öfters als früher. Er ist richtig ausgeglichen.

Dorotheas Leben ist gar nicht ausgeglichen. Sie tanzt auf diversen Hochzeiten. So verbringt sie ihre Zeit mit ihrer Freundin

Moni. Moni hat den Schalk im Nacken. Sie ist eine wahre Frohnatur. Eines Tages stellt sie ihr Ruth vor. Ruth hat sich auf der Eisbahn in der Gruga-Halle in einen feschen Jüngling verliebt und weiß nicht, wie sie an ihn rankommen könnte. Dorothea hat einen Rat. „Indem du ihn ansprichst", platzt es unbedarft aus ihr heraus, „von Weitem schmachten hilft nicht." Ruth kontert entsetzt: „Bist du blöd? Das würdest du auch nicht machen!" „Doch, würde ich!" Das muss sie jetzt beweisen. Alle Drei verabreden sich zum Schlittschuhlaufen. Es gibt nur ein Problem. Dorothea stand noch nie auf solchen Kufen. Einmal ist immer das erste Mal. Mit dem geliehenen Schuhwerk eiert sie auf die Bahn und freut sich, Halt an der Bande zu finden. Moni und Ruth tuscheln bereits mit ihren Fingern auf diesen Einen zeigend, der so besonders sei. Dann sagt Ruth: „Dorothea, du bekommst von mir eine Portion Pommes rot-weiß, wenn du mit dem da vorne eine Hallenrunde an seiner Hand drehst." Ihre schlagfertige Antwort: „Nee, ich drehe die Runde für zwei Portionen Pommes." Abgemacht. Also wackelt sie unbeholfen zu diesem Adonis und erklärt ihm: „Entschuldige bitte. Ich habe gerade eine Wette abgeschlossen. Wenn ich an deiner Hand hier eine Runde drehe, bekomme ich zwei Portionen Pommes, eine für dich und eine für mich." Er zögert nicht lange, greift ihre Hand und zieht sie galant, nun nicht mehr eiernd, über die Bahn. Im selben Moment packt Moni keck lächelnd seine andere Hand und zieht mit ihnen den Kreis. Ihr Herz und ihre Augen lassen Sterne des Glücks sprühen. Wie es für Ruth ist? Sie braucht keine Pommes auszugeben. Der Jüngling hat freundlich darauf verzichtet und Dorothea auch. Moni beichtet, dass sie auf denselben bereits seit langem ein Auge geworfen hat.

Dorothea hat gut Lachen. Ihre Gefühle gehen andere Wege. Ihr Herz schlägt für Pferde. Leider gibt es den Reitstall Borchers nicht mehr. Ihren Kontakt zu Elke hat sie seit ihres Schulwechsels auch verloren. Aber da gibt es Andrea, die ebenfalls auf der Luisenschule ist und sich genauso für Pferde und Mathematik begeistert wie sie. Sie wohnt in Essen-Heidhausen. Ihr Vater ist als Diplom Chemiker Oberregierungsrat und auch so spartanisch wie Vati. Dennoch darf sie im Reitstall König in Essen-Werden reiten. Dort reitet auch Bettina, die Tochter des berühmten Berthold Beitz aus Essen-Bredeney. Er ist gerade erst Vorsitzender vom Vorstand und Kuratorium der Alfred Krupp von Bohlen und Halbach-Stiftung geworden. Ohne ihn wäre der Strukturwandel im Ruhrgebiet und der Umbau zu einer Wissenschafts- und Kulturregion nicht möglich gewesen. Mit diesem Umgang braucht Dorothea bei ihren Eltern nicht lange zu diskutieren, um in diesem Reitstall ebenfalls Reitstunden nehmen zu dürfen. Das intensiviert ihre Freundschaft zu Andrea, obwohl sie eine Klasse tiefer als sie die Schulbank drückt. In dem Bus zur Schule haben sie gleich morgens eine Menge Gesprächsthemen. Da tratschen sie über die viel zu strengen Eltern und über die Schulpferde im Reitstall, welches wie am besten am Zügel geht.

Den Kontakt zu ihrer Pfadfinderfreundin Karin hat sie beibehalten. Sie treffen sich regelmäßig mit fünf bis zehn Jugendlichen, Mädchen wie Jungen, und lauschen schweigend der Musik von Leonard Cohen. Na ja, schweigend eigentlich nicht, denn sie summen und singen textsicher zur Platte mit. Rauf und runter fühlen sie seine Songs „Suzanne", „So long, Marianne" und „Sisters of Mercy" tief im Herzen nach. Die Platte scheint kein Ende zu nehmen. Sie beginnen sie immer wieder neu. Gespräche brauch es dabei nicht. Ihre Kommunikation entsteht über die Verbindung zur Musik, und das täglich und stundenlang.

Eines nachmittags beschließt die Clique, sich am kommenden Samstag um siebzehn Uhr beim Tanztee von Pastor Schäfer zu treffen. Da haben sie bestimmt wieder viel Spaß. Dorothea war noch nie bei so einem Tanztee. Warum auch? Das verstehen ihre Freunde gar nicht. Sie bedrängen sie regelrecht mitzukommen, sie sei doch kein Kind mehr. Immer nur reiten; versuch's doch mal mit tanzen. Das ist echt geil. Ok, sie beschließt ihre Eltern zu fragen. Bei dem Gedanken an diese Party entstehen bereits vor dem ersten Tanz tanzende Schmetterlinge in ihrem Bauch. Die Mutter verweist sie auf ihren Vater. „Das fängt ja schön an", denkt Dorothea. Oh Wunder, seine Antwort lautet: „Wo? Hast du gesagt, bei Pastor Schäfer? Ja, da darfst du hingehen. Um neunzehn Uhr bist du wieder zuhause." Das ist immerhin eine Stunde später als sonst. Wie großzügig von ihm! Nur bis so ein Tanztee richtig anläuft ist es bereits 18:30 Uhr. Wenn sie pünktlich zuhause sein will, muss sie sich jetzt auf den Weg machen. Pastor Schäfer sieht, dass sie sich ihren grünen Parka überzieht und fragt: „Gefällt es dir nicht?" Verlegen vermittelt sie ihm, dass sie um neunzehn Uhr zuhause sein muss. Er legt ihr seinen Arm auf ihre Schulter und bittet sie einen Moment zu warten. Wie gut, dass sich Vati und der Pastor so gut kennen. Ein Telefonat und ein zweites Wunder geschieht. Sie hat eine Stunde Verlängerung bekommen. Die Wunder nehmen kein Ende. Der Pastor wagt ein zweites Telefonat. Das Gespräch dauert und dauert und dauert. Wenn sie auch nur eine Minute zu spät kommt, weiß sie, was ihr dann blüht. Aber die erlösende Antwort ist ganz anders als vermutet. Wenn sie der zuverlässige Frank nach Hause bringt, darf sie bis einundzwanzig Uhr bleiben. Frank bringt sie nach Hause.

So einen tollen Abend will sie sich nie mehr entgehen lassen. Dennoch bleibt dieses mulmige Gefühl vor dem Alten, ihrem Vater, selbst dann noch, wenn sie nichts Verbotenes angestellt hat. Beim nächsten Tanztee dasselbe Spiel: neunzehn Uhr zuhause, zwei Telefonate mit dem Pastor, nur ein anderer Jüngling, der sie, wie vom Vater gewünscht, begleitet.

Wenn die Eltern glauben, dass sich im Hause Stahl die schulischen Probleme erledigt hätten, dann haben sie sich geirrt. Dorothea muss wegen nur einer mangelhaften Note in Deutsch die Untersekunda wiederholen. Die neue Versetzungsordnung in Nordrhein-Westfalen von 1971 lässt keine mangelhaften

Deutschnoten für den Aufstieg in die Oberstufe zu. Dorothea nimmt es mit einem weinenden und einem lachenden Auge hin. Ihre Klassenkameradin und Freundin Moni muss nämlich mit ihren Eltern nach Beckum umziehen. Immer wieder verliert sie ihre Freundinnen, weil Väter meinen, für ihre Karriere ihren Wohnort ändern zu müssen. Diesmal lässt sie ihre Freundin nicht einfach so weg. Wie kann sie bei ihr am besten in Erinnerung bleiben? Spontan nimmt sie ihren Kinderausweis, reißt ihr Passfoto heraus und überreicht es Moni als Andenken. Außerdem ist die Aussicht auf ein Wiedersehen groß, denn sie zieht in die Nähe des Gutshofes, in dem Mutti während des Krieges lebte und der Onkel mit seinen fünf Kindern bis heute geblieben ist. Das sind doch Argumente, die die Trauer über die Trennung oder das Nicht-Versetzungszeugnis in Grenzen halten. Prima ist vor allem, dass sie nun in die Klasse ihrer Freundin Andrea kommt. Diese Freude teilen die Eltern nicht.

Sie beschäftigt hauptsächlich ein anderes Drama. Dieter ist ausgerechnet wegen Wiwi, Wirtschaftswissenschaften durch's Abitur gefallen. Nicht nur, dass der Vater nun noch ein Jahr die hohen Internatskosten für ihn zahlen muss, auch seine Vorstellungen, dass mit diesem neuen Schulfach sein Sohn hervorragende Zukunftsaussichten hätte haben können, bekommt gerade einen Riss.

Und was gibt's bei Rembert? Nein, der Hoffnungsträger bleibt nicht sitzen. Er hat sich eine Abmahnung zum Schulverweis eingehandelt. Sollte er sich noch ein einziges Mal etwas zu Schulden kommen lassen, muss er Schloss Buchenau verlassen. Was hat er nur angestellt? Seinen Vater als Vorbild besucht er die Rudergilde. Dafür müssen die Ruderer ein- bis zweimal die Woche zum Training vom Schloss nach Hünfeld an die Haune. Beim Trödeln auf dem Rückweg kamen sie an einer Hauptschule vorbei, deren Haupttor wiedererwartend geöffnet war. Da um diese Uhrzeit kein Unterricht stattfand, kehrten die Lausbuben frohlockend ins Schulgebäude ein. Sie zogen durch diverse Klassenräume bis einer von ihnen ganz dringend kacken musste. Eine Toilette schien so schnell nicht auffindbar zu sein. Was ist da naheliegender, als aus der Not einen Spaß zu machen, zumal das frei herumliegende Klassenbuch nur so von Eintragungen strotzte, die kein Schüler darin sehen möchte? Der Lehrer dieser Klasse benötigt doch einen Denkzettel. Also die Notdurft kam aufs Lehrerpult, und das Klassenbuch wurde zu Klopapier umfunktioniert. Danach aber nichts wie weg, hinauf zum Schloss. Irgendwer musste sie dennoch erkannt haben. Es folgte eine Anzeige wegen Urkundenfälschung. Ein Klassenbuch ist nämlich eine Urkunde. Alle Schüler der Rudergilde mussten sich zum Tathergang schriftlich äußern. Sie waren sich einig. Alle bekannten sich schuldig. So verlief die Anzeige im Sande. Das Verfahren wurde eingestellt. Die Abmahnung für den Verweis bleibt. Wie gut, dass das Schuljahr ohne weiterer Probleme zu Ende geht.

Es gibt aber Neuerungen. Die Hermann Lietz-Schulen sollen Koedukationsschulen werden. Ihr Motto, leben und arbeiten in der Gemeinschaft, sieht nun keine Geschlechtertrennung mehr vor. Knaben und Mädchen leben zwar in getrennten Fluren, werden aber im Internatsleben gleichbehandelt. Deshalb kann Rembert sich aussuchen, ob er ab dem kommenden Schuljahr in das bisherige Mädchengymnasium zum Schloss Hohenwehrda wechselt oder auf die männlich geprägte Schule auf der Insel Spiekeroog. Rembert scheint mit Dieter eine Gemeinsamkeit zu haben. Er entscheidet sich für die Mädchen. Dorothea hätte sich für Spiekeroog entschieden, egal, ob Mann oder Frau. Drei Jahre lang wird Schloss Hohenwehrda Rembert's neues Zuhause. Das zwölfte und dreizehnte Schuljahr kann er dann zwischen Spiekeroog und Schloss Bieberstein auswählen, falls nicht die Eltern für ihn die Entscheidungsgewalt übernehmen.

-Hohenwehrda-

Auf Hohenwehrda ist es super. Kaum dort und schon hat er eine Freundin. Betty ist klein und zierlich mit einer riesigen Nase im Gesicht, und sie ist drei Jahre älter als er. Im Dezember wird sie schon achtzehn. Dieser Umstand macht den Eltern Sorgen. Dieses Mädchen könnte ihren Jüngsten in den Verderb leiten. Aus ihm soll doch mal etwas ganz Großes werden, ihm mit dem Kopf voller Rechenaufgaben, wie die Mutter bereits nach seiner Geburt feststellte. Die Ferien nutzt sie, um ihre Jungen einzuordnen: „Passt bloß auf! Die Mädchen wollen euch nur kapern!" Nach den Ferien bringt die ganze Familie erst Dieter nach Bieberstein und dann Rembert nach Hohenwehrda. Betty wollen sie kennenlernen. Außerdem wollen sich Mutti und Vati bei der Heimleiterin der Gräfin von der Schulenburg erkundigen, wie sich ihr Bub macht. Bei Vati steht natürlich auch die Gräfin auf dem Prüfstand. Ihre neue Aufgabe, Mädchen und Knaben in diesem Alter zu führen, ist für eine Frau sicherlich eine enorme Herausforderung und Verantwortung. Ob sie dem gewachsen ist? Sie mieten sich sogar für zwei Nächte in Hünfeld ein Hotelzimmer. Dorothea darf die beiden Tage zu Betty aufs Zimmer. Sie hat ein Einzelzimmer. Das haben alle Schüler für die letzten beiden Jahre vorm Abitur. Platz für ein zweites Bett hat sie sofort möglich gemacht. Sie verstehen sich so gut, so dass die beiden gleichaltrigen Mädels einen Plan aushecken. Dorothea hat nämlich noch eine Woche Ferien, die sie so gerne in diesem Internat verbringen würde. Tatsächlich, Eltern und Gräfin geben die Erlaubnis dafür. Mutti ist nur über die Wahl ihres Sohnes überrascht. Hätte er sich nicht ein hübscheres Mädel aussuchen können? Wenigstens kann sie sich sicher sein, dass dieses Mädchen ihn nicht verdirbt. Sie ist eher nützlich für ihn. Dorothea genießt diese Woche in vollen Zügen. Sie weiß ja, dass sie keine Chance hat, auf so ein Internat zu kommen. Sie vergisst die

Worte ihrer Eltern nicht, als sie auf das Gymnasium für Frauenbildung kam, und es hieß, dass ein Mädchen keine besondere Ausbildung benötigt. Sie heirate ja sowieso. Aber ein Abitur, das soll sie haben. Deshalb hat sie eine andere Idee. Sie braucht Geld. Also gibt sie fortan Nachhilfeunterricht. Und sie macht es gut. Ihre drei festen Schüler, die sie zweimal die Woche jeweils eine Stunde unterrichtet, haben sich alle in allen Fächern um ein bis zwei Noten verbessert. Deren Eltern sind begeistert und verwöhnen sie neben dem Obolus von acht bis fünfzehn Mark mit Leckereien und Geschenken. Eine Mama häkelt ihr sogar Röcke und Westen. Die fünfzehn Mark Stundenlohn bekommt sie nur von Stefan. Das ist der Sohn des Verlegers der WAZ, Westfälischen Allgemeinen Zeitung. Sein Vater gibt ihm fünfundzwanzig Mark pro Stunde. Zehn Mark steckt er in seine eigene Tasche. Bei so leicht verdientem Geld kann sie darüber hinwegsehen. Es dauert nicht lange, da hat sie den Fahrpreis für ein Bahnticket zusammen, um ihren Bruder übers Wochenende im Internat zu besuchen. Das macht sie jetzt häufiger. Manchmal hat sie gar nicht die Bahn genommen, sondern ist heimlich getrampt. Den Weg kennt sie inzwischen wie ihre Westentasche. Allerdings erlebt man als Tramperin auch einiges, manchmal Schönes und manchmal weniger Schönes. Aber auf jeden Fall ist es ihr gelungen, ein bisschen am Internatsleben teilzunehmen.

-Essen-

Diese selbständigen Touren quer durch Deutschland und auch die Tanztees bei Pastor Schäfer lassen Dorothea flügge werden. Langsam wird aus dem kecken Mädchen eine interessierte Frau. Mutti meint, sie sei jetzt reif für die Tanzschule. Bei Aenne Bloemeke in Essen-Rüttenscheid lernen die jungen Leute Standardtänze und Höflichkeitsregeln. Das sind Grundvoraussetzungen für Tanzbälle, festliche gesellschaftliche Tanzveranstaltungen für ein meist ausgewähltes Publikum. Früher war so ein Tanzball für gehobene Gesellschaftsschichten ein wichtiges Element des Heiratsmarktes. Junge Frauen traten auf Debütantinnenbällen erstmals als erwachsene, heiratsfähige Personen auf. Heute dienen die Bälle unter anderem dem Zweck des Sehens und Gesehenwerdens. Dementsprechend bedarf es eines besonderen „Putzes". Das ist die Gesellschaftskleidung; für Männer ein Smoking oder Frack und bei Uniformträgern die Gala-Uniform mit den entsprechenden Orden und Ehrenzeichen. Frauen tragen edle, bodenlange Ballkleider und wertvollen Schmuck. Es gibt Grundregeln, die unbedingt eingehalten werden müssen. So eröffnet das gastgebende Paar den Ball mit dem ersten Tanz. Dann tanzt der Gast als Erstes mit dem Partner, mit dem er gekommen ist, oder, wenn er ohne Partner kam, mit dem zugeteilten Tischherrn beziehungsweise der Tischdame. Bei kleineren Bällen wird die Gastgeberin um den zweiten Tanz gebeten, so es sich aus der Situation ergibt. Dauertanzpaare gelten als verpönt. Solche Tanzbälle finden auch beim ARV, der akademischen Ruderverbindung, der Vati inzwischen als Präsident vorsitzt, statt. Auf solche Veranstaltungen soll Dorothea nun vorbereitet werden. Sie verspürt auch große Lust darauf. Für die Tanzstunde bedarf es einiger Vorbereitungen. Mutter und Tochter fahren gemeinsam in die Stadt, um sie entsprechend einzukleiden. In Hosen kann sie dort nicht erscheinen. Bei dieser Gelegenheit gibt sie ihr noch ein paar Instruktionen mit: „Sag niemals gleich ‚ja'. Männer musst du zappeln lassen. Dann wirst du für sie interessant." Ob das ein guter Ratschlag ist? Überraschenderweise ist Mutti mit einem modernen, rot-weißen Minikleid und einer weißen Netzstrumpfhose einverstanden. Dorothea hätte sich ja weiße Lackschuhe mit Bömmelchen gewünscht, aber die sind Mutti zu primitiv. Die Schuhe dürfen nicht einmal mit etwas höherem Absatz sein. Angeblich könne sie darauf nicht laufen, geschweige denn tanzen. Also werden es dunkelblaue College-Schuhe mit Ledersohle. Damit könne sie hervorragend über das Tanzparkett rutschen. Übers Tanzparkett rutschen zunächst mit großem Elan die jungen Männer, als die Tanzlehrerin nach langer Vorrede den Saal freigibt. Sie wollen sich ja die richtige Tanzpartnerin ergattern. Vorher saßen sie alle stocksteif und brav, die Mädchen links und die Jungen rechts vom Saal, und hielten Ausschau. Dorothea kann gar nicht so schnell gucken, wie Andreas auf sie losschießt und mit tiefer Verbeugung bei ihr um den ersten Tanz bittet.

Wie lange ist es her, als sie ihn das letzte Mal gesehen hatte? Damals waren sie nicht einmal in der Pubertät. Einen ganzen Winter lang, und der Winter war sehr lang, von November bis Ostern, erinnert sie sich, gingen sie jeden Tag zusammen rodeln. Ihre Freunde hatten sie geneckt: „Liebespaar, küsst euch mal, auf den Arsch, das schmeckt besser." Das war ihnen egal. Sie gehörten zusammen.

Und jetzt stehen sie gemeinsam auf diesem Tanzboden, nicht so weiß wie Schnee, aber auch rutschig. Beide machen keinen Hehl daraus, wie sehr sie sich darüber freuen. Ist die Freude wohl diesmal von Dauer? Er sah ja schon damals gut aus. Heute ist er eindeutig für die Mädels des Tanzkurses eine Augenweide. Ihr gehört der erste Tanz mit ihm, und sie machen es prima. So fragt er sie am Ende der Tanzstunde, ob er sie zu einem Getränk ins „Antiko" einladen dürfe. Oh je, diese Situation kam bei Muttis Instruktionen nicht vor, oder war es das, was sie meinte, als sie ihr sagte, dass sie niemals gleich „ja" sagen solle. So antwortet sie ihm so, wie es ist: „Liebend gerne, aber heute muss ich gleich nach Hause. Ich werde meine Eltern fragen, ob ich das nächste Mal mitgehen darf." Er nimmt es zur Kenntnis und fragt nie wieder. Auch kein anderer fragt. Sie fühlt sich wie ein Mauerblümchen. An Tanzpartnern fehlt es ihr zwar nie, aber keiner verfügt über so eine gewisse Anziehungskraft auf sie. Beim Mittelball erwischt sie sogar einen Tischherrn, der nicht einmal tanzen kann. Trotzdem möchte sie keine Tanzstunde missen. Tanzen ist ein großer Spaß. Anschließend geht sie jedesmal gleich nach

Hause. Das hat auch einen Vorteil. Sie muss nicht mit den Eltern darüber diskutieren, warum sie länger fortbleiben will. Und dann kommt der Abschlussball. Völlig unerwartet fragt Stefan, der Schwarm aller Mädchen, ob sie seine Abschlussballpartnerin werden möchte. Diesmal sagt sie sofort „ja". Mutti's Rat, die Männer zappeln zu lassen, ging bei Andreas nicht auf. Den Fehler macht sie kein zweites Mal. Dennoch ist sie irritiert, wie so ein Blaustrumpf, so wie sie sich gerade fühlt, diesen attraktiven Abschlussballpartner bekommen kann. Kein anderer wundert sich. Von allen Seiten wird sie nun auf Parties eingeladen. Die Mauerblümchen-Version war wohl nur in ihrem Kopf. Sogar die Eltern erlauben ihr, auf die Parties zu gehen, wenn sie spätestens um zweiundzwanzig Uhr zuhause sei. Dort spielen sie „Flaschen drehen". Alle stehen um eine Flasche herum im Kreis, die einer schwungvoll um sich selbst drehen lässt. Auf wen der Flaschenhals zeigt, wird vom Dreher geküsst. Zufall oder nicht? Stefan dreht die Flasche, die plötzlich und unvorhersehbar auf Dorothea zeigt. Seitdem weiß sie, was ihr großer Bruder Dieter meinte, als er ihr von seinem ersten Kuss mit Gunilla und deren ominösen Zunge erzählte. Ja, knutschen macht Spaß, Parties und Kneipen wie das „Antiko" auch. Also bucht sie schnell den Tanzkurs für Fortgeschrittene bei Aenne Bloemeke.

Wenn doch nur nicht der Weg dorthin immer so weit wäre. Mit Straßenbahn und Omnibus verplempert sie viel zu viel Zeit, die sie besser nutzen könnte. Mit einem Mofa wäre alles einfacher. Ein Mofa ist ein einspuriges Fahrrad mit Hilfsmotor, bei dem die maximale Höchstgeschwindigkeit fünfundzwanzig km/h beträgt und keine Fahrerlaubnis nötig ist. Seit Ende der sechziger Jahre ist es im Trend. Wie kann sie nur an so ein schickes Gefährt kommen? Für den Vater ist klar, motorisierte Zweiräder wird es im Hause Stahl nicht geben. Sie sind viel zu gefährlich im

Straßenverkehr. Dorothea wäre nicht Dorothea, wenn sie sich so leicht vom Vater abspeisen ließe. Irgendetwas wird ihr einfallen.

Sie beschließt, keine anderen Wünsche zu äußern, dafür diesen einen Wunsch umso häufiger. Mutti kann es nicht mehr hören. Der Vater bleibt ein harter Knochen. Wer wird da wohl als Sieger herausgehen? Mit Strategie und weiblichem Charme soll es ihr allerdings mit übler Verzögerung gelingen. Sie erfährt von einem Sonderangebot für ein Mofa mit besonders hochwertigem Sachs-Motor im Metro-Markt für nur sechshundertfünfzig Mark. Metro-Märkte sind Großhandelsspezialisten, in denen nur Gewerbetreibende mit einer speziellen Kundenkarte einkaufen können. Nur Wiederverkäufer bekommen so eine Kundenkarte. Mit einem reizenden Lächeln packt die Tochter in einem günstigen Augenblick ihren Vater an seiner Eitelkeit: „Vati, du hast doch bestimmt eine Metro-Kundenkarte oder zumindest Beziehungen dahin?" Er hat es nicht, ist doch Angestellter der Fa. Herbert E.G.Höfer. Es vergeht eine Woche. Der Vater ist wie üblich auf Geschäftsreise. Sie wartet auf die Antwort. Da schlägt er ihr beim fröhlichen Wiedersehen einen Deal vor: „Was ist dir so ein Mofa wert? Kannst du dich an den Kosten beteiligen?" Hatte er nicht früher gesagt, Fragen soll man nicht mit Fragen beantworten? Sie hält es ihm mit einem süffisanten Lächeln vor und bietet hundert Mark an. Er ist über diese Verhandlung hocherfreut. Da er weiß, dass sie mit ihren Nachhilfestunden einen nicht unerheblichen Nebenverdienst hat, erhöht er die Selbstbeteiligung auf hundertfünfzig Mark und das Mofa soll das Weihnachts- und Geburtstagsgeschenk werden. Er lässt sich auf diesen Handel nur ein, weil er es als pädagogisch wertvoll erachtet, wenn sie ihr erarbeitetes Geld nicht für unnützen Kram verplempert. Sie verhandelt nicht weiter, um nicht Gefahr zu laufen, dass es am Ende doch kein Mofa gibt. Der Deal ist mit Handschlag wie auf dem Viehmarkt besiegelt. Im November ist es soweit. Vati hat einen Bekannten mit Metro-Kundenkarte und Dorothea bekommt ihr Schmuckstück zum ersten Mal zu sehen. Das Mofa muss doch auf einwandfreie Funktionstüchtigkeit überprüft werden. Eine Runde im Garagenhof und ab dann steht das Mofa gut verschlossen in Vati's Garage und darf bis Weihnachten nicht mehr angerührt werden. Aber jedesmal, wenn Vati sein Auto aus der Garage holt, werden ihre Augen ganz, ganz groß. Wie sehr sie sich Weihnachten herbeisehnt. Es kommt aber plötzlich und unerwartet ganz anders als geplant. Das sehnlichst erwünschte Weihnachtsgeschenk bleibt sogar weit über ihren Geburtstag im Januar hinaus unberührt in der Garage stehen. Irgendwie hat Vati herausbekommen, dass die Tochter trotz Verbot heimlich im Garagenhof eine Runde mit dem so verschlossenen Gefährt drehte. Er fühlt sich hintergangen. Wie kann sie nur seine Autorität derartig untergraben? Nun muss sie hören: „Wenn du dich nicht an unsere Abmachung hältst, sehe ich mich nicht gezwungen, mich daran zu halten." Er untermalt sein grausames Verhalten mit einer Rechtfertigung. Im Winter bei diesen Witterungsverhältnissen mit Schnee und Glatteis sei Mofa fahren sowieso viel zu kalt und gefährlich. Sie lässt ihn ohne jegliche Reaktion darauf im Regen stehen. Das Mofa bringt ihr dann endlich der Osterhase. Die Frühjahrssonne lässt sie schnell die hässliche Vergangenheit vergessen. Viel zu groß ist die Freude an diesem Fahrzeug. Ein Freund weiß sogar, was zu tun ist, um es auf eine höhere Geschwindigkeit zu trimmen. Benötigte sie früher etwa eine Stunde von Zuhause bis zum „Antiko" in Rüttenscheid, so schafft sie es jetzt in nur zwanzig Minuten. Die langen Fußwege zum Bus, wenn sie ihrem Reithobby nachgeht, fallen auch weg.

Dort teilt ihr Andrea mit, dass nächste Woche die Equitana in Essen in der Grugahalle beginnt. Das können sie sich unmöglich entgehen lassen. Die Equitana ist die weltweit größte Messe für den Reitsport. Sie bietet Pferde, Trends, Neuheiten, Spitzensport und Show. Eigentlich wären sie gerne gleich im Anschluss des Schulunterrichts dorthin gegangen. Das erlauben aber Dorothea's Eltern nicht. Erst wird pünktlich zuhause Mittag gegessen. Drei ordentliche Mahlzeiten zu festgelegten Zeiten am Tag ist Pflicht und wichtig für die Struktur des Alltags. Alles andere wäre ungesund. Ausnahmsweise darf Andrea mitessen und muss nicht erst den langen Weg zu sich nach Heidhausen machen. Sie schlingen das Essen in rasendem Tempo herunter, um möglichst viel Zeit für den Messerundgang zu haben. Zu Zweit auf dem Mofa düsen die Beiden ohne auf die verzweifelten Worte, die die Mutter ihnen hinterherruft, zu hören. Oh je, ist der Eintritt teuer. Und dann hat Andrea auch noch Hunger. Sie ist erstaunt, wie wenig es zu Mittag gab. Davon kann man doch nicht satt werden. Dorothea ist es nicht anders gewohnt und rezitiert schmunzelnd ihre Mutter: „Fresser werden nicht geboren. Fresser werden gemacht." Ok, ihr Hunger muss gestillt werden. Sie holen sich jeder eine Portion Pommes rot-weiß. Es ist so lecker, wenn die Sauce aus den Mundwinkeln läuft. Dann erleben sie Faszination pur. Was es hier alles zu bestaunen gibt. Da gibt es Lipizzaner, Andalusier, Araber, sogar orthopädisches Reiten. Plötzlich fällt ihr Blick auf einen Messestand, der Portemonnaies aus Sattelgurt vertreibt. Die sind gar nicht so teuer, leider aber für sie unerschwinglich. Das hohe Eintrittsgeld und die Pommes haben ihr Budget geschröpft. Ein gegenseitiger Blick und jeder lässt seine Auswahl unbezahlt in seinen Brotbeutel verschwinden. Noch eine kurze Runde schlendern sie, als wäre nichts gewesen, über das Messegelände und fahren anschließend fröhlich über ihre neue Geldbörse gut gelaunt von dannen. Lange hält die Fröhlichkeit nicht an. Zuhause angekommen und ohne Freundin plagen sie die Gewissensbisse. Dorothea bekommt in dieser Nacht kein Auge zu. Viel zu schmerzhaft ist ihre Erinnerung an die Zeit, als sie mit Petra vor Gericht stand. Dabei war sie damals unschuldig bestraft worden. Diesmal hat sie aber wirklich geklaut. Es ist so schrecklich! Was gäbe sie darum, wenn sie das Diebesgut wieder an seinen rechtmäßigen Ort zurücklegen könnte. Immer wieder holt sie es aus ihrem Brotbeutel heraus, begutachtet es und steckt es voller Reue wieder zurück. Es kann noch so schön sein, ihr furchtbares Gefühl ändert sich nicht.

Darüber hilft ihr auch nicht der traumhafte Brotbeutel hinweg, den sie erst seit Kurzem hat. Dieser Brotbeutel aus olivgrünem festen Baumwolltuch ersetzt die Schultasche. Er ist so klein und handlich. Dennoch passt alles, was sie für die Schule benötigt, hinein. Diese coolen Taschen mit Ledergurt dienten früher der Bundeswehr als kleine Kampftasche. Sie trägt auch gerne die ausgelagerten Militärunterhemden, die es für eine Mark zu kaufen gibt, und die sie selbst umfärbt. Sie mag die gute Qualität. Kein T-Shirt ist so haltbar. Aber Gewissensbisse, dass sie von dem von ihr verhassten Militär kommen, hat sie nicht.

Die sind gerade ganz für ihren Diebeszug gepachtet. Deshalb nimmt sie sogar am nächsten Morgen nicht das Mofa, sondern den Bus. Sie kann es kaum erwarten, mit Andrea über ihre gruseligen Gefühle zu sprechen. Das soll nicht erst in der Schule geschehen. Auch Andrea ist völlig durcheinander. Sie sind sich einig. Keine möchte eine Diebin sein. Aber was tun? Sie schwänzen zusammen die letzte Schulstunde. Nur so können sie unbemerkt von ihren Eltern zur Equitana gehen und dort hoffentlich auch unbemerkt das Diebesgut zurücklegen. Es gibt noch ein Problem. Ihnen fehlt das Eintrittsgeld. Riesige Zäune umringen das Messegelände. Da muss es doch irgendwo ein Schlupfloch geben. Das Glück ist auf ihrer Seite. Sie haben ein Loch im Zaun gefunden. Der Wachmann macht gerade seine Patrouille auf der entgegengesetzten Seite, und ein Bediensteter der Messe hält ihnen freundlich grüßend eine schwere Eisentür zur Halle auf. Er geht wohl davon aus, dass sie Kollegen seien. Nun müssen sie sich erstmal orientieren, um den richtigen Stand zu finden. Mit zittrigen Händen und aufgeregt umschweifendem Blick gelingt es ihnen endlich, sich von ihrer Last zu befreien. Erst im Bus nach Hause können sie richtig aufatmen.

Aufatmen kann auch Dieter. Die kommenden Ferien haben ihm die Eltern erlaubt, seinen Schulfreund Bernd in München zu besuchen, um mit ihm dann an die Küste Dänemarks zu reisen.

Bernd ist sein Schulfreund seit sie Schüler des Helmholtzgymnasiums waren. Er war mit seinen Eltern nach München gezogen, als Dieter aufs Internat kam. Das tat ihrer Freundschaft keinen Abbruch.

Bevor es auf die Reise geht, will Dieter unbedingt seine Schwester auf das neue Bundeswahlgesetz einnorden. In einer Regierungserklärung kündigte der damalige Bundeskanzler Willy Brandt von der SPD an, dass die SPD/FDP-geführte Regierung dem Bundestag ein Gesetz zur Absenkung des aktiven Wahlalters auf achtzehn und des passiven Wahlalters auf ein-undzwanzig Jahre vorlegen, sowie die Volljährigkeitsgrenze überprüfen werde. Ohne Gegenstimme stimmten am 18.06.1970 alle drei Fraktionen -Union, SPD und FDP- der Grundgesetzänderung zu. Noch vor der Bundestagswahl 1972 wurde das Bundeswahlgesetz entsprechend geändert. Wie es zu dieser Reform kommt? Die Studentenproteste gegen den Vietnamkrieg, die Notstandsgesetze oder die mangelnde Aufarbeitung der NS-Verbrechen sind zweifelsohne Auslöser dieser Reform. Bereits 1968 argumentierte der Bundesinnenminister Hans-Dietrich Genscher, dass es darum gehe, „den jungen Menschen die Chance der Mitwirkung in diesem Staat zu eröffnen". Mit der Senkung des Wahlalters hoffe man, zu einer Integration der protestierenden Jugendlichen in die parlamentarische Demokratie beitragen zu können. Außerdem stünden viele Achtzehn- bis Zwanzig-Jährigen bereits im Berufsleben und seien oftmals besser informiert als Einundzwanzig- bis Fünfundzwanzig-Jährige. Nicht zu vergessen, dass sie als Soldaten bei der Bundeswehr im Verteidigungsfall eingezogen werden. Als Dieter seine Schwester das letzte Mal sprach, interessierte sie sich so gar nicht für Politik. Das will er ändern. Bevor sie zum ersten Mal ihr Stimmrecht wahrnimmt, möchte er sie über die Inhalte der drei großen Parteien und die eventuellen Folgen, die eine Regierungspartei auslösen könnte, aufklären. Er fürchtet, sie könnte aus Liebe zum Vater ihr Kreuz auf dem Stimmzettel ihm folgend setzen. Das gilt es zu verhindern; bitte nicht die CDU wählen! Wie der Zufall es will, lernt Dorothea im Antiko Lupo kennen. Lupo hatte damals mit Dieter gerudert. Irgendwann haben sie sich dann aus den Augen verloren. Dabei konnte sie ihn schon als Kind gut leiden. So ist dieser Kneipenabend mit intensiven, auch politischen Gesprächen nur für die Beiden besetzt. Eigentlich gefallen ihr an ihm mehr seine psychologischen Ansichten. Doch ihm ist es wie Dieter wichtig, ihre vom Vater erworbenen parteipolitischen Denkstrukturen zu hinterfragen. Sie könne doch nicht allen Ernstes die CDU wählen wollen. Das passe so gar nicht zu dem, was er von ihr wahrnimmt. Er sieht in ihr eher einen Freigeist mit einem Herz, das für die Schwächeren der Gesellschaft schlägt. Jedenfalls würde er sein Kreuz bei der FDP setzen. Wenn sie mag, könnten sie die Zeit bis zur Wahl mit weiteren Gesprächen im „Antiko" nutzen, um eventuell aufkommende Fragen ihrerseits zu beantworten. Diesem Sympathieträger ist es gelungen, dass sie von nun an angeregt über die Parteienvielfalt und deren Programme diskutiert. Dabei interessiert sie Politik auch jetzt kein bisschen, so wenig Ahnung, wie sie davon hat. Ihr Leben ist doch schön, so wie es ist. Trotzdem reizen sie diese Auseinandersetzungen, dieses verbale Reiben mit dem anderen. Also informiert sie sich nicht über politische Geschehnisse, sondern holt sich vom Vater Gegenargumente ein, die die CDU in ein positives Licht setzen könnten. Außerdem will sie niemals eine Verräterin ihres geliebten Vaters sein. Nur komisch ist es, dass Andrea und deren Vater, ihre Mitschülerinnen der Luisenschule, ihr Bruder Dieter und seine Freunde und viele Bekannte mehr für die SPD plädieren. Nur die reichen Bredeneyer sind CDU-Anhänger, die sie nicht so sehr wertschätzt. Das verunsichert sie sehr. Die Argumente von Lupo überzeugen sie am meisten. Vati scheint der FDP auch nicht ganz abgeneigt zu sein. Eine Partei der Mitte könnte eine gute Bremse für eventuelle Dummheiten der Großparteien CDU und SPD sein. So will sie nicht weiter über Politik diskutieren. Sie wird die FDP wählen. Basta.

Daran können auch Dieter und Piet, ein Schulfreund aus Bieberstein, der mit seiner Mutter in Essen-Velbert lebt, nichts ändern. Piet war wie Dieter 1968 von der Hermann Lietz-Schule Spiekeroog geflogen, kam dann, wie er, nach Bieberstein und ist seitdem ein Freund der Familie. Dieter bewundert an ihm immer, wie schnell er laufen kann. Gerade noch eine Rothändle geraucht, den Stummel kurz vorm Start beiseite geschnippt und jedesmal mit großem Abstand vor allen anderen durchs Ziel gelaufen, ohne aus der Puste zu geraten. Dabei ist die Rothändle eine besonders starke Zigarette aus schwarzem Tabak und ohne Filter. Aus der Puste kommen die Beiden jetzt auch nicht. Sie geben alles, um Dorothea politisch zu bekehren. Die FDP zu wählen, sei besser als die CDU, aber noch besser wäre es, der SPD das Kreuzchen zu geben. Sie solle bedenken, wieviele Alt-Nazis noch in der Parteienlandschaft aktiv mitwirken. Diese diktatorische Nazizeit dürfe sich niemals wiederholen. Richtig, dieser Massenmord an den Juden tut ihr noch heute in der Seele weh. Soll sie deshalb die Sozis wählen? Kommunistische Länder werden doch auch diktatorisch geführt. Sie will unbedingt an der Demokratie festhalten. Vati will auch Demokratie. Braucht es dafür nicht eine starke Wirtschaft? Ob das die SPD kann? Irgendwie versteht sie das alles nicht. FDP, das ist ein guter Kompromiss. Der große Bruder hat keine Chance sich bei ihr durchzusetzen. Er fährt erstmal zu seinem Freund Bernd nach München.

-Spiekeroog-

Der Rest der Familie macht wie übich Urlaub im Hotel zur Linde auf Spiekeroog. Seit einigen Jahren stimmen sie ihren Urlaub mit der Familie Thyssen aus Bonn ab.

Babsi und Dorothea haben sogar zusammen beim DHH, dem Deutschem Hochseesportverband Hansa, für Mädchen am Chiemsee einen Segelkurs gemacht. Für die Prüfung des Segel-Scheins Klasse A ist der DLRG-Schein Vorraussetzung. Dafür hat Dorothea die hundert Meter Schwimmen unter zwei Minuten nur mit Ach und Krach geschafft. Schnelligkeit ist nicht ihre Stärke. Bei den Bundesjugendspielen erreichte sie deshalb nie die Ehren-, sondern immer nur die Siegerurkunde. Babsi musste wegen einer akuten Blinddarmentzündung ins dortige Krankenhaus und wurde operiert, während Dorothea mit großem Fleiß und der Hilfe einer anderen Kursteilnehmerin, die sie triezte, den A-Schein-Kurs erfolgreich beendete. Von achtzig Mädchen hatten nur die Beiden bestanden. Die Urlaubsfreundschaft von Babsi und Dorothea hat auch die Eltern zusammengeführt. Babsi's Vater ist ein ganz liebenswerter Arzt und seine Frau managt patent und geschäftstüchtig seine Praxis. Mutti sagt immer, dass er dafür viel zu weich sei. Wie gut, dass er diese Frau an seiner Seite habe. Mit Haaren auf den Zähne sorge sie für das Wohl der Familie. Babsi käme ganz nach ihrem Vater, beide mit so hübschen warmherzigen Augen. Trotzdem sei sie auch ein Luder, die genau weiß, wie sie ihre Mutter um den Finger wickeln könne. Von den drei Kindern sei sie nicht nur die Jüngste, sondern auch die Verwöhnteste.

So darf sie ohne Diskussion zu dem Treffen der Jugendlichen abends am Strand zum Grillen. Dorothea bekommt von ihren Eltern zwar auch die Erlaubnis dorthin zu gehen, aber erst nach dem gemeinsamen Abendessen im Hotel. Schließlich habe Vati Vollpension gebucht und bezahlt. Das haben Babsi's Eltern auch. Sie sind wohl großzügiger. Zum Glück gibt es in diesem Hotel noch die drei Jahre jüngere Tochter des Bürgermeisters aus Marl/Hüls, die das gleiche Problem wie Dorothea plagt. Sie tun sich zusammen, kaufen sich von ihrem schwer ersparten Taschengeld jeder seine Bratwurst und ein Getränk. Nach dem

Abendbrot ziehen sie eiligst zum Strand, wo Babsi mit den anderen eifrig bemüht ist, das Feuer anzufachen. Bei diesem Wind und den Sandverwehungen ist das kein einfaches Unterfangen. Prima! So sind sie nicht zu spät am Platze und ihre Mägen nicht Hunger leidend. Ist das aber wirklich prima? Gut, dass die Gemeinde kein Zeitlimit setzte, als die Jugendlichen das Feuer dort anmeldeten. Solche Feuer am Strand müssen angemeldet werden, damit die Seeschifffahrt das Licht aus der Ferne nicht mit Leuchttonnen verwechselt, die eine sichere Orientierung der Schifffahrt auf Küsten und Wasserstraßen bietet. Aber bis ein Feuer so brennt, so dass darin gegrillt werden kann, das dauert. Es ist 21:30 Uhr. Noch kann keine Wurst aufs Feuer. Wie können sie pünktlich um 22 Uhr im Hotel sein und ihre Wurst gegessen haben? So ein Urlaub kann echt stressig sein. Babsi's Mutter wirft aus weiter Ferne einen Blick auf das Geschehen der Jugendlichen und ihrer Tochter. Sie mag großzügiger sein als Vati, aber sie kontrolliert alles. Das machen Vati und Mutti nicht. Sie hat sogar empathisch das Problem der beiden Mädels erkannt und bietet ihnen an, sich sofort auf den Rückweg zum Hotel zu machen, mit den Eltern zu sprechen, sie zu beruhigen, dass alles geordnet abläuft, und ihnen mitzuteilen, dass die Kinder unmöglich um 22 Uhr zurück sein können, da das Feuer noch nicht fürs Grillen bereit war. Prima oder nicht prima? Das ist hier die Frage. Diese Chance lassen die beiden sich nicht entgehen. Schon auf der Dorfstraße entdeckt Babsi's Mutter Vati. Sie übermittelt ihm die Nachricht mit dem Zusatz: „Sobald sie ihre Würste verspeist haben, kommen die Mädels zurück. So habe ich es mit ihnen vereinbart." Seine kurze Antwort: „Meine Tochter weiß, wann sie zuhause zu sein hat!" Völlig perplex schnappt sie sich den nächst besten jungen Mann, den sie schnellstens zur Feuerstelle schickt, damit die Mädels pünktlich zurückkommen. Haare auf den Zähnen hat sie bei Vati nicht. Und die Mädels sind pünktlich zurück; völlig außer Atem, so schnell wie sie gerannt sind. Vorher haben sie noch schnell ihre Würste verschenkt.

Am nächsten Tag kommt mit der Fähre mittags die große Schwester von Babsi auf die Insel. Margit erzählt, was sie für einen tollen Mann auf der Fähre gesehen habe. Anschließend gehen Mutti und Vati auf ihr Zimmer, um Mittagsruhe zu halten. Rembert und Dorothea packen ihren Strandbeutel, als es an ihrer Tür klopft. Wer steht da? Der große Bruder, kaum wiedererkennbar in seinem neuen Outfit. Ist ihr Bruder in München ein Dandy geworden? Er steht vor ihnen in einer mittelblauen Samthose, einem bis zum Solar Plexus aufgeknöpften, durchsichtig Ton in Ton gemusterten Seidenhemd und wuschelig gestyltem Haarschopf. Wen wundert es, dass sein Urlaubsgeld bereits in München aufgebraucht war. Eine Nacht habe er im Fünf-Sterne-Hotel übernachtet, eine andere im Englischen Garten. Sein letzter Groschen brachte ihn auf die Fähre nach Spiekeroog. Nach Dänemark wäre er nicht mehr gekommen. Vorbei ist die Mittagsruhe der Eltern. Jetzt heißt es auf dieser ausgebuchten Insel ein Zimmer finden. Gleich gegenüber bei Elektro Frerichs im Dachstuhl gibt es eine Notlösung. Inzwischen nimmt es Mutti mit Humor. Mit einem süffisantem Lächeln und ihrem Zeigefinger gen Himmel gerichtet erzählt sie den Thyssens: „Die Füße, die da oben aus der Dachluke ragen, sind von unserem Großen. Er kam mit derselben Fähre wie Margit." Da fällt es Margit wie Schuppen von den Augen: „War er das, in Blautönen schick gekleidet? Klar! Richtig! Ich hätte ihn fast nicht wiedererkannt! Ein toller Mann!" Mutti platzt gleich vor Stolz; ihr Dieter ist eben doch wie ihr Bruder Heinrich. Nun ist auch Vati und die ganze Familie glücklich, diesen Urlaub zusammen zu verbringen.

-Hohenwehrda-

Die Ferien sind vorbei; die Brüder wieder im Internat. Rembert ist noch zu jung, um bei der Bundestagswahl abstimmen zu können. Sein Interesse gilt mehr den Kapriolen seiner Geschwister.

Was sie können, kann er auch. Sie haben ihn wohl zu dem ein oder anderen Streich hinreißen lassen. Wie oft hat vor allem Dieter von Solidarität gesprochen, als Dorothea sich bei dem Vater und dem großen Bruder für die bevorstehende Wahl schlau machte. Sind nicht Schüler und Lehrer auch zwei Parteien? Ob sich Dieters Solidarität bei den Schülern in die Praxis umsetzen lässt?

Das will er mit einem Jux einiger Schüler gegenüber einem Lehrer ausprobieren. Da gibt es doch diesen Lehrer, der einen NSU-Prinz fährt. An einem lauschigen Abend ist es soweit. Zu Fünft treffen sie sich am Fahrzeug. Weit und breit ist keiner zu sehen. Da tragen sie gemeinsam das Auto vom Parkplatz zu einem kleinen Waldstück am Rande des Internatsgeländes und wickeln es in Klopapier ein. Gespannt sind sie auf das, was kommt. Erst am nächsten Morgen vermisst der Lehrer sein gutes Stück. Nicht lange. Schon auf dem Weg zur Gräfin entdeckt er es kunstvoll drapiert zwischen den Bäumen. Ein Schock fährt durch seine Glieder. Was soll das bedeuten? Das wollen die Gräfin und das Lehrerkollegium gemeinsam herausfinden. Handelt es sich um einen Schabernack oder um einen Schülerprotest? Keiner weiß wie, aber die fünf Schüler sind bald bekannt. Es gibt Einzel- und Gruppengespräche mit ihr, dem betroffenen Lehrer und den fünf Schülern. Dabei legt sie größten Wert darauf, dass es zu keiner Spaltung zwischen Lehrer- und Schülerschaft kommt. Ihr Motto lautet, wie von dem Pädagogen Hermann Lietz vorgegeben: Leben und arbeiten in der Gemeinschaft. Glück gehabt! Es bleibt bei einer Ermahnung und der Anordnung sich bei dem Lehrer zu entschuldigen. Ihre Gedankenwelt fährt aber noch eine Weile Karussell. Wäre eine Bestrafung sinnvoller gewesen? Hat Strafe präventive Wirkung? Durch eine Strafe mit einem ausschließlich repressiven Charakter würde nicht die Ursache behoben, die die Schüler zu dieser Tat bewegten. Schüler müssen die Möglichkeit haben, sich auszuprobieren, ihre Grenzen selbst abstecken. Es ist doch die Kommunikation, die bildet. Was aber, wenn Kommunikation blockiert wird, ob bewusst oder unbewusst? Diese Schüler sind ihrer Streiche nicht müde geworden. Es sind Zeugniskonferenzen. Alle Lehrer befinden sich oben im großen Saal des Hauptgebäudes. Die Schüler erblicken das große, schwere Eisentor, das am Eingang des Internatsgeländes wegen Bauarbeiten aus den Angeln gehoben ist. Was ist da naheliegender als auch die Lehrerkonferenz aus den Angeln zu heben? Viele kräftige Schülerarme tragen das riesige Tor vor den Sitzungssaal. Keiner kann da mehr rein oder raus. Ein Befreiungsschlag durchs Fenster ist ausgeschlossen. Aus der Höhe springt selbst der Sportlehrer nicht unbeschadet in den Hof. Ihre Rufe verhallen im Nichts. Werden sie nicht gehört, oder will sie keiner hören? Kein Schüler lässt sich blicken. Es gibt nicht einmal ein Telefon im Sitzungssaal. Sie haben keine Wahl, ergeben sich in Geduld bis zufälligerweise der Weg des Hausmeisters über den Hof führt und ihre Rufe erhört. Über zwei Stunden schmoren sie nun schon hier. Endlich schafft der Hausmeister ein paar kräftige Jungs für den Befreiungsschlag an. Das unbewegliche Eisentor findet an seinen alten Platz zurück. Wieder heißt es für Heimleiterin und Lehrerschaft, zunächst den Schock sacken zu lassen, und dann mit Besonnenheit Schülergespräche führen, um den Hintergrund der Aktion zu verstehen. Endlose Gespräche führen zu dem selben Ergebnis. Es liegt kein Aufruhr zwischen Schülern und Lehrern vor. Jeder einzelne Schüler hat sich erklärt. Die Einen reagieren mit „ich war das nicht", die anderen „es war doch nur ein Lausbubenstreich" und wieder andere entschuldigen sich für ihre Unbedachtheit. Wiedermal hält sie in Anbetracht der eventuellen Folgen den Ball flach.

Sie sieht auch dieses Mal von einer Strafe und Ressentiments ab, aber nicht ohne den Schülern deutlich zu erklären, dass aus solchen Scherzen schnell der Straftatbestand der Freiheitsberaubung sie vor Gericht stellen könnte. Sie setzt ein Schreiben mit diesem Sachverhalt auf, der als Rundbrief an alle Schülereltern, Beiräte und Vorstände geht. Darin appelliert sie nochmals an die

Schüler, mehr Verantwortung für ihre Taten zu übernehmen. Für diesen Führungsstil erntet sie von allen Seiten Hochachtung. Sie ist eben eine Gräfin.

-Essen-

Dorothea hat der Gräfin und ihrem großen Bruder gut zugehört. Sie beschließt Verantwortung für sich zu übernehmen. Überall auf der Welt ist seit den sechziger Jahren so eine Unruhe entstanden. Eine vielschichtige politische Bewegung kritisiert und bekämpft die herrschenden Verhältnisse. Ein Wandel deutet sich an. Demonstrationen, Go-In, Hippie-Bewegung, Provokation sind Protestsymptome einer unruhigen Übergangszeit. Das Musical „Hair" gibt eine künstlerische Antwort auf die Frage nach dem Sinn der Unruhe dieser Jugend. Die Art, wie Musik, Text und Tanz miteinander verschmelzen, lassen die Widersprüche fast analytisch deutlich werden. Lange Haare, schmuddelige Kleidung und Opa's Weste sind die Symbole der Protestbewegung gegen das Establishment, die diese Jugend als Nichtstuer und Gammler beschimpfen. „Hair" beschreibt die Gefühle der neu entstandenen „Hippie-Kultur", der so genannten „Blumenkinder". Verantwortung übernehmen heißt für Dorothea, das Motto „Love and Peace" mit ihrem Äußeren erkenntlich zu machen. Wie oft ging sie mit ihren „Blue Jeans" im Meer baden, damit die Hose die gewünschte Bleiche erhält. Die inzwischen löchrig gewordene Jeans wird nicht entsorgt, sondern bekommt viele bunte Flicken. Inzwischen sind es neunundzwanzig an der Zahl, die sie eigenhändig aufgenäht hat. Was sie alles kann, wenn sie will. Hätte sie doch auf dem Gymnasium für Frauenbildung bleiben sollen? Ganz sicher nicht. Dort interessiert sich vermutlich keiner für diese Protestbewegungen, an denen sie zumindest teilweise partizipiert. So wirft die Mutter ihre Flickenhose immer wieder in den Abfall, und Dorothea holt sie jedesmal wieder heraus. Außerhalb der Reichweite der Eltern zieht sie sich um, denn in die Schule geht sie nur mit Flickenhose. Das ist nicht alles. Was ihre Brüder können, kann sie auch.

Sie geht zu einem Frisör, der aus ihren feinen, glatten Haaren einen „Afro-Look" meistert. Was für eine Haarpracht. Mutti amüsiert es. Sie weiß, dass keine Mode von Dauer ist. Vati kommt von seiner Geschäftsreise aus Berlin zurück. Der Anblick seiner Tochter ist scheinbar der Schock seines Lebens. Er ist außer sich. Der sonst so überlegte, gelassene Mann hat auch andere Seiten. Er beschimpft sie, ein elendiges Flittchen zu sein, und die Mutter würde zur Kindererziehung nicht taugen. Was ist der tatsächliche Grund seiner Erregung? Ist er üblicherweise auf seinen Geschäftsreisen mit seiner Haferflockentüte voller Schnittchen und einem Buch vergnüglich auf seinem Hotelzimmer, gönnt er sich in der Großstadt Berlin hin und wieder einen Kino- oder Theaterbesuch. Gestern sollte ihm der Film „Emanuelle" die Zeit verschönern. Das hat wohl nicht geklappt. Diese kunstgewerbliche Inszenierung mit pseudophilosophischen Sprüchen ist nicht nur sexistisch und rassistisch, sondern auch ein Produkt korrupter Männerfantasien, die die Naivität der Hauptdarstellerin in thailändischen Opiumhöhlen missbraucht. Beim Anblick seiner vom Frisör verunstalteten Tochter bleibt eine Assoziation mit diesem armen Filmmädchen nicht aus. Entsetzliche Bilder ziehen in Blitzschnelle durch seinen Kopf. Ehe es zu spät ist, muss er reagieren. Zu groß sind seine Sorgen um sein geliebtes Mädchen. Diesmal hat Mutti die Ruhe bewahrt, die Wogen geglättet, ihm deutlich gemacht, dass er hier zuhause und nicht im Film ist. Eine Stadt wie Essen ist nicht vergleichbar mit der Weltstadt Berlin. So hat er sich schnell wieder gefasst.

Dass es seine Tochter immer häufiger in das Kulturzentrum in die Innenstadt zieht, erfährt er nicht. Die Jugendlichen nennen es KZ. Das entsetzt Mutti, weil es sie an die Vernichtungslager der Juden in der Nazi-Zeit erinnert. Dorothea greift in dieser verqualmten Drogenhöhle erstmalig zu Zigaretten. Sie hat dort sogar mal an einem Joint mit Marihuana gezogen, konnte aber keine Wirkung entdecken. In diesem KZ geht auch die berühmte sechzehnjährige Juliane Werding ein und aus. Ihren Durchbruch hatte sie letztes Jahr mit ihrem Song „Am Tag als Conny Cramer starb", der sich mit Drogenmissbrauch befasst und ein Nummer-Eins-Hit in Deutschland wurde. Er ist einer der vielen Coverversionen des Songs „The Night They Drive Old Dixie Down" von der kanadisch-US-amerikanischen Rockgruppe „The Band" aus dem Jahr 1969. Die Folksängerin Joan Baez landete 1971 mit ihrer Coverversion einen US-Top-Ten-Hit. Das Original besingt sinngemäß „Die Nacht, in der der Alte Süden zu Grabe getragen wurde" und erinnert an das Ende des Sezessionskrieges von 1861-1865, die Trennung von Nord- und Südstaaten Amerikas. Dorothea sieht Juliane zwar häufig im KZ, aber ihr Lied über die Trauer des Drogentoten, dem keiner Hilfe anbot, ist nicht die Musik, die dort gehört wird. Im KZ lässt es sich besser mit dem siebzehnminütigem Rock-Stück „In-A-Gadda-Da-Vida" von Iron Butterfly abhängen. Angeblich habe der Sänger unter Einfluss eines LSD-Trips seine Nonsensphrase kreiert. Besonders beliebt ist die Musik von Pink Floyd mit seinem eigenständigen Stil mit Einflüssen aus progressivem Rock, Blues, Jazz sowie klassischer und neuer Musikrichtung. Ihre Texte setzen sich kritisch mit sozialen und politischen Themen auseinander. Gerade ist ihr achtes Album „The Dark Side of the Moon" erschienen. Darin wollen die Musiker anonyme Machtstrukturen wie das Geld, die Zeit und den Kriegswahnsinn aufzeigen. Es handelt sich um ein Tongemälde, das den Druck des Alltagslebens und die Reaktionen auf Entfremdung, Verdrängung und Schizophrenie darstellt. Dorothea ist auch von der deutschen Band „Kraftwerk" begeistert. Deren Musiker sind die Mitbegründer der Düsseldorfer Schule in der elektronischen Musik. Mit ihren Freunden aus dem KZ geht sie zu einem ihrer Konzerte. Dort stellen sie ihren neuen Titel „Autobahn" vor. Was für eine Atmosphäre!

Unterhalten kann sich dort keiner. Es ist viel zu laut. Die Menschen wirken alle wie in Trance. So lässt sie sich dazu verführen, an einem Joint eines ihr völlig Unbekannten zu ziehen. Das ist wohl keine gute Idee. Ihr wird ganz schummrig, kann sich kaum auf den Beinen halten. Schnell findet sie Halt an einer Wand und lässt sich nichts anmerken. Beherrschung hat sie gelernt. Außerdem will sie dazugehören. So wartet sie bis der Schrecken vorbei ist. Heil wieder zuhause lässt sie das Erlebte Revue passieren. Es war super tolle Musik, aber mit den Drogen ist Vorsicht geboten. Das sagt ihr auch Dieter immer, nicht einmal, sondern immer wieder. Er fühlt sich als großer Bruder verantwortlich für seine Geschwister und will sie vor den Gefahren, die die Eltern nicht kennen, stets beschützen.

Inzwischen hat er sein Abitur geschafft. Wer wohl darüber glücklicher ist? Er oder die Eltern? Nun ist sein sehnlichster Wunsch ein Auto; endlich mobil und frei sein. Nur das Geld fehlt ihm noch dafür. Da kann er nicht auf seinen Vater zählen. Den Führerschein, den hat er ihm bezahlt. Der ist ja auch eine Art Ausbildung, für die Vati's Geld immer locker sitzt. Ein Auto ist nicht in seinem Verantwortungsbereich. Das muss er sich selbst erwirtschaften.

Auch Dorothea hat gleich nach ihrem achtzehnten Geburtstag von ihm den Kfz-Führerschein finanziert bekommen. Sie wollte eigentlich gleichzeitig den Motorradführerschein machen. Den hat aber Vati strikt abgelehnt. Motorisierte Zweiräder sind ihm doch zu gefährlich. Sie sollte froh sein, dass er mit ihrem Mofa eine Ausnahme machte. Trotzdem versucht sie mit dem Fahrlehrer einen Deal abzuschließen. Könnte er nicht die Kosten für den Motorradführerschein als Kfz-Führerscheinkosten deklarieren? Das würde der Vater doch gar nicht bemerken. Schade, der Fahrlehrer ist super korrekt. Er lässt sich nicht darauf ein. Bei der Prüfung hat sie Schwein gehabt. Schon nach fünfzehn Minuten fahren, übergibt ihr der Prüfer freundlich lächelnd ihren Führerschein. Sie brauchte nicht zeigen, wie sie auf der Straße kehrt macht oder in eine Parklücke rückwärts einparkt. Es war ganz easy. Lag es daran, dass sie der letzte Prüfling vor seiner Mittagspause war? Einige vor ihr waren durchgefallen. Ihre Fröhlichkeit über diese simple Prüfung wirkt auf Mutti ansteckend. Die Mutter von Justus aus der Nachbarschaft, der mit Dieter im Internat in Bieberstein war, versucht auch gerade mit diesem Fahrlehrer ihren Führerschein zu erwerben. Sie hat bereits hundert Fahrstunden genommen und ist einmal durch die praktische Prüfung gefallen. Jetzt juckt es Mutti in den Fingern. Wie wird es ihr ergehen? Sie meldet sich zu den Fahrstunden an. Mit ihrer Tochter kann sie nicht konkurrieren. Der Fahrlehrer lässt seine Schüler frühestens nach einer Anzahl von Fahrstunden entsprechend ihres Alters zur Prüfung zu. Also bleibt der Reiz, schneller als Justus Mutter die Prüfung zu bestehen. Tatsächlich, sie besteht die Prüfung auf Anhieb nach vierundfünfzig Fahrstunden.

Ihr Ehrgeiz ist geweckt. Jetzt will sie auch noch Schwimmen lernen. Voller Stolz und Tatendrang meldet sie sich zum Schwimmunterricht an. Schließlich ist das eines der gesündesten Sportarten, die in jedem Alter möglich sind. Das soll nicht alles sein. Da gibt es noch Gymnastikkurse für ältere Damen. Ein Anruf bei Justus Mutter und ihr Elan springt sofort hinüber. Zweimal die Woche fahren die beiden Alten nun zur Gymnastik. Wie doch solche Aktivitäten einen Menschen verändern können. Plötzlich entsteht in Mutti so ein enormes Verständnis für die Jugend. Sogar für die politische Jugendbewegung interessiert sie sich auf einmal Mal. Sicherlich tragen dazu die vielen Küchengespräche, die sie mit Dieter beim Spülen hat, bei.

Die Zeit vorm Studium nutzt er mit Jobs. Wie soll er anders an ein Auto kommen? Das Geld fließt. Die Hoffnung wächst. Und dann eröffnet ihm sein langjähriger Busenfreund Stefan, dass er mit seinem Sandkastenfreund aus Hamburg erstmal ein Jahr auf

Weltreise gehen wird. Dafür haben sich die Beiden einen VW-Bulli zum Wohnmobil umgebaut. Der hat nicht nur Schlaf- und Kochgelegenheiten, sondern sogar einen sicheren Safe für Dokumente und Wertsachen. Seinen beigefarbenen Opel Kadett Caravan könnte er ihm günstig überlassen. Ein wahrer Freundschaftspreis, den die Beiden abmachen. Vor der Fahrzeugübergabe und der Weltreise machen die Beiden mit einem weiteren Freund eine schreckliche Erfahrung.

Sie sind mit dem VW-Bulli auf dem Weg von Dänemark nach Hamburg, als sie völlig unerwartet mit auf sie gerichteten Maschinengewehren angehalten und auf übelste Weise kontrolliert werden. Ihr Fahrzeug wird mit einem ähnlich aussehenden VW-Bus der RAF -Rote Armee Fraktion- verwechselt. Die RAF ist eine linksextremistische terroristische Vereinigung, die sich selbst als eine kommunistische, antiimperialistische Stadtguerilla nach südamerikanischem Vorbild sieht. Der Name bezieht sich auf die sowjetische Rote Armee, die Bezeichnung für das Heer und die Luftstreitkräfte der Sowjetunion. Sie wurde 1970 von Ulrike Meinhof, Andreas Baader, Gudrun Enslin und Horst Mahler gegründet, die mit palästinensischen Terrorgruppen kooperieren. Puh, ist das ein schauriges Gefühl, von der Staatsmacht für einen dieser Terroristen gehalten zu werden.

Immense Angst steigt in ihnen auf. Wie gelähmt sind die unbescholtenen Jungs nicht mehr in der Lage ihre Unschuld zu beweisen. Ohne Worte lassen sie alles geschehen, sich mit gespreizten Beinen und erhobenen Händen nach Waffen abtasten und ihr Auto in unbeschreiblicher Weise auseinandernehmen. Sie werden doch hoffentlich nicht in Gewahrsam genommen? Einiges hatten sie darüber gehört, wie grausam mit den inhaftierten Terroristen umgegangen würde. Da gibt es Einzelhaft und strenge Isolation. Rundum die Uhr würden sie überwacht, nachts mehrmals bei Kontrollen geweckt, täglich leibesvisitiert. Nur einmal wöchentlich dürften sie baden. Das Neonlicht schiene Tag und Nacht. Radios, Bücher und Zeitschriften seien in der U-Haft verboten. Selbst der Amtsarzt schilderte die Isolierung als nicht mehr vertretbar. Die RAF-Anwälte sprachen von „Isolationsfolter" und „Vernichtungshaft". All diese Informationen laufen wie ein Film in ihren Köpfen ab. Aber nein, die Polizisten erkennen nach ausgiebiger Durchsuchung, wen sie vor sich haben. Sie erläutern ihre Aktion und lassen die jungen Leute weiterfahren, nachdem alles wieder gerichtet ist. Ein Schock bleibt es dennoch, aber nicht lange. Dann empfinden sie es als Abenteuer.

Stefan und sein Sandkastenfreund freuen sich auf ihre Weltreise und Dieter sich über sein erstes Auto. Großzügig, wie er ist, dürfen es sich Mutti und Dorothea ausleihen, wenn er es nicht benötigt. So kommt auch Mutti in den Genuss eines Abenteuers, das sie erst im Nachhinein darüber lachen lässt. Völlig erschöpft kommt sie von ihrer ersten Tour nach Essen-Werden mit diesem Vehikel Heim. Mit Vati's Mercedes mit Automatikgetriebe hätte sie nicht diese Ängste ausstehen müssen. Eine rote Ampel am Werdener Berg ließ ihren Puls höher schlagen. Direkt hinter ihr wartete ein Omnibus ebenfalls darauf, dass die Ampel auf „grün" springt. Wie nah dieser Bus an ihren Kadett herangefahren ist, oder trügt der Schein der riesigen Windschutzscheibe? Sie weiß zwar, dass sie die Handbremse hätte ziehen müssen, auch wie man die Kupplung mit dem Lösen der Handbremse beim Anfahren langsam kommen lässt, aber das traute sie sich nicht bei diesem für sie alten Auto. Vati hatte jedes Jahr einen neuen Mercedes, und mit Automatikgetriebe gibt es dieses Problem erst gar nicht. Sie zog also die Handbremse nicht an. Zu groß war ihre Angst davor, sie nicht lösen zu können. Oh je, die Ampel zeigte „grün" an und ihr Auto rollte beim Anfahren zurück. Schnell die Bremse getreten, bevor sie auf dem Bus hängt. Der Busfahrer hupte und bei „gelb" auch die darauffolgenden Fahrzeuge. Schweiß rann ihr über die Stirn. Ihr Mantel wurde zur

Sauna. Wie kommt sie nur aus dieser Bredouille heraus? Der dicke Bus bewegte sich langsam rückwärts und drängte die Nachfolgenden, das Gleiche zu tun. Dieser Busfahrer war ihr Erlöser in der Not. Dann allen Mut zusammennehmen und einfach losfahren; auf kürzestem Weg nach Hause. Nie wieder dieses Auto fahren. Dafür fühlt sie sich zu alt.

Das hört Dorothea gerne. Sie wünscht sich mit Mutti ein Gemeinschaftsauto. Das könnte ein R5 von Renault sein. Sie liebäugelt mit so einem schicken Stadtflitzer, natürlich mit Servolenkung und Automatikgetriebe, was Dieters Kadett nicht hat. Damit gäbe es keine Probleme, nicht an den Ampeln am Berg, nicht beim Wenden auf der Straße und auch nicht beim Einparken in der Stadt. Was hält Mutti nur davon ab? Der sparsame Vater oder hat sie doch Angst vorm fahren? Nein, Vati's Mercedes fährt sie gerne. Oft sitzt er auf dem Beifahrersitz. Es könnte ihr Stolz sein. Schließlich ist sie etwas Besonderes, weil sie gerade nicht einen Zweitwagen fährt, sondern ihr Fahrrad bevorzugt. So ist sie auch besonders, da sie ihren Pelzmantel nicht zur Schau stellt. Er ist federleicht und der Pelz erst auf dem zweiten Blick sichtbar. Sie trägt ihn innen. Von Außen glänzt dezent das weiche feingegerbte Leder. Dorothea hätte lieber einen R5 als so einen Mantel, die sich preislich nichts geben. Immer dieser versteckte Dünkel, der ihr zuwider ist.

Nur, wenn sie Rembert's Patenonkel in Frankfurt besuchen, versteckt sie ihren Dünkel nicht. Dieser Fabrikant bietet jeden luxuriösen Schnickschnack, den die Welt nicht braucht. Wo andere einen Fernseher haben, hat er eine elektrisch rauf- und runterfahrende Kinoleinwand. Diesen Patenonkel wollen Vati und Mutti mit Rembert besuchen, wenn sie ihn aus Hohenwehrda in die Ferien abholen. Natürlich soll der Junge dann adäquat aussehen. Dafür sorgt Mutti beim nächsten Anruf: „Dass du bitte deine Haare abschneidest, bevor wir dich abholen. Wir gehen deinen Patenonkel besuchen. Du weißt, was das bedeutet." Klar macht er das, und wie er das macht. Er weiß ja, was der Besuch bedeutet. Dieter hätte diskutiert. Rembert ist ein Mann der Taten. „Um Gottes Willen", schallt es aus Mutti beim Anblick ihres Sohnes heraus. Ohne eine Miene zu verziehen, empfängt er seine Eltern mit Glatze. Keinen einzigen Haarstoppel gibt sein wohlgeformter Kopf preis. Eine spiegelglatte Pläte schockiert die Eltern. Als die Mutter gerade eine Schimpftirade ansetzt, unterbricht sie der Junge: „Ich habe nur getan, was du gesagt hast." Wo er recht hat, hat er recht. Außerdem lässt sich daran nichts mehr ändern. Schicksalhaft ergeben, schalten die Eltern schnell um und bewundern den hübschen Bengel. Wie gut seine großen Augen zur Geltung kommen. Mit Humor präsentieren sie dem Patenonkel diesen gewitzten Bub. Alle lachen sich schlapp über diese lustige Anekdote. Dem Patenonkel gefällt diese Cleverness.

Dorothea gefällt ihre clevere neue Freundin. Britta kommt aus Herne und lebt jetzt bei ihrem zehn Jahre älteren Bruder, der mit seiner Frau ein geordnetes Leben in Essen führt. Er soll seine Schwester auf den richtigen Weg führen. Es gab erhebliche Schulprobleme. Obwohl die Lehrer ihr hohe Intelligenz bescheinigen, will sie kein Gymnasium in Herne mehr aufnehmen. Irgendwie kennt Dorothea diese Problematik. Auf der Luisenschule soll nun alles gut werden.

Die Luisenschule führt das Kurssystem ein. Alle Schulfächer werden nicht mehr in einem Klassenverbund gelehrt, sondern durch Kurse einer Jahrgangsstufe ersetzt. Die Schüler wählen nach bestimmten Vorgaben aus drei Aufgabenfeldern -sprachlich-künstlerisch, gesellschaftswissenschaftlich oder mathematisch-naturwissenschaftlich- zwei Leistungsfächer zu fünf und acht Grundkursfächer zu vier Wochenstunden aus. Dorothea entscheidet sich für die Leistungskurse Mathematik und Biologie. In dem Biologiekurs sitzt auch Britta. Die beiden Mädels erkennen schnell, dass sie wie die Faust aufs Auge zusammenpassen und gemeinsam den Unterricht beleben könnten. Das sehen auch die Jungen vom Burggymnasium so. Die Luisenschule und das Burggymnasium starten mit dem Leistungskurs Biologie ein Exempel der Koedukation. Da stellt sich die Frage, ist es die Koedukation oder sind es Almut und Dorothea, die dem Unterricht den Kick geben? Ganz sicher führt Britta's Engagement zu manchem spektakulären Zeltereignis in Koedukation und beim Unterricht in der Natur.

Mit ihrem VW-Käfer von 1954, dem ersten mit Ovalfenster hinten nach den sogenannten Brezelfenstern, die die Scheibe teilten, sind diese Ausflüge bequem und leicht zu organisieren. Dieses Auto gaben ihr ihre Eltern, um sie damit mühelos besuchen zu können, nicht um damit Blödsinn anzustellen. Aber ist dieser Käfer nicht an sich schon Blödsinn wert? Der Publizist Karl Markus Michel beschreibt das Produktdesign der Fünfziger-Jahre-Käfer so: „Überall Kurven, Bauchiges, Schwingendes. So als sollte die böse Zackigkeit von Hakenkreuz, Hitlergruß und SS-Rune durch die Gnade von Käfer, Muschel, Niere vergeben und vergessen werden. In diesen Formen fühlen wir uns versöhnt." Erst in der zweiten Hälfte des Jahres 1945 erhielt der KDF-Wagen -Kraft-durch-Freude-Wagen- den offiziellen Namen Volkswagen. Aus Diktatur wird Demokratie. Das Gaspedal ist kein Pedal, sondern ein Rädchen. Mit diesem knuffigen Gefährt fahren Almut und Dorothea bei heftigem Schneefall und lauter Musik erst die Eltern in Herne und anschließend Freunde in Recklinghausen besuchen. Den langen Strickschal um ihre Hälse geschlungen konzentriert sich Britta auf das Fahren, während Dorothea mit dem Oberkörper durch das geöffnete PVC-Schiebedach stehend, sich mit ihren Fäust-

lingen bemüht, die Windschutzscheibe vom stets neuen Schnee zu befreien. Die Scheibenwischer weigern sich bei dieser Kälte diesen Dienst zu erweisen. Was für einen Spaß sie dabei haben. Es werden noch einige Späße folgen.

Mutti erlaubt Dorothea überraschenderweise die nächsten zwei Nächte bei Britta zu übernachten, und Dieter leiht ihr sogar sein Auto dafür. Was die Beiden nicht wissen, ist, dass Britta in dieser Zeit sturmfreie Bude hat. Ihr Bruder ist mit seiner Frau unterwegs und lässt Britta allein, weil er seine Schwester bei Dorothea in guten Händen glaubt. Sie hinterließ bei ihm immer so einen gewissenhaften Eindruck. Gewissenhaft ist sie aber nur Erwachsenen gegenüber, jedenfalls, wenn sie nicht ihre Lehrer sind. So nutzen sie jetzt ihre Freiheit, fahren mit zwei Autos nach Recklinghausen und Herne, um dort ihre Freunde für eine big Party in Essen einzusammeln. Diese einmalige Gelegenheit hat ihren Verstand aussetzen lassen. Alkohol am Steuer ist oft sehr teuer. Immer?

Dieter studiert an der roten Uni Marburg Soziologie und Volkswirtschaft. Deshalb hat sein Kadett ein Marburger Nummernschild. Das wirkt sich für Dorothea und Britta sehr vorteilhaft aus, als sie wegen überhöhter Geschwindigkeit in eine Polizeikontrolle geraten. Sie geben sich überrascht, dass diese gut ausgebaute Straße am Rande der Stadt noch Stadtgebiet sein soll. Dorothea unterstreicht ihre geographische Unkenntnis, indem sie sich nach dem Emscher Schnellweg erkundigt. Nützt es ihr? Der Polizeibeamte erschnüffelt die alkoholgeschwängerte Luft in ihrem Fahrzeug. Noch bevor es zum Alkoholtest kommt, übergibt sich einer der jungen Männer auf der Rückbank. Jetzt stinkt es gewaltig, nicht nur nach Alkohol. Dorothea nutzt diese unangenehme Situation und appelliert zunächst mit charmanter Komik, dann mit mädchenhafter Hilflosigkeit an die Polizei, dein Freund und Helfer: „Nun machen Sie mal 'nen Punkt. Eben sind wir vor 'nen Baum gefahren, und jetzt wollen Sie uns eine Anzeige aufhalsen? Sehen Sie nicht, was mein Problem ist? Die müssen alle schnellstens nach Hause, und ich finde den Emscher

Schnellweg nicht. Meine Freundin im Käfer hinter mir hat dasselbe Problem." Es hat geklappt. Er drückt beide Augen zu, erklärt den Weg, wünscht gute Fahrt und bewegt sich schnurstracks zu seinem Kollegen, unterbricht sein Gespräch mit den Worten an Almut gerichtet: „Sehen Sie zu, dass Sie nicht den Anschluss verlieren...." Die Nacht in Britta's sturmfreier Bude ist nicht zum Schlafen da. Trotz des erheblichen Zigaretten- und Alkoholkonsums wie auch dem mangelnden Schlaf führt der Weg der beiden Freundinnen am Morgen in die Schule. Wer feiern kann, kann auch arbeiten. Die strahlende Sonne brennt nicht nur in ihren müden Augen, sie bringt jetzt erst richtig das Ausmaß der vom Baum geküssten Beule in der Heckklappe zum Vorschein. Oh je, wie kann sie das nur wieder gut machen. Nützt ja nix! Erstmal wartet der Unterricht auf sie, auch mit Restalkohol im Blut und wirrem Gedankenkarussell. Lange hält sie das nicht aus. Auch Britta hat in einem anderen Kurs Schwierigkeiten mit der Konzentration. Sie meldet sich krank, verlässt ihren Klassenraum und öffnet die Klassenzimmertür, zu dem Raum, in dem Dorothea noch tapfer durchhält. Ein kleiner Kopfschwenker und Dorothea weiß, was zu tun ist. Mit ihrer blässlichen Nase überzeugt sie ihren Lehrer von ihrer Übelkeit, so dass er sie zur Erholung nach Hause schickt. Ja, die Beiden fühlen sich tatsächlich elendig. Sie haben eindeutig ihren Spaß übertrieben. Dennoch, bevor sie sich zu Hause Ruhe gönnen, wollen sie unbedingt Dieters Auto in seinen vorherigen Zustand bringen. Erst die Arbeit, dann das Spiel. Wer könnte diese Reparatur kostengünstig erledigen? Vati hat doch eine Stammtankstelle mit einem sehr netten Tankwart. Da fahren sie hin, erzählen ihm ihr ganzes Dilemma. Kann er ihnen helfen? Hoffentlich ist er auch verschwiegen. Dieser Mann hat Mitgefühl. Sofort macht er sich mit drücken, klopfen, pressen, lackieren und allem, was auf die Schnelle möglich ist, an die Arbeit. Zu seinem Mitgefühl kommt noch ein ganz großes Herz. Als er sieht, wie die

Beiden ihr ganzes Geld zusammenkratzen, entlässt er sie verschmitzt grinsend mit einem Kostenbeitrag von 10,- DM und wünscht ein nicht ganz so feuchtfröhliches Wochenende. Er hat gut lachen. Ihr grummelndes Gefühl in der Magengegend bleibt. Das liegt nicht am Alkohol. Dorothea hat Manschetten vor ihrem großen Bruder. Neulich hatte sie ihn beobachtet, als er stecknadelkopfgroße Rostflecken fein säuberlich wegpolierte. Wenn er sein Auto jetzt sieht, wird er stocksauer sein. Nie wieder wird er ihr sein Auto leihen. Wie man sich doch täuschen kann. Er reagiert überhaupt nicht böse. Sein Auto geht zu keinem Schönheitswettbewerb. Es soll nur gesund sein. Dafür hat der Tankwart gesorgt. Die Eltern scheinen von alledem nichts mitbekommen zu haben.

Jetzt nachdem Dorothea Britta's Freunde kennengelernt hat, soll sie ihre Freunde kennenlernen. Sie stellt ihr die Lietzmann-Brüder vor. Der Ältere hat in dem Haus der alleinerziehenden Mutter im Keller sein eigenes Reich. Dort treffen sich jedes Wochenende musikinteressierte Jugendliche. Sie spielen zusammen Klavier und Gitarre, nicht diese langweiligen Sonaten und Sonatinen, wie sie sie bei ihrer Klavierlehrerin von der Folkwang-Schule lernte. Nein, sie machen tolle Stimmung mit Boogie, Blues und Stücken wie „Child in Time" von Deep Purple. Das ist ein Protestsong gegen den Vietnamkrieg. Er gilt als inoffizielle Hymne der osteuropäischen Freiheits- und Widerstandsbewegung. Das lässt sie sich von diesen Klaviervirtuosen zeigen. Doch so recht gelingt ihr nicht die Improvisation. Immer fällt sie in die erlernte Klassik zurück, die sich in den zehn Jahren Unterricht so sehr in ihr verankert haben. Das war ja auch der Wunsch des Vaters, als er ihr nach langem Nörgeln erlaubte, diesen Unterricht zu beenden, wenn sie ihm den Minutenwalzer von Chopin fehlerfrei vorspielen könne. Dann hätte sie die nötige Basis des Klavierspielens, damit die Kosten der vielen Unterrichtsstunden nicht herausgeschmissenes Geld seien. Was er fehlerfreies Klavierspielen nannte, stimmte nicht mit dem ihrer

Lehrerin überein. Als sie meinte, dass Dorothea den Walzer gut könne, hatte er noch einiges zu bemängeln. Sie müsse ihn ihm in zwei Minuten mit perfekten Crescendi vorführen. Also bat sie ihre Lehrerin um Perfektionismus dieses wunderschönen Walzers. Um so mehr wunderte die sich, als ihre plötzlich so begeisterte Schülerin, den weiteren Unterricht absagte, als der Vater es ihr erlaubte.

In dem Keller der Lietzmänner wird auch diskutiert, zum Beispiel über die Freiheit. Britta und Dorothea sprechen sich zwar auch für die Freiheit aus, aber bei der sexuellen Freiheit ziehen sie ganz klar ihre Grenzen. Moralisch sind sie dabei nicht. Je-der darf seine Freiheit leben, wie er es möchte. Sie selbst träumen aber davon, irgendwann mal unschuldig in die Ehe zu gehen. Mehr als Knutschen und Fummeln erlauben sie nicht. Dann schlägt es ihnen entgegen: „Ihr seid über achtzehn Jahre alt. Wenn Ihr wüsstet, was Euch alles entgeht!" Dorotheas Antwort: „Mir entgeht nichts! Wie kann man etwas vermissen, das man nicht vermisst?" Die Befreiungskämpfe der Männer unterscheiden sich wohl erheblich von denen der Frauen. Mutter Lietzmann hat es mit ihren fast zwei Meter großen Jungen auch nicht leicht. Wenn diese Apothekerin um vierzehn Uhr aus ihrer Apotheke nach Hause kommt, ist ihr Kellerjunge gerade aufgestanden und sitzt völlig nackt in ihrer Küche beim Frühstück. Abends kommt er nicht rin in die Kissen und morgens nicht raus. Wenn er sich ihr doch wenigstens ein bisschen bekleidet präsentieren würde. Selbst die Tür zur Toilette lässt er gewollt offen stehen, wenn er dort sein kleines oder großes Geschäft macht. Am Liebsten würde er die Tür aus den Angeln heben, denn Türen seien inakzeptable Grenzen. Diese Freizügigkeit geht ihr entschieden zu weit. Dorothea kennt dieses Thema zur Genüge durch ihre Gespräche mit Dieter. Allerdings schneidet er das Thema nicht bei seinen Eltern an. Die Autorität ist zu groß. Er traut es sich nicht bei ihnen. In seiner Studenten-Wohngemeinschaft lebt er es aber genau so. Diese neugewonnene Freiheit öffnet ihn auch die Augen darüber, dass das Volkswirtschaftsstudium überhaupt nichts für ihn ist. Er hatte sich nicht gegen den Wunsch des Vaters wehren können. Selbst mit gutem Willen könne er kein bisschen Zuneigung zur Wirtschaft empfinden.

Zuneigung verspürt er zu Evi. Evi kommt aus Essen und studiert in Münster Germanistik, Geschichte und Politologie auf Lehramt. Neue Liebe, neues Glück. Dieter und Evi wechseln zusammen an die Uni nach Freiburg im Breisgau und studieren nun gemeinsam auf Lehramt. Er passt sich ihr an. Zusammen treten sie dem KBW -Kommunistischer Bund Westdeutschland- bei. Ihm gefällt, dass es in den KBW-Gruppen in Freiburg, Göttingen und Heidelberg große Überschneidungen mit den Wortführern im SDS -Sozialistischen Deutschen Studentenbund- gibt, mit denen er sympathisiert. Diese junge Partei von 1973 will er unterstützen. Da ist er dabei. Und wie er dabei ist. Auf den Demonstrationen läuft er an vorderster Front in schwarzer Lederjacke und vermummten Gesicht mit. Das Programm des KBW zeichnet sich dadurch aus, dass über sogenannte demokratische Forderungen eine Schwächung des Staatsapparates einerseits und eine Stärkung des Bewusstseins und der Fähigkeiten der sogenannten Volksmassen andererseits bewirkt werden sollen. Den Unterschied zur 1968er Bewegung und den daraus entstehenden Gruppierungen, und dass der KBW eine Kaderorganisation ist, mag er nicht erkennen. Ideologisch steht er dem Maoismus nahe und sympathisiert mit Regimen wie der Volksrepublik China.

Derweil Dieter auf der Suche nach seiner Wahrheit ist, eröffnet sich bei Dorothea doch noch eine Chance auf ein Internatsleben, nicht als Besucher, sondern als Schülerin. Ob ihr sehnlichster Wunsch endlich in Erfüllung geht? Eigentlich mag sie ihren Mathematiklehrer und die hohen Anforderungen, die er im Leistungskurs an die Schüler stellt. Eigenständig mathematische Zusammenhängen zu ermitteln, ist doch wunderbar. Warum ist die

Sympathie nur einseitig? Er heckt ein sehr böses Spiel mit ihr aus, das ihr aber den Weg zur Hermann Lietz-Schule eröffnen könnte. Ihre Klassenarbeiten sind alle hervorragend. Wenn jemand seine Anforderungen erfüllt, dann ist sie es. Sie hilft ihm sogar seinen ungelenk und unverständlichen Unterricht mit diesen komplexen Aufgabenstellungen, ihren Mitschülern zu vermitteln. Trotzdem soll ihre Leistung seiner Meinung nach nur ein „Befriedigend" wert sein. Schlimmer noch trifft seine Benotung die anderen; die Hälfte der Schüler erhalten ein „Mangelhaft" und „Ungenügend". Angeblich soll der Leistungskurs auf ein mathematisches Hochschulstudium vorbereiten. „Der spinnt wohl! Das ist doch nicht legal," beklagen sich die Schüler lauthals. Sie wollen es nicht zulassen, dass er ihr Leben so verbaut. Zunächst setzen sie sich, alle an einem Strang ziehend, für Dorothea ein. Sie wäre doch die Einzige, die immer diese von ihm geforderten Zusammenhänge erkannt habe. Er verlangt ein Beispiel. Sie verweisen auf das Thema „vollständige Induktion". Das hat Dorothea ganz alleine hergeleitet. Tatsächlich konnte sie das, weil sie sich die jahrelang erzählten mathematischen Witze ihres Vaters, über die keiner lachen konnte, gemerkt hat. Da gab es den Witz über den kleinen Gauß, der als Schüler seinen Lehrer verblüffte, als er die Aufgabe, alle Zahlen von Eins bis Hundert zu addieren, in kürzester Zeit löste. Er machte eine einfache Rechnung. Die Summe von fünfzig Zahlenpaaren zu je 101 (100+1; 99+2; 98+3…), also 50x101=5.050 ist die schnelle Lösung. Die

Gaußsche Summenformel ist geboren. Diesen Witz wandelte Dorothea auf eine allgemeine Formel um; n./.2x(n+1)=Summe aller Zahlen bis „n". Der Einsatz der Schülerinnen hat sich gelohnt. Sie bekommt ein „Gut", aber mit besonderem Zusatz des übel gelaunten Mathelehrers, „ein „Gut" mit einem Minuszeichen von hier bis Bredeney," sagt er. Auf diese Beleidigung hat Dorothea die passende Antwort: „Da bin ich aber froh. Es ist immerhin die Hälfte von Ihrem Weg." Sie weiß ja, wo er wohnt.

Er sitzt wie ihre Freundin Andrea bereits seit Heidhausen in dem Bus, in dem sie auch zur Schule fährt. Ihr ist auch nicht entgangen, wie erst seine Ohren und dann sein ganzer Kopf langsam rot anlaufen, wenn er sie in den Bus einsteigen sieht, oder wenn sie auf dem Rückweg zusammen an der Bushaltestelle warten müssen. Diese verwöhnte Göre aus reichem Elternhaus ist ihm sichtlich unangenehm. Vielleicht ist es Neid. Vati und er haben ja dasselbe Studium abgeschlossen. Dieter hatte auf dem Helmholtzgymnasium auch mal diesen Neid zu spüren bekommen. Da knallte ihm der Mathelehrer im Essener Ruhrpottslang entgegen: „Wenn ich inne Innustrie gegangen wäre, könnte ich auch in Bredeney wohnen." Dorothea's Mathelehrer lässt ihre böse Antwort nicht ungestraft stehen. Mit einem Blick wie Schießscharten erwidert er: „In meinen Fächern kann ich dich nicht kriegen. Mach' dich auf was gefasst. Ich weiß, wie ich dich kriege." Es ist gar nicht so lange her; da hatte er Dorothea's Deutsch- und Geschichtslehrerin geheiratet. Am Ende des Schuljahres setzt es in diesen beiden Grundkursfächern ein „Mangelhaft". Damit bleibt sie wegen der guten Benotung in den Leistungskursen nicht gleich sitzen. Sie könnte mit einer Nachprüfung in Geschichte die Versetzung in die Oberprima retten, wenn da nicht der Komplott dieses Lehrerehepaares gegen sie wäre. Vereinbart wird als Prüfungsthema die „Russische Revolution". Geprüft wird sie über „Napoleon". Sie versagt auf ganzer Linie. Kann sich ein Lehrer darüber freuen? Dorothea ist fassungslos. Sie mag nicht nach Hause. „Wie sag ich's meinen Eltern?" Das ist der Titel des Filmes, den sie drehen könnte. Schon wieder keine Versetzung. Und schon wieder die Eltern in der Schule. Ein Lehrer nach dem anderen vermitteln ihnen, dass ihre Tochter den Ernst des Lebens nicht kennen würde. Den gilt es, ihr beizubringen. Eigentlich wollten die Eltern den gerade von ihren Kindern fern halten. Damit würden sie noch früh genug im Berufsleben konfrontiert werden. Mit einer Unbeschwertheit ließe es sich doch besser lernen. Liegen sie mit dieser Vorstellung falsch?

Bisher war es undenkbar, dass jemand in der Familie Stahl die Schule ohne Abitur verlässt. Soll sich das jetzt ändern? Dorothea wird von der Schule abgemeldet. Sie soll den Ernst des Lebens kennenlernen. Weil sie ein Mädchen ist? Mutti macht einen Termin beim Arbeitsamt. Jetzt gilt es eine Lehre zu finden, die die Tochter in ein erfülltes Berufsleben entlässt. Ist das überhaupt möglich? Sie will doch weiterhin die Schulbank drücken. Für sie kommt eine blöde Lehre nicht in Frage. Liegt es daran, weil die Schule ihr so viel mehr Freizeit bietet? Das ist für die Tochter ein wichtiges Argument, nicht für die Mutter. Wie damit umgehen? Dorothea hat einen Plan. Bevor die Mutter beim Arbeitsamt zu Wort kommt, erkundigt sie sich nach einer Ausbildung zur psychologisch-technischen Assistentin. Den Beruf gibt es nicht. Sie fragt weiter. Wie ist es mit einer Ausbildung zur MTA, der medizinisch-technischen Assistentin? Dann müsste sie eine Wartezeit von zwei Jahren überbrücken. In der Zeit könnte sie ihr Abitur machen. Wäre eine Ausbildung zur mathematisch-technischen Assistentin möglich? Nein, nicht ohne Abitur. Industriekaufmann bietet ihr die Dame vom Arbeitsamt an. Das lehnt Dorothea vehement ab. Bedröppelt ziehen Mutter und Tochter ab. Mutti ist verzweifelt. Irgendwie versteht sie, dass ihre Tochter das Abitur machen möchte. Wie kann sie sie unterstützen? Weiß Vati eine Lösung? Wer wird über ihr Schicksal bestimmen?

Bei all den vielen Fragen klingelt plötzlich das Telefon. Ausnahmsweise nimmt Vati den Hörer ab. Meistens sind die Telefonate für Dorothea, aber diesmal traut sie sich nicht ans Telefon zu gehen. Das ist gut so, denn auf der anderen Seite meldet sich der Mathematiklehrer, der ihr so schäbig zugesetzt hatte. Er habe von Dorothea's Schulabmeldung gehört und bittet reumütig um

Entschuldigung. In seiner Verletztheit sei ihm ein entsetzlicher Fehler unterlaufen. Es wäre zu schade, wenn sein Verhalten dazu geführt habe, dass sie mit ihren besonderen mathematischen Begabungen nicht zum Abitur käme. Sie habe das Zeug zu einem erfolgreichen Mathematikstudium. Dorothea und Eltern sind baff erstaunt. Was für eine Größe von diesem Lehrer. Einer, der zu seinen Fehlern steht und ihn versucht, wieder gut zu machen. Wie gehen die Eltern mit dieser neuen Situation um? Allein sitzen sie im Herrenzimmer und beraten sich. Dorothea hatte häufiger den Wunsch geäußert, später mal Mathematik studieren zu wollen. Jedesmal winkte Vati ab: „Das ist doch nichts für Mädchen. Wenn du nach sieben Semestern feststellst, dass du nichts mehr verstehst, dann war alles für die Katz." Dieser Lehrer, der dasselbe Studium absolviert hat, traut es seiner Tochter zu. Zwei Gefühle schlagen ach in Vati's Brust. Stolz und Scham. Er hatte es seiner Tochter nicht zugetraut, obwohl er sie so sehr liebt.

Mutti stellt die richtige Frage: „Wollen wir sie auch aufs Internat stecken?" Dorothea hat im Flur gelauscht. Voller Hoffnung platzt sie ins Herrenzimmer hinein: „Wenn ich auf's Internat darf, bekommt ihr mein ganzes Geld!" Da zieht sich ein Lächeln über alle Gesichter. Beim Vater, weil sein Mädchen von Kostenrechnung keine Ahnung habe, aber er; bei der Mutter, weil sie sich für ihre Tochter einen guten Beruf wünscht, der ihr nicht vergönnt war, und bei Dorothea ganz nach dem Motto: high sein, frei sein, Spaß muss dabei sein, Hauptsache weg! Dreitausend Mark hat sie mit ihren vielen Jobs zusammengespart. Die Eltern können's kaum glauben. Sie hatte auf ein Auto gespart. Den Traum vom Gemeinschaftsauto mit Mutti hatte sie längst ausgeträumt. Dieses Geld verwendet sie gerne für das Internat. So fühlt sie sich unabhängiger. Immerhin gibt sie damit hundert Prozent ihres Vermögens hinein, während der Vater prozentual einen sehr viel geringeren Teil seines Vermögens für sie ausgibt. Das spricht sie aber jetzt nicht laut aus. Das wäre kontraproduktiv. Außerdem hat Vati noch ein Problem dabei. Rembert muss gefragt werden. Er hat dieses Jahr von Hohenwehrda nach Spiekeroog gewechselt. Die Beiden würden dann nicht nur auf demselben Internat, sondern auch in derselben Klasse sein. Vati wäre beruhigter, wenn seine Kleine nicht ganz alleine in Bieberstein wäre. Ihm würde es besser gefallen, wenn der kleine Bruder ein bisschen auf sie aufpasst. Ob das auch ihm gefällt? Und wie kann er ihn erreichen? Das weiß Mutti. Sie telefoniert jeden Sonntag mit ihm. Im Keller der Schule gibt es einen Münzsprechautomaten, von dem die Schüler telefonieren können, aber auch angerufen werden können. Außerdem gibt es ein Telefon im Sekretariat des Heimleiters. Glück gehabt! Ein vorbeigehender Schüler hat das Klingeln im Keller gehört und den Hörer abgenommen. Er bietet an, Rembert zu holen. Fünfzehn Minuten später ist Rembert doch sehr verwundert am Apparat. Es ist doch gar nicht Sonntag. Hat er was angestellt, was er nicht weiß? Ein mulmiges Gefühl entsteht. Dann die Erleichterung. Es geht nur darum, was er davon hält, wenn seine Schwester zu ihm auf's Internat kommt. Spontan gibt er seine Zustimmung. Warum genügt das Vati nicht? Er will, dass Rembert eine Nacht darüber schläft, bevor er sich entscheidet. Diese Nacht ist die Hölle für Dorothea. Ihr Schicksal liegt nun in der Hand ihres kleinen Bruders. Er, der Jüngste von den drei Kindern, ist der Erste, der von den Eltern ein Mitbestimmungsrecht eingeräumt bekommen hat. Besser so als gar nie.

Ende gut, alles gut. Rembert hat „ja" gesagt. Der Heimleiter Dieter Haase hat „ja" gesagt. Die Formalitäten sind auf dem Weg und Dorothea hat ihrem Vater wie versprochen ihre dreitausend Mark gegeben. Er hat sie bereitwillig genommen, weil er fürchtet, dass sie sich trotz Inselinternat sonst doch noch ein Auto kauft.

-Spiekeroog-

Juhu, es geht nach Spiekeroog! Vati bringt Dorothea in seinem Auto zum Fähranleger nach Neuharlingersiel, dem für sie schönsten Fischerort der Welt. Was für eine Idylle, diese kleinen roten Backsteinhäuschen am Rande des grünen Deichs, auf dem Schafe grasen, und dem Hafenbecken voller bunter Fischkutter, die einer neben dem anderen in Päckchen an den Pollern am Kai mit ihren dicken Tampen liegen und darauf warten nächtens vorm Morgengrauen auszulaufen, denn dann beißen die Fische am Besten. Auf hoher See fangen die Fischer Krabben, die Nordseegarnelen, Schollen, Seelachs, Kabeljau und Miesmuscheln. In Vati's Auto ist Dorothea von Essen bis zum Anleger der Kapitän. Bis Zetel reicht die Autobahn und ist ziemlich unbefahren, sodass sie richtig Gas geben kann. Vati, ihr Beifahrer, lässt sie gewähren. Ab Zetel geht's auf der Landstraße weiter. Kein Hügel, plattes Land mit saftig grünen Feldern soweit das Auge reicht und reichlich schwarzbunten Kühen, die ihr Hinterteil in den Wind strecken, verzieren die Landschaft. Wind bläst dort ordentlich und fordert vom Autofahrer manches Mal hohe Konzentration. Ruckzuck sind sie da, am Anleger zur Fähre nach Spiekeroog. Ihre Herzen markieren im Einklang den Rhythmus ähnlich der Rührtrommel im Boléro von Maurice Ravel, die sich im Crescendo ihrer Aufregung erst richtig entfalten. Unterbrochen wird der Trommelwirbel von der Pflicht. Vati holt für sein Tochterherz im Fährhaus ein Ticket einfache Fahrt und ohne Kurtaxe, während sie ihren riesigen Koffer in einen der nummerierten Gepäckcontainer verfrachtet. Sie ist jetzt Halbinsulanerin und braucht keine Kurtaxe wie früher, als sie als Kurgast mit den Eltern kam. Dem Vater wird weh ums Herz; der Tochter auch ein bisschen. Größer wiegt ihre Freude auf das neue Leben. Hoch oben von der Reling der „Spiekeroog III" schaut sie auf ihren unten am Kai auf die Abfahrt wartenden Vater herab. Warum muss sie sich plötzlich eine Träne verdrücken? Die eine

Träne in Vati's Auge war wohl ansteckend. Noch ein wankelmütiges Lächeln auf beiden Seiten, ein einziger Wink zum Abschied, und die Fähre legt ab. Von nun an gehen Beide getrennte Wege. Ihrer führt zunächst unter Deck des Schiffes zu einem Fensterplatz. Dort ist ihr Blick abwechselnd auf das „One-Way-Ticket" in ihrer Hand und durch die von Gischt bespritzte Fensterscheibe über die Meereswogen zum weiten Horizont gerichtet. Ein Zitat aus Goethe's Faust kommt ihr in abgewandelter Form in den Sinn:„Hier sitz ich nun, ich armer Thor, und bin so klug als nie zuvor."

Am Anleger auf Spiekeroog wartet bereits ihr Bruder Rembert. Wie toll! Er hat den weiten Weg heraus gemacht. So fahren sie nun gemeinsam mit dem Inselbähnchen vom Anleger zum Dorf. Dort wartet der Handkarren, den Rembert für ihr Gepäck dabei hat. Damit ist es erheblich einfacher den über drei Kilometer langen Fußmarsch zur Hermann Lietz-Schule zu überwinden. Fröhlich ziehen sie vorbei am Hotel zur Linde, hinter der alten Inselkirche nach rechts am Schlachter und schließlich links am Supermarkt „Ihler", um dann schnurstracks geradeaus durch die grünen Dünen zu laufen bis am Ende sich ihnen das Internatsgebäude in voller Breite mit Türmchen und dem Schild „Landerziehungsheim der Hermann Lietz-Schule Spiekeroog" offenbart.

Im Sekretariat stellt Rembert zwar mit verzerrtem Lächeln aber auch mit stolz geschwellter Brust seine Schwester dem Heimleiter Haase, der Sekretärin Steffens und der Hausdame Krummreich vor. Die Drei heißen sie herzlich Willkommen. Haase macht noch eine spitze Bemerkung zu Rembert und bittet nun ihn mit Frau Krummreich, seine Schwester zu ihrem neu renovierten Zimmer im Ostflügel des Internats zu führen. Ihr Zimmer liegt am Ende des Mädchengangs, an das sich der Gang der Jungenzimmer anschließt. Er nennt sich „Korea Mansouri". Das letzte Zimmer in diesem Gang teilt sich Rembert mit seinem Freund Hans. Das sind zwei Durchgangszimmer. Ein winzig kleiner Raum dient ihnen als Schlafgemach und das geräumige Zimmer haben sie wunderschön zu einem Wohn- und Arbeitszimmer mit sehr niedrigen Möbeln geschmackvoll umgestaltet. Mit einer Säge haben sie Stuhl- und Tischbeine verkürzt, die Lampen mit indischen Tüchern verhängt und die Wände bis auf anderthalb Metern mit dunkelbraunem Sisal beklebt. Viele Kerzen in allen Formen und Farben geben dem Raum ein gemütliches Licht. Dorothea ist von der enormen Romantik ihres Bruders beeindruckt. Hingegen ist ihr Zimmer mit den in einem strahlenden Weiß frisch gestrichenen Wänden noch etwas kahl. Hans und Rembert haben es extra für sie renoviert. Weil sie den vielen Müll ihrer Renovierungsarbeit nicht gleich entsorgten, gab es Ärger mit Haase, was zu der spitzen Bemerkung bei ihrer Begrüßung führte. Bei Haase's Kontrollgang entdeckte er nämlich den massenhaften Müll in Dorothea's zukünftigem Zimmer und drohte damit, ihn eigenhändig zu entfernen, wenn sie es nicht binnen vierundzwanzig Stunden täten. Er glaubte wohl, dass die Beiden sich schämen würden, wenn die Autoritätsperson, ihr Heimleiter den Müll seiner Zöglinge beseitigt. Dieses Hierarchiedenken ist ihnen aber fremd. Also warteten sie amüsiert ab. Ob sich der Boxer Haase wohl provozieren lässt? Haase ist in seinem ersten Jahr als Heimleiter auf dieser Schule und muss sich noch beweisen. Mit seiner Einführungsrede hat er zumindest bei den alteingesessenen Schülern keinen Blumentopf gewonnen, als er betonte, dass er Boxer gewesen wäre und auf dieser Schule neuen Wind wehen lassen werde. Aufräumen will er an diesem Internat. Wer nicht spurt, würde gnadenlos entlassen. Wer Dorothea's Zimmer gesäubert hat, bleibt ein Geheimnis. Hat Rembert Haase auch so beim Wort genommen wie er es damals mit seiner Mutter machte, als er sich für den Besuch des Patenonkels die Haare abschneiden sollte? Zuzutrauen wäre es ihm. Die erste Nacht entschlummert Dorothea glücklich und zufrieden in himmlische Träume. Himmlisch? Sie befand sich auf hoher See auf einem Zweimastsegler. Zwei Seemänner kämpften mit ihr gegen Wind und Wogen, damit sie den Internatsregeln entsprechend pünktlich auf ihrem Zimmer sein kann. Rembert's Ritsch-Ratsch an ihrer Zimmertür -Lehrer klopfen, Schüler kratzen- riss sie jäh aus ihrem Traum. Ob ihr Traum mal wahr wird, so wie es der Aberglaube für die erste Nacht im neuen Bett prognostiziert? Jetzt nimmt Rembert sie erstmal mit in den Frühstückssaal, wo Haase sie offiziell vorstellt. Alle heißen sie mit einem Klopfzeichen auf den Tischen Willkommen. Nach dem Frühstück ziehen die Schüler erst auf ihre Zimmer und dann zum Unterricht. Warum? Nicht nur, weil sie ihre Lehrutensilien benötigen. Da wird guter Kaffee gekocht. Was dann im Klassenzimmer passiert, kann Dorothea kaum glauben. Ja, es ist schönes Wetter. Die Sonne strahlt grell ins Klassenzimmer. Das wollen sich die Schüler nicht entgehen lassen. Sie sitzen fröhlich plaudernd, jeder mit seiner Muck voll duftendem Kaffee, im geöffneten Fenster. Der Klingelton zum Unterrichtsbeginn ertönt. Der Lehrer betritt den Raum. Nur Eine begibt sich an ihren Platz, stellt sich aufrecht für die Begrüßung hinter ihren Stuhl. So hat es Dorothea auf der Staatsschule machen müssen. Alle anderen bleiben Kaffee schlürfend und quatschend auf den Fensterbänken sitzen. Lässt diese Respektlosigkeit ein Lehrer zu? Was jetzt wohl passiert? Nichts, der Lehrer fragt die Schüler, was sie davon halten, wenn bei diesem herrlichen Wetter der Unterricht im Freien stattfindet. Viel. Alle packen ihren Krempel untern Arm und finden inklusive ihrer Muck schnell ein lauschiges Fleckchen in purer Natur. Dorothea staunt. Wie geil ist das denn! Kann so Unterricht funktionieren? Sie wollen doch alle hier ihr Abitur machen. Das Internat ist staatlich anerkannt. Muss sie sich Sorgen um ihr Abitur machen? Nun, viele Jahrgänge vor ihr haben es hier bereits absolviert. Jetzt ist sie gespannt, welcher Unterrichtsstoff am Ende des zwölften Schuljahres gelehrt wird. Da sie das Schuljahr wiederholt, würde sie den Unterschied von Staats- und Internatsschule gut beurteilen können.

In ihrer Klasse sind Einige, die seinerzeit mit Rembert in Schloss Buchenau waren. So auch Claus, der damals das Fremdwörter-Lexikon auswendig gelernt hatte. Er wirkt immer noch etwas verrückt. Aber seine transzendentalen Gedankengänge faszinieren Dorothea. Seine surrealistischen Bilder sind der Knaller. Bei einem Tee auf seinem Zimmer reißt er sie mit in den Bann der Kunst. Wild gestikulierend, aber ohne Worte, kommuniziert er mit ihr per Pinselstrich, die er seinem noch unfertigen Gemälde auf seiner Staffelei bewusst oder unbewusst drapiert. Seine Bilder erinnern sie an das Gemälde der weichen Uhren, die die zerrinnende Zeit verdeutlichen. Das hatte Salvatore Dali 1931 geschaffen. Von einem kleinen in dunklem Samt betörendem Altar ziehen bizarre Rauchgebilde, verursacht von Räucherstäbchen, die Sinne verklärend durch den Raum. Plötzlich unterbricht eine schulmeisterliche Stimme den Raum. Nein, es ist kein Lehrer gekommen. Es ist Claus, der ihr etwas zu sagen hat: „Dorothea, du solltest dein Ego ablegen. Wenn du den Kräften dienst, dann dienen die Kräfte auch dir."

Und dann ist da Gabi, die ihre Nähe sucht. Als Legasthenikerin hat sie oft schulische Schwierigkeiten, weil sie geistig unterschätzt wird. Bei Dorothea fühlt sie sich wohl. Sie hört ihr zu; nicht nur für einen kurzen Moment aus Höflichkeit. Bei ihr bekommt sie das Gefühl, nicht dumm zu sein. Von ihr bekommt sie echte Unterstützung, wenn es nötig ist.

Überhaupt kommt Dorothea mit allen, Schülern wie Lehrern und sonstigen Bediensteten gut klar. Claus sagte ihr mal: „Mir würde das zu denken geben, wenn ich wie du von allen geliebt würde." Rembert's und ihr Familienvater ist ihr Biologielehrer Major. Er lebt mit seiner Frau und einem Jagdhund auf zwei Zimmern am Ende des Westflügels vom Internat. Besonders beliebt scheint er nicht zu sein. Alle nennen ihn Giftzwerg. Das liegt wohl an seiner kleinen Statur und seinem Rund-um-den-Mund-Bart, der auch Kriegerbart oder Jägerbart nach dem Franzosen Heinrich

IV genannt wird. Sein Kontrollsyndrom ist auch Dorothea nicht entgangen. Dennoch hat sie den Eindruck, dass der schlimmste Internatslehrer besser ist als der beste Staatsschullehrer.

Dorothea hat Post bekommen. Wie schön! Wer könnte ihr denn geschrieben haben? Einen Absender kann sie nicht finden. Ihr großer Bruder will ihr nicht schaden und trotzdem seine politische Gesinnung verbreiten. So schickt Dieter ihr alle zwei Wochen die KVZ -Kommunistische Volkszeitung- des Zentralorgans des KBW -Kommunistischer Bund Westdeutschland-. Seitdem er in Freiburg studiert, ist er Parteimitglied des KBW. Aus Vorsicht vor Repressalien für seine Schwester verpackt er die ganze Zeitung als Schutzmaßnahme vollkommen in eine Banderole. Sie soll entscheiden können, wer die KVZ liest. Ihr Klassenkamerad Sigi ist der Erste, der sie auf diese Zeitung bei ihr anspricht. Er ist begeistert, in ihr eine Gleichgesinnte gefunden zu haben. Dabei fährt er nur mit Dieter den gleichen politischen Kurs. Fortan verbringen sie viel Zeit miteinander. Noch etwas verbindet sie. Beide lieben das Segeln. Die Hermann Lietz-Schule Spiekeroog hat zwei Segelbote, „Albatros" und „Shanty". Jetzt sind sie sich einig. Ihre Herzen schlagen beide für den Jollenkreuzer „Albatros". Manchmal gehen sie zusammen ins Dorf in die „Molly-Bar". Dabei sind Lietzer im Dorf nicht gern gesehen. Sie seien verwöhnte Lausbuben, die bestimmt Drogen auf die Insel einschleppen. Sigi und Dorothea

sind die große Ausnahme. Sie konnten die Dorfbevölkerung davon überzeugen, dass sie sich ernsthaft für die Insel interessieren. Dorothea ist ja auch schon seit Jahren durch ihre Urlaube mit der Familie bekannt.

Eines Tages sitzen sie mit Pauli zusammen am Tresen. Ihm gehört die „Seven Seas". Das ist ein Zweimastsegelboot aus Stahl. Er lädt die Beiden und den Wirt Werner zu einer Segeltour nach Norderney ein. Sonntag soll es früh am Morgen losgehen. Die

Tide sei dann günstig, um am Abend rechtzeitig wieder den Hafen von Spiekeroog anlaufen zu können. So ein Angebot können sie nicht abschlagen. Mehr Ehrung von einem Insulaner geht nicht. Pünktlich werden die Leinen gelöst, die Pfänder hereingenommen. Alle packen mit an. Der Wind steht gut. Die Segel gehisst, geht's zwischen Spiekeroog und Langeoog hinaus auf See. Bei Wind von Nord-West ziehen sie an Langeoog vorbei. An der Accumer Ee da steht die See. Das ist das Seegatt zwischen Langeoog und Baltrum. Sie kommen gut voran. Mittags erreichen sie den Hafen von Norderney. Die Insulaner kennen sich aus. Sie wissen, wo sie am Besten ihre Mägen verwöhnen können. Noch ein, zwei Bierchen seien gegönnt, bevor sie zurück an Bord sich in Richtung Heimathafen aufmachen. Der Wind lässt nach. Regen setzt ein. Flaute. Was tun, um noch an diesem Abend im Hafen Spiekeroog einlaufen zu können? Sigi hat eine Idee. Wenn sie die hohe See verlassen und den Prickenweg zwischen Inseln und Festland nehmen, erhöhen sie die Chance auf eine rechtzeitige Ankunft um ein Vielfaches. Der Weg ist sehr viel kürzer. Ihre Dieselreserve würde wahrscheinlich sogar ausreichen, um unter Motor Spiekeroog zu erreichen. Noch versuchen sie ihr Glück unter Segeln. Erst als die Dämmerung einsetzt werfen sie ihren Motor an. Das Boot stampft sich durch die Wellenberge. Der Wind hat aufgefrischt, kommt aber von vorne. Ein Gegenankreuzen unter Segeln ist kaum möglich. Oh je, nun versagt auch noch die Elektrik an Bord. Nicht nur das; zu der Dunkelheit gesellt sich ein dichter Nebel. Wo ist die nächste Tonne, wo der Prickenweg? Sie verlieren die Orientierung. Wat nu? Da! Sigi sichtet mit seinem Feldstecher eine Tonne. Sie steuern direkt darauf zu. Wieso ist diese Tonne nicht in ihrer Seekarte verzeichnet? Sie tun, was kein Nautiker täte. In ihrer Verzweiflung machen sie an der Tonne fest und warten auf den Sonnenaufgang. Alles andere wäre bei den Untiefen hier noch gefährlicher. Gemeinsam sitzen sie schaukelnd in der Kajüte und hoffen auf ein gutes Ende. Werner's Proviant an Bier hilft ihnen dabei. Nur

Dorothea trinkt nicht mit. Ihr Gottvertrauen und die Müdigkeit machen es möglich, dass sie sich auch in dieser sitzenden Stellung bei geschlossenen Augen und der Musik der klappernden Wanten in einen gerechten Schlaf wiegen lässt. Das wundert ihre Mitsegler. Sie kriegen kein Auge zu. „Die ist unglaublich, hat immer die Ruhe weg," meint Sigi. Schon früh kommt die Helligkeit wieder. Die Wogen glätten sich. Die Segel werden gehisst. Der Wind bläst die „Seven Seas" von Osten in Richtung Spiekeroog. Eine enorme Fröhlichkeit zieht über ihre Gemüter, denn erst jetzt bei Lichte erkennen sie, wie sehr sie ihre Orientierung bei Dunkelheit verloren hatten. Natürlich ist ihre Tonne auf ihrer Seekarte verzeichnet, nur an ganz anderer Stelle wie vermutet. Es ist nochmal gut gegangen.

Noch eine Hürde gilt es zu überwinden. Sigi und Dorothea beschließen auf direktem Wege so schnell wie möglich zu Haase ins Büro zu laufen, um ihr Fehlverhalten zu erläutern und ihn dafür um Entschuldigung zu bitten. Völlig übermüdet und aus der Puste stehen sie demütig vor der Autoritätsperson. Glück gehabt! Haase ist ihnen wohl gesonnen. Er lobt sogar ihren Mut, sich sofort gestellt zu haben. Richtig ausschlafen sollen sie sich jetzt erstmal. Trotzdem müsse eine Strafe sein. Sie dürfen sich aussuchen, was ihnen lieber sei. Heuballen für die Pferde mit Heugabeln auf den Heuboden hieven oder Sandsäcke zum Schutz des Deiches schaufeln. Dorothea entscheidet sich für die Heuballen, Sigi für die Sandsäcke. Aber schlafen wollen sie jetzt nicht. Sie gehen sofort in den Unterricht. Das gebietet ihre Ehre. Haase ist beeindruckt, Dorothea auch, nur aus einem anderen Grund. Tatsächlich war ihr Traum aus der ersten Nacht im Internatsbett wahr geworden.

Oh je, Sigi hat sich verliebt. Wenn es eine andere wäre, würde sie sich für ihn freuen. Aber nein, er wünscht sich mit ihr eine Liebesbeziehung. Klar haben ihre gemeinsamen Gespräche und Erlebnisse eine intensive Verbindung geschaffen. Sie schätzt ihn sehr, aber in ihrem Bauch kann sie keinen einzigen Schmetterling entdecken. Wie kann sie ihm das vermitteln, ohne ihn dabei zu verlieren? Durch verstrickende Erklärungen windet sie sich von Ausrede zu Ausrede, warum es ihr unmöglich sei, seine Liebe zu erwidern. Wirklich überzeugend ist sie dabei nicht. Wie kann ein Liebender glauben, dass der Umstand, dass sie sieben Mädchen und siebzig Jungen auf dem Internat seien, diese Liebesbeziehung unmöglich macht, dass es den anderen Jungen gegenüber ungerecht sei. Nicht jeder hätte überhaupt so eine Chance. Deshalb würde sie gar keine Liebesbeziehung wollen. Und dann sagt sie auch noch zu ihm: „Freunde können wir bleiben." Hätte sie ihm ehrlich mitteilen sollen, dass sie kein Liebesgefühl für ihn empfindet?

Immer häufiger zieht es sie auf die Bude von Winny und seinem Freund. Dort fehlen zwar diese anspruchsvollen Gespräche, aber Spaß haben sie, viel Spaß, obwohl es dort keine Kerzen oder Räucherstäbchen gibt, die oft so eine romantische Atmosphäre entstehen lassen. Darüber rümpfen sie die Nase. Das sei nur etwas für Kiffer. Sie beeindrucken mit einer edel gefüllten Bar mit Chivas Regal, Rémy Martin, extra altem Barbados Rum und diversen guten Weinen. Diese Bar befindet sich gut versteckt hinter einem schweren Samtvorhang. Alkohol ist doch auf dem Internat verboten, zumindest für Schüler. Außerdem haben sie drei elektrische Kochplatten mit allem Zubehör und ein dreireihiges Gewürzregal an der Wand. Das ist nicht versteckt. Es ist kochen auf den Zimmern erlaubt. So wird bei ihnen fürstlich mit Steak-Variationen vom Feinsten diniert. Wie oft hat Winny sie bereits eingeladen und mit leckeren Speisen verwöhnt. Inzwischen bekommt sein Dinner auch Kerzenschein. Es scheint er habe größeres vor. Sein Budenkumpel ist aushäusig. Der Nachtisch bekommt einen Nachtisch ganz anderer Art. Die Platte von George McCrae „Rock your Baby" liegt auf dem Plattenteller. Bei dieser Musik singen sie gemeinsam und laut voller Inbrunst und sich tief in die Augen schauend mit. Ihre Hände berühren hingezogen ihre Herzen. Winny hat es geschafft und rockt sein Baby. Die Liebe ging wohl durch den Magen, oder war es der Alkohol? Von nun an sind die Beiden ein Paar. Doch Dorothea fühlt sich mehr geehrt als verliebt. Ob das alles so richtig ist. Sie hadert mit sich, zumal das Highlight, das ihr im Keller der Lietzmann-Brüder so sehr nahegelegt wurde, ausblieb. Und nicht nur das; wie ein Lauffeuer verbreitet sich die Nachricht über das neue Liebespaar bis hin zu Sigi. Er ist stocksauer, fühlt sich verarscht und will nichts mehr mit ihr zu tun haben. Kein Wort, kein Blick und nicht einmal Dieter's Zeitung können ihn beschwichtigen. Aus und vorbei. Soll das Freundschaft gewesen sein?

Mit Winny und seinen Freunden ist sie weiterhin in gutem Kontakt. Sie freuen sich, weil Carla wieder aufs Internat zurückkommt. Sie prognostizieren ihr eine große Freundschaft zu dieser alten Neuen. Warum sind sie sich da so sicher? Wer ist Carla? Rembert kennt sie bereits aus Buchenau. Als er nach Schloss Hohenwehrda wechselte, ging sie nach Spiekeroog. Bevor er nach Spiekeroog kam, versuchte sie ihr Glück auf der Staatsschule zuhause in Bad Homburg. Sie meinte, dass sechs Jahre auf dem Internat genug seien. Irgendetwas ist schief gelaufen. Sie ist wieder da. Ihr wird sofort bei der Ankunft ebenfalls eine Freundschaft zu Dorothea avisiert. Nur die Beiden verstehen das so gar nicht, als sie sich begegnen. Dorothea ist sogar entsetzt. Was hat Winny nur für ein Bild von ihr? Von ihr, die Natürlichkeit liebt, immer ungeschminkt und ohne Schmuck ist. Sie soll zu dieser aufgetakelten Schabracke mit dunkelrot lackierten Fingernägeln und düster geschminkten Augen mit schwarzem Kajalstift und dicker Wimperntusche passen. (Un-)glaublich. Was trägt sie nur so stolz am Finger?

Der ist doch viel zu klobig, dieser fette Siegelring mit ihrem adeligen Familienwappen? Selbst an einer kräftigen Männerhand wäre er wahrscheinlich noch zu mondän. Adelig ist ihr Outfit sicher nicht. Es kommt eher einem Edel-Zombie gleich. Aber sie haben dieselben Freunde. So dauert es nicht lange bis sie feststellen, dass sich auch ihre Interessen ähneln. Kleider machen eben nicht Leute. Sie werden enge Freundinnen und sind bald unzertrennbar. Wie gut, dass Dorothea bei Haase einen Stein im Brett hat. So erlaubt er ihr, die Steine der Wand in ihrem Zimmer, das zum Nachbarzimmer führt, herauszuhauen. Der hausinterne Handwerker berät sie dabei. Mit diesem Durchbruch haben nun die beiden Freundinnen ein gemeinsames Reich, ähnlich wie Rembert und Hasso es haben. Das Leben kann so schön sein!

Nicht für alle. Haase macht Ernst. Einer nach dem anderen der alteingesessenen Schüler werden mit fadenscheinigen Begründungen von der Schule verwiesen. Die Stimmung im ganzen Internat sinkt in den Keller. Sogar Dorothea hat einen Grund zur Besorgnis; nicht um sich, sondern um ihren Bruder. Den hat Haase jetzt aufs Korn genommen. Warum? Irgendjemand hat ihm einen kleinen Teller menschliche Scheiße vor sein verschlossenes Dienstzimmer gestellt. Er verdächtigt Rembert, ohne es ihm beweisen zu können. Das wäre ja ekelhaft. Soll das ihr Bruder gewesen sein? Sie erinnert sich an seinen Vorfall mit den Ruderern in der Hauptschule, als er noch Schüler auf Schloss Buchenau war und nimmt ihn sich zur Brust. Er verspricht ihr hoch und heilig, dass er mit dieser Aktion nicht im Geringsten etwas zu tun habe. Sie glaubt ihm und legt sich für ihn bei Haase in die Bresche. Ganz kann sie seinen Verdacht nicht ausräumen. Er versichert ihr aber, dass es für Rembert zunächst keine Folgen haben wird, wenn er sich nichts zu Schulden kommen lässt.

So gehen alle beruhigt in die Weihnachtsferien. Gleich nach Weihnachten besucht Dorothea für ein paar Tage ihre Freundin Carla in Bad Homburg. Sie ist überrascht, was Carla für einen großzügigen Vater hat. Er gibt den beiden Mädels keine Uhrzeit mit, wenn sie abends auf die Piste gehen. Dann setzt er sich mit einer Flasche Rotwein in seine Bibliothek und vergnügt sich mit seinen Büchern. Wieviele er davon hat! Alle drei Wände sind von oben bis unten in ganzer Breite mit Büchern ausgefüllt. Ein Auto fährt dieser Jurist nicht. Er hat nur intellektuelle Interessen. Wenn die Mädchen nachts um zwei Uhr nach Hause kommen, stellt er sich in die Küche und brutzelt für sie Bratkartoffeln mit Spiegelei. „Ihr habt doch sicherlich jetzt Hunger." Dann erkundigt er sich, was sie Schönes erlebt haben. Sie erzählen es bereitwillig. Es kräht auch kein Hahn danach, wenn sie bis mittags schlafen, sich dann eine Kanne Tee ans Bett holen und im Bett frühstücken, Zigaretten rauchen, während der Fernseher die Winterspiele überträgt. Carla hat einen eigenen Fernseher. So schön es bei Carla ist, Dorothea ist etwas bedrückt. Seit über einer Woche ist sie mit ihren Tagen überfällig. Carla meint, ein heißes Bad könnte helfen. Das lockere den Unterleib. Es wäre gut bei Menstruationsbeschwerden. Einen Versuch ist es wert. So heiß hat sie noch nie gebadet. Es soll ja auch wirken. Als sie aus der Badewanne steigt, macht es rums. Carla klopft an die Tür: „Was ist los? Ist alles in Ordnung?" Sie ruft schnell zurück: „Ja, ja, ich bin nur gestolpert." In Wahrheit kippte sie ohnmächtig auf die Fliesen. Oh, Schock! Das will sie ihr nicht erzählen. Sie ahnt nichts Gutes. Ihr Herz zieht sie jetzt nach Hause zu Mutti.

Noch auf dem Heimweg kauft sie sich in einer Apotheke einen Schwangerschaftstest. Wie peinlich, danach zu fragen! Noch peinlicher ist ihr, dass der Schwangerschaftstest zuhause ein positives Ergebnis zeigt. Oh je, das gibt Ärger. Wie oft hat Mutti ihr gesagt „komm mir bloß nicht mit einem Balg nach Hause". Nun ist es doch passiert. Ihr, die immer unschuldig in die Ehe gehen wollte. Das Leben kann grausam sein. Überraschung. Mutti reagiert auf diese Hiobsbotschaft überhaupt nicht grausam. Selten ist sie so lieb zu ihr. Sie tröstet sie, dass solche Tests nicht immer zuverlässig seien. So vereinbart sie einen Termin bei einer Gynäkologin. Dorotheas Gedanken kreisen nicht um sich selbst. Sie spürt Erleichterung, weil sie diese Gelassenheit ihrer Mutter nicht für möglich gehalten hat. Die Furcht vor dem Ärger war zu groß. Nun sitzen sie zusammen bei der Gynäkologin. Sie benötigt ihren Urin. Kein Wunder. Sie kann drücken und pressen, kein einziger Tropfen will ihre Blase verlassen. Bei ihr ist nichts mehr im Fluss, alles blockiert. Also muss sie jetzt auch noch das unangenehme Gefühl eines Katheders über sich ergehen lassen. Und dann der endgültige Schock. Sie ist schwanger. Der Schock ist nur bei ihr. Weder Mutti noch Vati geben sich schockiert. Sie erkennt ihre Eltern nicht wieder. Sie haben die Ruhe weg. Fast wünscht sie sich, dass sie mit ihr schimpfen, Tiraden von Fragen über sie ergießen. Aber nichts dergleichen, eher das Gegenteil, was sie mit ihnen erlebt. Ganz behutsam und liebevoll erklären sie ihr, was jetzt zu tun ist. In Arnhem, das liegt in Holland, hundert Kilometer hinter der Grenze, dort gibt es eine Klinik, die den Embryo wegmacht. „Du darfst aber mit Niemandem, wirklich Niemandem darüber reden!" Nur Rembert müsse eingeweiht werden. Das auch nur, weil sie eine Woche lang dafür aus der Schule genommen werden muss, was ihm nicht entgehen wird. Außerdem gilt er bei den Eltern als stickum und verschwiegen. Der Schule wollen sie erzählen, dass ihr eine größere Zahnbehandlung bevorstehe. Sogar der Termin in Arnhem steht bereits fest. Die Eltern haben alles gut durchdacht. So wird der Eingriff im Februar stattfinden. Das ist kurz nach der zehnten Schwangerschaftswoche, vorher ist es medizinisch nicht möglich, und vor Karneval mit dem Vorteil, dass sie dann nicht so viel vom Unterricht verpasst.

Zurück im Internat ist alles wie zuvor. Es scheint als würde sie selbst nicht wissen, dass in ihr neues Leben wächst. Die Eltern haben ja wiedermal eine Lösung, um die sie sich scheinbar nicht zu kümmern braucht. Nur mit Winny will sie so nicht weitermachen. Was tun? Dafür hatten die Eltern, die sie auf grenzenlose Verschwiegenheit trimmten, keine Lösung mitgegeben. Wer der Verursacher war, interessierte sie nicht. Nun muss sie sich selbst etwas einfallen lassen. Oder doch nicht? Sie hat Glück. Die Lösung kommt von Winny. Er beendet die Beziehung, und sie stimmt sofort zu. Das überrascht keinen. Niemand findet, dass die Beiden zusammen passen. Anders sieht es bei Rembert und Ike aus. Die Beiden haben sich kurz bevor Dorothea zu ihrer sogenannten Zahnbehandlung nach Essen fährt ineinander verliebt. Unzertrennlich hocken sie jede freie Minute kuschelnd zusammen. So liebevoll, wie Rembert mit Ike ist, empfangen die Eltern ihre Tochter in Essen.

Am nächsten Morgen fahren alle Drei gemeinsam mit dem Auto zur Klinik nach Arnhem. Mutti nimmt sogar für ihre Tochter zum Kuscheln ein Kissen und eine Decke mit. Langsam wird Dorothea doch noch ein bisschen mulmig zumute. Sie kann auch verschwiegen sein. Dieses Gefühl bleibt ihr Geheimnis. Von dem ambulanten Eingriff hat sie nichts mitbekommen. Erst im Aufwachraum kommt sie allmählich zu sich und entdeckt die dicken Blut getränkten Binden zwischen ihren Beinen. Vor der Heimfahrt hilft ihr eine Krankenschwester, erst die schmutzigen Binden in Frische auszutauschen und dann sie auf wackeligen Beinen den Eltern zu übergeben. Müde und erschöpft mit einem kleinen Zwicken im Unterleib mummelt sie sich auf Vati's Hinterbank ein. Hat sie geschlafen, oder hat tatsächlich keiner auf der Rückfahrt gesprochen? Zuhause zieht sie sich gleich in ihr schon vor der Reise frisch gemachtes Bett zurück. Mutti hat wieder an alles gedacht. Das saubere Bettzeug umgarnt ihre Nase mit reinlichem Duft. Und dann macht sie ihr noch so ein leckeres Schnittchen mit Tatar, damit sie zu Kräften kommt. Mutti sagt immer, die meisten Menschen sterben im Bett. So ist Dorothea bald wieder auf den Beinen. Dennoch bleibt sie brav zuhause. Keiner ihrer Freunde weiß, wo sie gerade ist. So braucht sie auch keine blöden Fragen beantworten.

Am Faschingsdienstag klingelt das Telefon. Mutti ist beim Einkaufen. Außer Dorothea ist keiner zuhause, der den Hörer abnehmen könnte. Will sie das? Die Neugierde überwiegt. Es ist Haase, der sich nach ihrem Befinden erkundigt, ob die Zahnbehandlung gut verlaufen sei. Sie bestätigt. Nun kommt er zum eigentlichen Anliegen seines Anrufs: „Kann ich einen deiner Eltern sprechen?" „Nein, ich bin alleine zuhause." Er überlegt einen Moment. Es ist zu wichtig, was er zu sagen hat: „Was ich dir jetzt sage, musst du unbedingt deinen Eltern mitteilen. Ich wünsche dringend ihren Rückruf." Das klingt nicht gut. Was weiß er? Dieses Mal geht es nicht um sie. Auf seinen Wunsch hin setzt sie sich erstmal auf den Schreibtischsessel ihres Vaters. Er berichtet, dass Rembert und Ike heiraten wollen. Sie kann sich ihr Lachen nicht verkneifen. Deshalb ergänzt er: „Dorothea, das ist kein Karnevalscherz! Dein Bruder und Ike gingen heute morgen nicht in den Unterricht. Sie gingen zum Standesamt. Hand in Hand kamen sie zurück." Was war geschehen? Der eine Standesbeamte ist im Urlaub und der andere die Nacht zuvor gestorben. Dorothea verspricht ihm, alles ihrer Mutter weiterzugeben. Gesagt, getan. Nachdem nun klar ist, dass die Vermählung nicht stattgefunden hat und auch kein Aufgebot gestellt ist, amüsieren sich Mutti und Dorothea. Ein herzhaftes Lachen erschallt. Sie erinnern sich daran, als Rembert mit Betty von einem Englandurlaub mit englischem Geschirr zurückkam. Das sollte für ihre Aussteuer sein. Wie oft er wohl noch Eheschließungsfantasien hegt?

Zurück im Internat empfängt Haase Dorothea fröhlich und gut gelaunt. Inzwischen kann er auch über Rembert's Anekdote lachen. Da ist noch etwas anderes, was ihn so freudig stimmt. Wegen ihrer hervorragenden mathematischen Leistungen könne sie an dem Schüler- und Jugendwettbewerb im Bereich Mathematik teilnehmen. Henry Nannen, der damalige Stern-Chefredakteur hatte 1965 die inzwischen bekannteste Einrichtung Deutschlands „Jugend forscht" ins Leben gerufen. Dorothea ist von diesem Angebot begeistert. Sie fühlt sich wertgeschätzt und liebt das Tüfteln an mathematischen Aufgaben. Wie toll! Diese Schule nimmt Begabungen wahr und fördert sie. Endlich erlebt sie Lehrer, die keinen Neid verspüren, nur weil ihr Vater mehr Geld verdient als sie. Nicht nur das; sie muss nun nicht mehr jeden Abend um zweiundzwanzig Uhr auf ihrem Zimmer sein, wenn der LvD seinen Kontrollgang macht. Nächtelang sitzt sie mit ihrer Mathelehrerin zusammen. Sie grübeln an drei Aufgaben der Differential- und Integralrechnung herum. Erfolgsgekrönt sind sie allerdings bei diesem Wettbewerb nicht.

Mehr Erfolg hat Dorothea mit ihrer Strategie, als sie mit Carla verbotenerweise in den Pfingstferien die Insel nicht verlässt. Pfingsten treffen sich jedes Jahr die ehemaligen Schüler auf dem Zeltplatz. Deshalb hat Haase seinen Schülern ein Inselverbot ausgesprochen. Keiner soll von den „Altbürgern" im Negativen beeinflusst werden. Er will doch die Schule bereinigen und in ein neues Licht führen. Carla kennt aber viele von ihnen noch aus alten Zeiten und will sie ihrer Freundin vorstellen. So bleiben sie heimlich auf der Insel. Den ganzen Tag feiern sie mit Urmel, Eule, Bernhard und Réné. Dabei fließt ordentlich Alkohol. Nur einen Schlafplatz haben sie auf dem Zeltplatz nicht. Also schleichen sie sich bei Dunkelheit ins Schulgebäude. Dorothea ist es zu riskant in ihrem eigenen Bett zu nächtigen. Es könnte ja sein, dass jemand von der Hermann Lietz-Schule sie auf der Insel gesehen hat und sie dem Haase verpetzt. Im Bett von ihrer eventuellen Schwägerin Ike fühlt sie sich sicher. Carla hat diese Bedenken nicht. Sie lässt sich nicht aus ihrem Bett vertreiben. Das war wohl keine gute Idee. Noch fast im Tiefschlaf steht die Krummreich an ihrem Bett. Das hat Folgen. Haase verweist sie von der Schule. Nicht nur über Pfingsten; nein, sie muss das Internat ganz verlassen, so wie die sechs anderen langjährigen Lietzer vor ihr. Sie sind erschüttert. Wie kann Dorothea ihr helfen? Sie stellt sich bei Haase: „Wenn Carla fliegt, muss ich auch fliegen. Ich bin nur nicht erwischt worden, weil ich mich in Ike's Bett versteckt hielt." Haase sieht das ganz anders. Er würde ihre Hilfsbereitschaft schätzen, aber sie solle endlich mal aufhören, andere zu verteidigen. Nichts zu machen. Carla's Glück ist ihr bravouröser Vater, dem es gelungen ist, dass die Hermann Lietz-Schule Schloss Bieberstein sie aufnimmt. Die Freundinnen sind aber sehr traurig, so ungerecht auseinandergerissen zu werden. Doch die Freundschaft bleibt.

Ebenso bleiben die Probleme, denen sich Haase bei der Säuberung seines Internats stellen muss. Rembert stellt ihn vor eine Herausforderung, die sich mit allen Wassern gewaschen hat. Ursächlich dafür ist, die Boshaftigkeit von Haase, mit der er ihn bei der Kapelle vorm Mittagessen vor der gesamten Schüler- und Lehrerschaft samt Küchenpersonal an den Pranger stellt. Er verkündet, dass nach seinen vielen Erfahrungen als Lehrer Rembert den Vogel abgeschossen hätte. Noch nie habe er einen Schüler erlebt, der derartig dumm bei einer Lateinklassenarbeit betrogen habe. Rembert habe sage und schreibe die Übersetzung wortwörtlich aus dem Pons abgeschrieben. Dämlicher ginge es wohl nicht und lässt seinen Blick über alle Anwesenden hämisch kreisen. Wie reagiert Rembert auf diese Bloßstellung? Nicht feige fragt er laut, damit es jeder hören kann, ob er Haase, der Heimleiter der Hermann Lietz-Schule Spiekeroog ihm seine Aussage beweisen könne. Wutschnaubend greift sich Haase diesen Bengel, rennt mit ihm auf sein Dienstzimmer, lässt ihn sofort dieselbe Klassenarbeit nochmal schreiben und schließt ihn in sein Zimmer ein, damit kein weiterer Betrug möglich ist. Was er nicht weiß, Rembert hatte gleich nach der Klassenarbeit die Pons-Übersetzung auswendig gelernt. Er ahnte, dass es zu Problemen kommen könnte. Aber während der Klassenarbeit die Übersetzung geschickt umzuformulieren, erschien ihm zu mühsam. Siegesgewiss kommt Haase auf sein Zimmer zurück. Er glaubt ihn jetzt überführen zu können. Ätsch bätsch! Sein Missetäter übergibt ihn wieder eine fehlerfreie Arbeit. Noch mit der

Arbeit in der Hand sackt er sprachlos und mit aufgerissenen Augen in seinen Chefsessel zurück. Hoffentlich hat der Boxer keinen Herzfehler. Es kommt nämlich noch schlimmer. Erhobenen Hauptes nimmt Rembert unaufgefordert ihm gegenüber Platz, schlägt die Beine übereinander und fragt selbstbewusst: „Wollen Sie wirklich auf diesem pädagogisch reformierten Internat Heimleiter sein? Sie wissen, es ist eine der angesehensten Schulen Deutschlands. Es gibt noch viel zu lernen, für Schüler und Lehrer." Verschwiegen wie Rembert ist, hat er mit Niemandem darüber gesprochen. Von Haase kommt nach diesem Vorfall nicht mehr als „wie können Geschwister so unterschiedlich sein" und das immer wieder.

All diese Internatserlebnisse verändern Dorothea. Sie wird nachdenklicher. War sie früher mit Leichtigkeit und Frohsinn in jegliches Glück fast gedankenlos hineingerannt -fürs Unglück waren die Eltern zuständig- stellt sie sich heute die Sinn-des-Lebens-Frage. Hatte sie früher immer für alle eine offene Tür, so hängt heute oft ein Stoppschild davor. Plötzlich hat sie Spaß am Lesen. Die Bücher von Hermann Hesse verschlingt sie eines nach dem anderen. Sie identifiziert sich mit Siddharta im gleichnamigen Roman. Sie ist auf der Suche. Gedanken über Leben und Tod lassen sie nicht mehr los. Wann beginnt Leben? Ist Abtreibung Mord? Bei all diesen Fragen und ihrem Wunsch nach Leben, nach kreativem und respektvollem Leben, beginnt sie zu schreiben. Beim Schreiben fließt neue Energie in ihr. Sie schreibt und schreibt und schreibt. Es entsteht etwas Neues. Von nun an sollen ihre Eltern nicht mehr diese banalen Briefe bekommen, in denen nicht mehr steht als „Wie geht es Euch? Mir geht es gut....". Sie möchte ihnen mitteilen, was wirklich in ihrer Tochter vorgeht. Deshalb schickt sie ihren Eltern die Geschichte, die sie selbst geschrieben hat. Daraus lässt sich viel über ihre Tochter ablesen. Wie sie wohl reagieren werden? Ein bisschen aufgeregt ist sie schon. Die Antwort ist ganz anders als vermutet. Sie ist erschüttert. Ein einziger Satz ist die Antwort auf ihre ausführliche Geschichte: „Du hast aber schön Schreibmaschine schreiben gelernt." Umgehend schreibt sie zurück: „...Mir ging es nicht um das Schreibmaschine schreiben, was bei diesen vielen Tippfehlern nicht einmal lobenswert ist. Mir geht es um den Inhalt...." Kaum zu glauben, sie fragen nochmal nach: „Hast Du das selbst geschrieben?" Dorothea bestätigt. Mutti ist vom Donner gerührt. Ganz besonders gefällt ihr das eingefügte Märchen über die Ewigkeit. In den nächsten Ferien zuhause findet Dorothea auf ihrem Schreibtisch hundertfünfzig Mark in zwei Scheinen. Was ist das für Geld? Mutti hat ihr Geld doch immer zwischen ihrer Wäsche liegen. Sie wird es wissen, woher das Geld ist und vor allem für wen. Mutti strahlt sie hoch erfreut an: „ Das ist dein Geld. Das hast du dir mit deiner Geschichte verdient. Onkel Emil hat das gemanagt." Es verschlägt ihr die Sprache. Keiner hat sie vorher gefragt. Wieder wird alles über ihren Kopf hinweg angeblich zu ihrem Nutzen geregelt.

Warum bestimmen sie alles für ihre Kinder ohne sie mit ins Boot zu nehmen? Was in ihrem Leben hat sie so werden lassen?

3. Dorotheas Geschichte

-Der Kreislauf-

1

Sie irrt durch schmutzige Gassen, laute Straßen vorbei an grauen, farblosen Häusern. Überall begegnet sie Totem, nichts Lebendigem, keiner Blume, keinem Baum, keinem lebenden Menschen. Jeder Tote, den sie sieht, blickt mit gleichen starren Augen, ausdruckslosem, ja steinernem Gesicht an ihr vorbei, geht wie eine Maschine. Klapp, klapp klingen die Schritte auf dem kalten Pflaster. Klapp, klapp, aufgezogene Puppen, die es heute nicht mehr wissen, es damals nicht mehr wissen wollten, worauf die Füße treten, welche Richtung sie einschlagen. Sie beobachtet, wohin sie verschwinden. Einige dringen in das kalte Gemäuer ein, entweder in ihr Heim oder zu ihrem Arbeitsplatz. Immer wieder, jeden Tag. Was ist Tag? Ein Summand, der dem anderen gleicht. Immer und immer wieder bis das Ende kommt. Macht das den Menschen aus? Eine große Summe, die der Anfang einer neuen Rechnung, einer neuen Aneinanderreihung eintöniger Tage, sich durch Namen unterscheidend und schließlich eines Tages zu einer Abwechslung führend, dem Sterben, doch auf den Rhythmus des Lebens wieder ein Summand ist?
Was für eine Umgebung? Jedes Leben ausgesogen, kalt starr, nicht mehr nur müde, nein, tot! Hatte sie es vorher nie gesehen, bemerkt, wahrgenommen? Wie konnte sie daraus ausbrechen, sich dem entziehen? Nein, sie würde es nicht schaffen. Sie müsste wieder ihre Augen verschließen, blind werden. Empfindet sie alleine so? Sie geht weiter.
Blechkarosserien bewegen sich vorwärts, kreisen um einen Platz und verschwinden in verschiedenen Richtungen. Ein Schild „Kreisverkehr" erklärt diesen Kreislauf. Hier ist es sogar beschildert, das Immerwiederkehren. Können die Menschen denn nicht lesen? Bemerken sie dieses Schild nicht, oder nehmen sie

es einfach so hin? Inmitten dieses Kreises sieht sie einen knorrigen, schwarzen Baum. Er drückt noch einen gewissen Stolz aus. Dabei gibt er sich eigentlich schon geschlagen. Die zubetonierten Wurzeln bekommen keine Luft mehr. Er vegetiert so dahin, ist nur noch als Materie existent, ist im Grunde schon tot. Allein und unverstanden steht er dort.
Nein, niemals wolle sie so aussehen, sich so dem Sterben hingeben! Nie, nie, nie wolle sie nur noch als Körper existent sein, verbraucht, ausgedörrt und ohne jeglichen Willen.
Nein, das weiß sie jetzt. Sie würde leben! Innerer Trotz gegen diesen monotonen Kreislauf der unbewusst tanzenden Puppen steigt in ihr auf.
Ja, sie will leben. Sie hat zwei Augen, mit denen sie Farben sehen kann. Perspektiven, so vieles. Sie hat Ohren, kann Meeresrauschen, Musik und Vogelstimmen lauschen. Mit ihren Händen kann sie ihren Körper, Gras und Bäume fassen. Die Luft des einkehrenden Frühlings, Wasser und Speisen kann sie schmecken. Sterben, dass will sie nicht. Sie will Menschen suchen, die einmal gelebt hatten, mit ihnen fortziehen, um zu leben.

2
Erschöpft fällt sie in ihren Sessel, lehnt sich zurück und schaut zur weißgetünchten, etwas beschmutzten Decke. Vorstellungen ihres zukünftigen Lebens laufen vor ihren Augen ab, bunt und lebendig. Sie reißt sich aus diesem Traum los, zündet sich eine Zigarette an, blickt den blauen Rauchwolken nach, die im Zimmer schweben und sich bald aus ihrem Blickfeld lösen.
Sie überlegt, was sie für ihr Wunschleben benötigt. Es sind nur wenige Dinge. Papier, Stifte und die kleinen Dinge, die sie so sehr liebt, an denen ihre Erinnerungen hängen. Es sind die Souvenire, die ihr einst liebevolle Menschen geschenkt haben, als sie noch lebte. Sie packt alles in einem kleinen Köfferchen zusammen, blickt sich noch einmal in ihrem Zimmer um, in dem sie, wie es jetzt scheint, endlose Zeit verbracht hat. Sie geht zur

Tür und schlägt sie hinter sich zu. Das Krachen der Tür lässt sie ein wenig erschauern. Sie hat den Schritt gewagt, der sie in ein neues Leben führen soll. Es gibt kein zurück mehr. Die Tür ist zu und wird es bleiben. Fröhlich springt sie die Treppenstufen hinunter. Nicht gleichmäßig, sondern mal zwei und mal drei auf einmal, nur schnell vorwärts in dieses aufregende Leben.
Es gilt, die Menschen, die einst gelebt haben, zu finden. Sie ist sich sicher, dass ihr das gelingen wird. Alle sind, obwohl sie ebenso wie die anderen Toten geschminkt sind, doch anders und erkennbar.
Sie geht einfach geradeaus, blickt sich aufmerksam um und spürt nur Leblosigkeit um sich herum. Gerade das zwingt sie, schneller zu gehen, dabei ihre Achtsamkeit nicht zu verlieren. Bald erreicht sie eine Bank. Ein Junge sitzt mit starren, leeren Augen darauf. Seine blonden, wohl schon lange nicht mehr mit einem Kamm geordneten Haare, hängen ihm wirr im Gesicht. Ein capeähnlicher Umhang schützt ihn vor der Kälte, die trotz der bereits vorangeschrittenen Jahreszeit in den frühen Morgenstunden und des Nachts einen noch frieren lassen könne. Eine alte Tasche hat er achtlos neben die Bank auf den Boden geworfen. Sie liegt dort, fremd, als gehöre sie nicht mehr zu ihm, als habe sie noch nie zu ihm gehört.
Sie geht auf ihn zu, schaut ihn an und lächelt leise. Diesen Menschen lohnt es zu wecken. Ruhig setzt sie sich neben ihn. Er beachtet sie nicht, spürt nicht einmal ihre Nähe. Vorsichtig streicht sie mit ihrer Hand über seine Augen, flüstert: „Komm, lass uns leben." Als würde ein Schleier von seinen Augen fallen, drücken sie plötzlich Alterlebtes wieder aus. Sie bekommen einen Glanz, werden wach, lebendig, neugierig. Er blickt sie an, lächelt dankbar, nimmt ihre Hand in seine und spürt ihre wohlige Wärme. Sie unentwegt betrachtend beginnt er leise zu sprechen: „Zum Leben aufbrechen? Es ist so lange her. Ich glaube, ich kann es nicht mehr. Und wo wollen wir leben? Wo gibt es noch leben?"
Sie versteht ihn. Hatte sie nicht vor so kurzer Zeit auch noch so

gedacht? „Ich weiß, wo wir leben können. Es wird uns gelingen. Komm nur mit." Er kann sich all das nicht vorstellen. Trotzdem will er mitgehen. Ein kleiner Hoffnungsschimmer auf etwas Neues, den er schon fast ganz verloren hat, wird in ihm wach. Würde auch alles doch wieder sterben, es ist ihm egal, ob hier oder in der neuen Welt. „Nimm deine Sachen mit, die du zum Leben brauchst", fordert sie ihn auf. Er greift neben sich, hebt seine Tasche auf, die nun wieder zu ihm gehört. Sie enthält einen Block Papier, Pinsel und Farben. Gemeinsam schreiten sie durch die Straßen, fühlen sich nun schon fremd in dieser Umgebung. Doch sie dürfen nicht sofort fliehen. Sie wollen nicht ihre Freunde hier zurücklassen.

„Hör zu", spricht er zu ihr. „Ich bin zu müde, mit dir all die anderen zu suchen. Ich glaube, ich würde sie auch nicht mehr finden. Bis zum Schild am Ende dieser Stadt gehe ich vor und warte dort auf euch."

Sie ist noch nicht lange unterwegs. Da sieht sie schon eine schwarze Gestalt in halb liegender Stellung, soweit es das kalte Gestein zulässt, auf einigen Treppenstufen verweilen. Sie tritt näher an sie heran, erkennt in ihrem fein geschnittenen Gesicht, den dunklen, verbitterten Augen, dass diese Gestalt einer ihrer Freunde sein könnte. Sein schwarzes, enges Tricot lässt die Muskeln, die seinen Körper umspannen, erkennen; einen Körper, der trotz seiner Kraft noch Grazie auszudrücken vermag. Lange muss sie dort gestanden haben. Jetzt erst bemerkt sie, dass der Junge ihr kalt und unentwegt in die Augen blickt. Dieser Blick hindert sie, näher an ihn heranzutreten. Zögernd streckt sie ihm ihre Hand entgegen. Ohne sie zu ergreifen, springt er auf, fragt sie unvermittelt, was sie wolle. „Leben", stößt sie leise hervor. Lange verharren beide, sich unbeweglich gegenüberstehend, betört von diesem Wort, das wie eine Zauberformel klang, und sie in Träume und Erinnerungen versetzt hat. Irgendetwas verbietet ihnen in diesem Augenblick, laut zu sprechen. Nach einer Weile öffnet er vorsichtig seine Lippen und formuliert die traurigen Worte: „Ich bin gestorben. Es war grausam. Um dies nicht wieder zu erleben, muss ich tot bleiben." Leise ganz leise spricht sie: „In der neuen Welt gibt es nicht mehr dieses qualvolle Sterben. Dort gibt es nur noch den erlösenden Tod, der dem guten oder schlechten Leben ein Ende bereitet. Liest du nicht in meinen Augen, dass es noch Leben gibt? Ich weiß es bestimmt. Du musst es nur wollen. Ich weiß, wie du empfindest. Doch schau, erscheine ich dir ängstlich? Ich sah einen Baum. Auch er hatte sich dem Leben entsagt. Leider konnte ich ihn nicht greifen, seine harte Rinde fühlen. Aber deine Wärme, deinen Atem spüre ich noch ganz genau." Sie ergreift einfach seine Hand und zieht ihn mit sich. Sein ganzer Körper wird erfüllt von der Nähe eines lebenden Menschen. Sollte es wahr sein, dass auch er noch existiert? Ja, plötzlich fühlt er das Unglaubliche! Wie hatte er nur aufgeben können? Auch er wird wieder leben. Dankbar drückt er ihre Hand. Sie laufen Beide immer schneller dem Ausgang dieses Steinmeeres entgegen.

3

Ihre Mäntel breiten sie als Nachtlager unter dem Schild aus, wo sie sich alle getroffen haben. Sie sind zu fünft.
Da ist Bodo, der einst gemalt hatte, zu einer Zeit, als er noch Farben und Formen wahrnehmen konnte.
Jessika ist bei ihm, die ihrer Gitarre Töne entlockt, die beim Lauschen dieser Klänge, sich und diese Menschen in wunderschöne Augenblicke versetzt. Augenblicke, in denen sie Mut schöpfen, Freude und Dankbarkeit empfinden. Sie hatte Bodo getroffen und ihn gebeten, sie mitzunehmen. Voller Hoffnung ist sie bereit für ein neues, wirkliches Leben. Nie hatte sie sich selbst ganz aufgegeben. Sie fühlte sich nur allein und unverstanden.
Ihr jüngerer Bruder Mike, der schon viel grausame Verachtung und Spott kennengelernt hat, kommt mit. Er ist seit seiner Geburt stumm. Seiner Schwester folgt er vertrauensvoll. Sie würde ihn gut führen. Hoffnung kennt er nicht. Worauf sollte er hoffen?

Freude oder Glück kam in seinem Leben nicht vor. Keiner schenkte ihm Beachtung. Warum auch, konnte er sich doch mit Sprache nicht bemerkbar machen. Dass ein Stummer auch lebendig ist, wurde nie bemerkt.

Jetzt wird er von Sven in eine Decke gehüllt. Von Sven, der noch vor einigen Stunden auf harten Steinstufen saß, ohne sich dessen recht bewusst gewesen zu sein. Nachdem er Mike, der das alles nicht ganz verstehen kann, liebevoll durch die wirren Locken streicht und ihm eine gute Nacht wünscht, die ihn in schöne Träume von dem zukünftigen Leben versetzen sollen, legt er sich selbst neben Julia nieder.

Er streichelt zärtlich ihre Hände, kuschelt sich an ihre Seite. Er will ihre Nähe spüren, denn er ist ihr so dankbar, ihr, Julia, die ihn wieder zum Leben führen würde.

Sie liegen alle fünf nah beieinander, spüren und hören den Atem der anderen, sind sich bewusst, dass auch sie selbst atmen. Geborgen und voller Hoffnung schlafen sie ein, jeder in Träume seines Lebens, welches nun beginnen sollte, entgleitend.

Die ersten Sonnenstrahlen lassen sie erwachen. Ohne sich noch einmal umzusehen, brechen sie bald auf. Still laufen sie nebeneinander her. Die einzigen Worte, die an diesem Morgen gesprochen werden, stammen von Bodo. Als sie unter dem über die Straße gespannten Schild herschritten, las er die Aufschrift „Herzlich Willkommen in unserer Stadt" vor. Worte, die ihnen reichlich makaber erscheinen. Bodo meint: „Hier wird man am Eingang der Hölle sogar willkommen geheißen!"

Ihre Wanderschaft lässt sie noch viel Elend sehen. Überall sieht es gleich aus, überall die gleichen Menschen, die wie Marionetten an Schnüren gezogen ihre Arbeit verrichten. Einige mit steinernem Lächeln, da es ihre Existenz bedeutet. Andere lassen in ihrem Gesicht die Unzufriedenheit widerspiegeln. Eine Unzufriedenheit, die ihnen zur Gewohnheit geworden ist, die sie als solche gar nicht mehr wahrnehmen. Mitleid empfinden die Fünf nicht, denn Mitleid bedeutet, den anderen als Unterlegenen anzusehen. Das wollen sie nicht. Vielmehr fühlen sie sich von einer gewissen Wehmut befallen. Sie stellen fest, dass sie in diesem Leben hier wie überall, wo sie waren, kein Leben mehr entdecken können.

Es treibt sie immer schneller vorwärts, ihrem Ziel näherkommend, Elend und Leid weit hinter sich lassend, bis sie endlich das Meer erreichen. Überwältigt vom Anblick stehen sie stumm da, als würde jede Bewegung und jedes Wort dieses wunderbare Bild zerstören. Diese unendliche Kraft, die diese Wassermassen ausdrücken, scheint in ihre Körper zu fließen. Unfassbare Gefühle durchströmen sie, als würden ihre Herzen jeden Augenblick vor Freude zerspringen. Das tobende Meer klingt wie wundervolle Musik in ihren Ohren. Sie sind berauscht, glauben plötzlich zu schweben, hoch und höher, sehen die Menschen und Häuser immer kleiner werden, bis es ihnen wie eine Spielzeugwelt vorkommt. Ihre Blicke erhaschen ein Möwe, die seicht über sie hinweggleitet. Dieser Anblick wirkt so befreiend und erlösend, dass sie glauben, sich in einer Schwerelosigkeit zu befinden. Inmitten dieses gewaltigen Wassers, dort wird der Ort sein, wo sich ihre Welt befindet.

Am Ufer sichten sie einen zufrieden dreinblickenden Schiffer. Er wirkt sogar richtig glücklich, so wie er in seiner grauen, alten Decke gehüllt gen Himmel schaut und hin und wieder an seiner Pfeife zieht. Dieser Schiffer strahlt eine Ruhe und Ausgeglichenheit aus, die nur ein Mensch haben kann, der zu leben versteht und das gefunden hat, was ein jeder auf seine Weise sucht. Er ist ganz bei sich und bemerkt die Fünf, die ihn bewundernd beobachten, gar nicht. Mit Freude und Ehrfurcht sehen sie in ihm, das, was sie nun zu finden bereit sind.

„Er wird uns dahinführen, wo wir leben können", sagt Jessika. „Ich gehe hin zu ihm und bitte ihn, uns auf den gewünschten Pfad zu bringen." Er schaut Jessika an, die langsamen Schrittes auf ihn zukommt. Seine verschmitzten Augen lächeln und strahlen eine wohlige Wärme aus, die sie gleich in ihren Bann zieht. Sie setzt sich neben ihn ins Gras, nimmt ihre Gitarre zur Hand und beginnt voller Hingabe zu spielen, so wie sie es schon lange nicht mehr vermochte. All diese Unendlichkeit, die sie umgibt, der weite Himmel und das Meer lassen ihre Gefühle überschäumen und erfüllen ihr Spiel. Am Ende ihrer Gitarrenklänge spricht der Fischer sie an: „Ich habe in deiner Musik Verlangen gehört. Du sprachst mit mir in einer Weise, die nicht jeder verstehen kann. Ich weiß, was du begehrst. Du suchst Leben. Einen Funken davon hast du in diesem Spiel gerade erlebt. Du bist ein Mensch, der dazu fähig ist. Was machst du hier auf dieser Welt? Hier wirst du nie das finden, was du suchst. Komm, ich zeige dir deine Welt, in der zu leben dir gebührt." Jessika wusste, dass dieser Fischer ihr Lied verstehen würde. Sie antwortet: „Ich danke dir. Du hast all das gehört, was ich dir mitzuteilen habe. Ich bin aber nicht alleine. Meine Freunde dort drüben sind bei mir. Wir suchen gemeinsam das Leben. Bitte führe uns dorthin, wo wir es finden können. Nur du, Fischer, kennst den Weg."

Der Fischer winkt ihnen, dass sie in seinem Boot mitkommen mögen. Er bringt sie auf eine einsame Insel, weit weg vom Festland, eine Insel seit jeher unberührt von menschlicher Hand. Er setzt sie dort ab und nimmt mit folgenden Worten Abschied: „Ihr seid junge Menschen, die die Wunder und Schönheiten dieser Insel mit offenen Herzen aufnehmen können. Deshalb habe ich euch hierhergeführt. Werdet ihr der Insel überdrüssig, so verlasst sie wieder. Es ist nicht leicht sein Ziel zu erreichen."
Noch ehe sie ihm einige Worte des Dankes aussprechen können, ist er schon wieder in die Fluten verschwunden, über die sich, wie auch über die gesamte Insel behutsam und seicht ein leichter Nebel legt. Nur noch die Umrisse seines alten Kahnes sind schemenhaft zu erahnen. Die Fünf sehen einander an. Sie sind sich

einig. Kein Wort kann diesen Augenblick beschreiben. Sie ergreifen ihre Hände, fühlen das Blut immer rascher und pulsierender durch ihre Adern fließen. Gemeinsam, wie eine Kette verflochten, dringen sie in das Innere der Insel ein. Vom überschwänglichen Gefühl des Glücks getrieben, reißt Mike sich los. Er wirft sich in den Sand, versucht ihn mit gespreizten Fingern zu ergreifen, festzuhalten. Tränen der Freude laufen über sein Gesicht. Er springt wieder auf, greift aufgeregt nach der Hand seiner Schwester, drückt und drückt sie immer fester. Seine Empfindungen will er mit ihr teilen, in sie hineinfließen lassen. Mike hat damit das ausgedrückt, was sie alle empfinden. Worte hätten es nicht besser beschreiben können. Der stumme Junge spricht eine Sprache, die an Ausdruckskraft und Form, keinen Laut und keinen Vokal überbietet. Plötzlich
wird er von allen verstanden.
Bis zum anderen Ende der Insel sind sie gewandert bis die Dämmerung einzieht. Noch sind sie nicht in der Lage all das Schöne, was die Insel bietet, richtig aufzunehmen. Morgen ist ein neuer Tag. Jetzt wird das Nachtlager aufgeschlagen. Wohin sie wohl ihre Träume entführen, diese erste Nacht in diesem Paradies?

4
Früh erwachen sie, die Augen verträumt auf den klaren, blauen Himmel gerichtet, der sich wie ein Zelt im leichten Bogen über das Meer wölbt. Bald erinnern sie sich, auf einer wunderbaren Insel zu sein, dem so schönen vom Leben bereicherten Ort, der ihnen bis zum gestrigen Tag verborgen geblieben war. Ihre Speisekarte richtet sich nun nach dem, was die Insel an Früchten, Beeren und Gräsern zu bieten hat. Ihr erstes Essen besteht aus süßen Früchten, deren herrlich intensiven Geschmack sie niemals zuvor kennengelernt haben. Ein purer Genuss! Anschließend sind sie sich einig, dass jeder getrennt von den anderen die Insel erkundet. Sie machen sich in verschiedene Richtungen auf.

Mike hat das Privileg, sich einen geeigneten Platz zum Bau einer Hütte am nächsten Tag zu suchen.
Bodo steigt eine hohe Düne empor. Er genießt es, wie seine bloßen Füße bei jedem Schritt im Sand versinken und genau dieser Sand ihm einen gewissen Halt bietet. Oben angekommen, lässt er sich nieder, schließt für eine Weile seine Augen, um sich, seinen Geist, seine Seele und seinen ganzen Körper auf das vorzubereiten, was der neue Anblick nach dem Öffnen seiner Augen bietet. Er ist überwältigt. Seine Augen schweifen über gleichmäßige Dünenketten, auf denen verschiedenartige Gräser in hellen Tönen, vom Wind umspielt, graziös tanzen. Es ist ein Bild zarter im Einklang stehender Farben, hinter dem sich das tiefe Blau des Meeres abhebt. Sehnlichst wünscht er sich jetzt seinen Zeichenblock und Farben herbei, um dieses ergreifende Bild festzuhalten. Noch nie hat er eine solche Harmonie verschiedenartiger Naturen wahrgenommen. Es gehört auch die güldene Sonne dazu, die sich im Meer widerspiegelt. Ist er überhaupt fähig, so etwas festzuhalten? Nein, das steht in keiner menschlichen Kraft. Er könnte aber versuchen, seine Gefühle, die er bei diesem Anblick hat, auf's Papier zu bringen, sie mit Farben zu untermalen. Das wird er irgendwann machen. Morgen, übermorgen oder später. Er hat ja alle Zeit der Welt. Für ihn gibt es kein Ticken der Uhren mehr, kein erbarmungsloses Tick und Tack, von dem er sich immer wieder hat hetzen und treiben lassen. Das ist vorbei. Er gönnt seinen Augen lange den Genuss und weidet sich an diesem Anblick. Dann streift er durch die Dünen, schaut über Wasser, Sonne, Gras und stellt fest, dass die Natur immer neue und andere Bilder für ihn bereithält, die ihn in immer neue Verzückungen geraten lassen.
Sven ist in einen kleinen Wald gelangt, der fast ausschließlich aus schlanken hohen Bäumen besteht, die sich erst in hohen Wipfeln zu einer Krone verzweigen. Zwischen den Bäumen befinden sich kleine buschartige, eher als Sträucher zu bezeichnende Pflanzen. Vereinzelt sieht er auch hohe Gräser am Fuße

der Bäume. Wie sie sacht hin- und herwiegen, wirken sie schon wegen ihrer grazilen Länge eher elegant als verspielt. Sven ist verzückt von den rhythmischen Bewegungen, die der Wind hervorruft. Das Rauschen der Baumwipfel wie auch das Rauschen des Meeres lässt er in seinem Ohr erklingen, begibt sich in die Musik und Bewegung hinein und beginnt im Einklang der Natur zu tanzen. Er lässt seine Muskeln spannen, windet und biegt seinen Körper, gibt sich hin und behält dennoch seine Glieder in seiner Beherrschung. Geschmeidig macht er die graziösesten Sprünge. Um ihn dreht und kreist es sich. Er vergisst alles, gerät in eine Trance. So gibt er sich voll und ganz dem Tanze hin.
Aus einiger Entfernung beobachtet Julia ihn. Sie kann es kaum fassen, dass ein Mensch, so zu tanzen in der Lage ist. Es ist ihr fast nicht möglich zu unterscheiden, ist es ein Mensch oder ein aus dieser Natur gewachsenes Wesen, das so faszinierend tanzt. Sie weiß auch nicht mehr, wie lange sie diesem Tanz zugeschaut hat. Plötzlich sieht sie ihn zu Boden sinken. Er liegt wie tot da, wie ein Blume, deren Stiel gebrochen ist. Sie kniet sich zu ihm, beobachtet sein verkrampftes Gesicht, das sich nun langsam entspannt. Erst jetzt erkennt sie seine Schönheit. Vorher hatte sie nur Augen für seinen betörenden Körper. Plötzlich schlägt er seine Augen auf, blickt tief in die ihren, so wie damals, als sie ihn auf den kalten Stufen in dieser grauen Stadt entdeckte. Seine Augen haben nicht mehr diesen verbitterten Ausdruck. Glücklich sehen sie aus, wenn auch erschöpft. „Ja", sagt er, „du hast recht.
Ich habe es geschafft. Mein Körper war beim Tanze voll von Leben und ist es auch jetzt noch, nur ein wenig ermattet." Mit verträumtem Blick, als würde sie ihm immer noch andächtig dem Tanze folgen flüstert sie ihm zu: „Es war wunderschön, dir zuzusehen, wie das Leben in dir pulsiert und immer mehr erblühte. Zum Schluss erschienst du mir wie eine volle, prächtige Blume, die sich ohne ihren Stolz zu verlieren, dem Wind hingab." „Auch du", antwortet er, „kamst mir vor wie eine Blume,

wie eine Rose, stolz und voller Willenskraft. Mit jedem deiner Worte wuchs und wuchs sie bis sie ihre ganze Pracht entfaltete. Sie hat mich hier hergeführt. Ich halte sie in meiner Hand und lass sie nicht mehr los." Dankbarkeit umhüllt sein Gesicht. Seine Augen fallen wieder zu und er sinkt in einen tiefen Schlaf. Jessika empfängt auf eine andere Art den Zauber dieser Welt. Sie läuft am Strand entlang, so schnell sie nur kann, lässt das Wasser unter ihren Füßen aufspritzen und schmeckt die salzigen Tropfen in ihrem Munde. Vor sich sieht sie die endlose Weite, die sie, so schnell sie auch rennt, nicht einzufangen vermag. Als ihre Kräfte nachlassen, schlägt sie eine neue Richtung ein, die führt sie zum höhergelegenem trockenen Sand. Prustend und lachend, soweit es ihr rasender Atem zulässt, fällt sie überglücklich in den Sand. Schnell hat sie sich erholt und sitzt still da. Sie beobachtet die am Ufer auslaufenden Wellen, die unermüdlich sind, immer und unbeirrbar wiederkehren. Heute scheint es ihr, als flüstern die Wellen ihr ein unaufhörliches Lied zu. Sie lauscht aufmerksam und ist entzückt über die Mannigfaltigkeit dieser Melodien, die das Meer preisgibt. Hatte es nicht gestern dumpf und grollend geklungen, dass einen erschauern ließ? Heute klingt es lieblich und leise. Sie kann kaum glauben, dass es auch mit ungeheurer Kraft aufzubrausen fähig sein kann. Diese Vielfalt an Klängen und Liedern, die die Natur bietet, würde sie wohl nie ihrer Gitarre entlocken können. Doch sie nimmt sich fest vor, noch oft hier an dem Strand gemeinsam mit dem Meer zu musizieren. Dann würde sie versuchen, mit ihrer Gitarre die Stimmung der jeweiligen Augenblicke zu erfassen und auszudrücken. Das müsste doch möglich sein. Auch die stärksten Meeresfluten sind einem gleichmäßigen Rhythmus unterworfen. Sie erinnert sich an ein Gedicht, das Julia ihr geschenkt hatte:

Das Meer gehorcht der Macht des Mondes,
Der ewig Flut und Ebbe lenkt.
Es wirkt wie ein von fern Bedrohtes,

Und auch der Mensch wird unsichtbar gelenkt!

Erst jetzt versteht sie diese Worte. Es tut ihr gut, sie laut zu sprechen. Da denkt sie an Mike, der niemals erfahren würde, wie schön es ist, wohlklingende Verse zu sprechen. Er würde nie das erleichternde Gefühl kennenlernen, die ausgesprochene Worte uns geben können. Sie steht auf, um ihn zu suchen. Diese Nacht schlafen sie noch unter freiem Himmel. Wegen der einkehrenden Kälte machte sich Sven daran, ein Feuer zu entfachen. Sie hüllen sich in wärmende Decken und Mäntel, setzen sich im Kreis um das Feuer herum, hängen ihren Gedanken nach, sind alle etwas erschöpft, aber auch glücklich und erfüllt von den Ereignissen des Tages. Jessika spielt leise auf ihrer Gitarre und erzählt die Geschichte, die das Meer ihr heute zum Besten gegeben hat. Bodos Augen sind von den Sternen angezogen. Ob es dort auch Wesen gibt, die so glücklich sein können wie sie es gerade sind? Ob sie wohl ewig leuchten? Vielleicht gibt es schon viele von ihnen nicht mehr, sind nur noch für das menschliche Auge sichtbar, trügen mit ihrem Schein?
Bei diesem Gedanken fällt ihm ein Märchen über die Ewigkeit ein. Er wartet bis Jessika ihr Lied beendet hat und erzählt sein Märchen:
„Es war einmal ein Jüngling, der zog in die Welt, um Antwort auf die Frage zu finden, was die Ewigkeit sei. Zunächst begegnete er einem Geistlichen, den er mit seiner Frage ansprach. „Ewigkeit", sprach der Geistliche, „wirst du erst nach dem Tode kennenlernen. Dann nämlich, wenn deine Seele ewig weiterleben wird." Freundlich bedankte sich der Knabe und zog weiter seines Weges. Er dachte lange über diese Antwort nach. Doch war er damit nicht zufrieden. Er wollte jetzt, wo er noch lebte, wissen, was die Ewigkeit ist. Bis nach dem Tode zu warten, nein, das lag ihm fern.
Als nächstes traf er einen Mann, der unbekümmert des Weges kam. Der Jüngling fragte ihn sogleich: „Sprich, Herr, was ist die

Ewigkeit? Das Weiterleben der Seele?" „Oh, nein", lachte der Mann auf. „Ewigkeit gibt es nicht nach dem Tode. Man lebt und stirbt, und nichts lebt weiter. Ewig ist der Rhythmus des Lebens, das Geborenwerden und das Sterben, und das immer, immer wieder." „Danke, Herr", sprach der Junge und marschierte weiter. Er wollte den alten Wassermann aufsuchen, der tief unten auf des Meeres Grundes sein Schloss hat und sehr, sehr weise sein sollte. Die Antwort, die ihm eben zu Ohren gekommen war, konnte ihn auch nicht zufriedenstellen. Er brachte einen langen Weg hinter sich, bis sich endlich das Meer vor ihm auftat. Er war wie betäubt von dem Anblick. Er dachte an das Schloss und wie er den Wassermann wohl sprechen könnte. So spazierte er am Ufer im seichten Wasser entlang, ließ seine Füße von den auslaufenden Wellen umspielen. Plötzlich sah er einen Krebs, der in seiner Farbe vom Sand kaum zu unterscheiden war und rasch in Richtung Wasser eilte. „Halt", rief er, „so warte doch. Ich habe dir etwas zu sagen." Der Krebs schaufelte sich ein Stück in den Sand und blickte aus dieser ihm sicher erscheinenden Höhle den Jungen fragend an. „Du Krebs, kannst du mir einen Dienst erweisen? Du kennst doch sicherlich den weisen König, der drunten auf dem Meeresgrund lebt. Bestelle ihm, ein Jüngling möchte ihn sprechen, er hätte eine Frage, die kein Mensch auf der Erde zu beantworten weiß, und er hätte gehört, dass er, der Wasserkönig, sehr weise sei. So sähe er, ihn zu fragen als letzte Hoffnung auf Antwort an!" „Du scheinst ein höflicher und guter Mensch zu sein. Im Allgemeinen hasse ich Menschen. Sie haben so große, zerstörende Füße. Doch trotzdem will ich mich aufmachen, den König zu suchen." Damit verschwand der Krebs. Nicht lange hatte der Jüngling warten müssen. Da sah er eine große Welle auf sich zukommen, die sich nicht weit vor ihm auftat. In ihr erschien der König. Er saß in einer Sänfte, die von vielen langarmigen Tintenfischen getragen wurde und leicht hin- und herschwankte. „Bist du der Knabe, der mich durch den

Krebs hat rufen lassen? So sprich, was liegt dir auf dem Herzen?" "Oh, Herr, ich danke dir, dass du dich aus den tiefen Fluten zu mir emporgehoben hast. Höre nun meine Frage. Weißt du mir zu erklären, was die Ewigkeit ist, und wo ich sie finde?" "Mein Junge, ewig ist das Meer und ewig ist der Wechsel der Gezeiten. Ich weiß es, denn ich lebe schon unendlich viele Jahre im Meer und werde noch unendlich viele Jahre dort leben. Mein ganzes Sein ist ewig. Ewig, hier unten im Meer, im Wasser. Doch nicht nur das, alle Elemente sind ewig. Wenn du die Ewigkeit finden willst, so lausche jetzt meinen Worten und handele danach. Entfache ein Feuer, denke nicht mehr an die Ewigkeit, stell dir eine endlose Leere vor und blicke in die Flammen." Wieder öffneten sich die Fluten und der König des Wassers war so schnell verschwunden wie er gekommen war.
Der Junge war noch immer ganz erstarrt von der Erscheinung und den Worten des Königs, die ihn sehr beeindruckt hatten. Bald entschloss er sich, den Worten des Königs zu folgen. An einer windgeschützten Stelle, nicht weit vom Meer entfernt, bereitete er einen Holzstoß vor und begann ein Feuer zu entzünden. Als es hell loderte, setzte er sich nieder, dachte noch einmal darüber nach, wie wenig doch ein Mensch weiß und schaut in die Flammen. Bald nahm ihn der Bann des Feuers gefangen, von dem er sich nicht mehr befreien konnte."
Sven hat zum Schluss leise und traurig gesprochen, so dass seine letzten Worte in tiefes Schweigen hinübergiltten. Julia unterbricht es als Erste und spricht in die schwarze Nacht:

„Wie hoch schätzt du dein Wissen,
wie hoch dein Denken ein?
Die Antwort wirst du selbst nich wissen
und wenn, es wäre doch nur Schein."

Dann fügt sie hinzu: „Ja, so unendlich viele Fragen werden uns Menschen offen bleiben. Fragen, deren Antwort zu finden, uns

nie gelingen wird. Wieviele nachdenkliche Menschen haben diese endlosen Fragen schon zur Verzweiflung gebracht und in den Tod getrieben. Wie schön muss es sein, wie eine Möwe durch die Lüfte zu segeln, unbelastet von dem Drang nach Antwort und Lösung, sich einfach dem Augenblick des Lebens hingebend. Die Menschen hingegen suchen sich Fantasiegestalten, höhere Wesen, die ihnen Antwort geben sollen und ihnen Halt bieten. Aber wo sind sie?"
Dann richtet Julia ihren verklärten Blick in das Feuer, deren Flammen in ihren Augen spiegelnd tanzen. „Wie recht du hast", erwidert Bodo. „Aber der Glaube ist nicht für jeden Menschen eine Hilfe. Obwohl, ist die Eingebung, die Kunst, die wir alle auf verschiedene Weise betreiben, nicht auch ein Glaube? Was wären wir ohne unsere Lyrik, ohne unsere Musik, ohne unsere Bilder und ohne die vielen anderen uns so erfüllenden Dinge? Wir lieben unsere Werke, unabhängig davon, ob andere sie verstehen oder nicht. Für uns ist es Kunst. Wenn wir sie nicht mehr betreiben, würden wir uns selbst aufgeben, nicht mehr an uns glauben und einfach zugrundegehen."
Auf einmal äußert sich Jessika, zu welchen tiefen Gedanken sie das schöne, wenn auch traurige Märchen,

geführt hat. „Es ist wundervoll euren Worten zu lauschen. Doch wollen wir uns jetzt jeder mit seinen eigenen Gedanken erfüllt, in den Schlaf entführen lassen? Morgen ist ein neuer schöner Tag." Sagt es und legt sich neben Mike, der bereits eingeschlummert ist. Es dauert nicht lange und die Fünf vereinen gleichmäßige Atemzüge.

5
Inzwischen ist über ein Jahr vergangen. Sie hatten sich eine stabile Hütte gebaut, die sie vor den vielen Gefahren, die die Natur mit sich bringt, schützt. Mike, der wie kein anderer zu fischen

versteht und auch geschickt mit der Schleuder umzugehen weiß, sorgt für die Nahrung. Er hat hier das Leben kennengelernt, das ihn ausfüllt. Es ist die Natur, die ihn glücklich macht. Unersättlich kann er sich über alles Neue, was sich ihm bietet, erfreuen. Er hat sich mit Bodo eine kleine Werkstatt errichtet. Dort stehen eine große Anzahl seiner aus Holz geschnitzten Figuren. Es ist unbeschreiblich, wieviel Leben er in ein Stück Holz zu bringen versteht. Beeindruckend, mit welchem Können er Linien und Formen in dieses Holz schnitzt, und er daraus tote Figuren zum Leben erweckt. Was für eine Ausdruckskraft er hier beweist! Sie berühren auf eine ganz andere Art als die Bilder, die Bodo in dieser Zeit gemalt hat. Die Bilder drücken nicht, wie die kleinen Holzfiguren, etwas bestimmtes, beispielsweise eine deutlich erkennbare Gemütsbewegung, aus. Sie sind abstrakter gehalten, lassen einen nachdenken, verführen nach längerem Betrachten zu einem Abgleiten in eine andere Welt. Man entdeckt immer wieder Neues. Faszinierend ist Beides, die Bilder wie auch die Holzfiguren.

Jeder der Fünf versteht des anderen Werk. Oft haben sie alle unbewusst dasselbe Thema gewählt und es jeder nach seiner Art gestaltet. Jeder hat sich in seiner Kunst verwirklicht, lässt sich nicht mehr von äußeren Einflüssen beirren, die sie einstmals haben ersterben lassen. Jessika musiziert, Sven tanzt, Bodo malt, Julia schreibt und Mike fertigt Skulpturen an. Zum ersten Mal kommt ein Gefühl und Bewusstsein dafür auf, dass die Insel und das Leben auf ihr, ihnen nichts Neues mehr bietet. Ihr Leben dort ist zu einer Gewohnheit geworden. Es ist zwar eine Gewohnheit, die niemals in eine Unzufriedenheit gelangen würde, aber vielleicht zu einer gewissen Übersättigung führen könnte. Sven und Julia sind die Ersten, die den Gedanken haben, die Insel zu verlassen. Schon so oft haben sie den gleichen Gedanken gehegt, der keiner Worte bedarf. Was ist das für eine Verbindung, die

die Beiden haben? Tags zuvor, die Dämmerung begann, und Julia schenkte ihm auf einen Strandspaziergang folgendes Gedicht:

Des abends, wenn ich steh am Strand
Und blick aufs Meer,
Dann, wie geführt von unsichtbarer Hand
Gleiten Gedanken hin zu dir.
Und ewig wie der Wechsel der Gezeiten,
Werden Gedanken zu dir geleiten.
Ich kann der Macht mich nicht erwehren,
Für dich zu fühlen, dich zu begehren.

Sven hat ihr hingegeben gelauscht, nahm ihren Kopf in seine zärtlichen Hände, zog sie an sich bis ihre Körper einander umschlungen. Alles, was sie vorher noch glaubten einander sagen zu müssen, verlor sich in einem langen ersehnten Kuss. Nach einer Weile setzen sie ihren Spaziergang fort. Dann fragt Sven: „Julia, meinst du nicht auch, dass wir es noch einmal versuchen sollten, auf dem Festland zu leben? Hier haben wir doch das Leben mit all seiner Schönheit wiedergefunden. Wir haben es neu kennengelernt. So erfüllt von Leben und Liebe wird uns sicherlich nichts mehr auf der Welt zerstören können." „Ja, Sven, ich bin auch davon überzeugt. Es ist besser für uns zurückzukehren. Die wunderschöne Zeit, die wir hier erlebt haben, wird nicht immer so bleiben. Die Insel hat uns das schönste Geschenk gemacht, das ich mir vorstellen kann. Sie hat uns beide zusammengeführt. Mehr kann sie nicht geben." Diese Nacht kehren sie nicht zu den anderen zurück. Sie verbringen sie allein mit sich, umgeben von den Gräsern der Dünen. Als die anderen am Morgen von ihrem Plan erfahren, sind sie erschüttert, obwohl sie es bereits geahnt haben. Ohne ihre Trauer zu zeigen, die vor allem Sven und Julias Herzen beschatten, beginnen sie in gemeinsamer Arbeit ein kleines Boot aus starkem, festen Holz zu bauen.

Viele Tage nimmt diese Arbeit in Anspruch, in denen sich die gedrückte Stimmung nun doch nicht mehr verbergen lässt. Sie wissen alle, dass ein Lebensabschnitt beendet ist, eine Zeit, die niemals wiederkehren, aber stets in Erinnerung bleiben wird.
Julia sitzt schon im Boot und starrt konzentriert auf das Meer, als hätte sie Angst, noch einmal auf die geliebte Insel zurückzuschauen. Sie wartet sehnsüchtig auf Sven,
wünscht von ihm in die Arme genommen zu werden, um sich an seiner Energie zu laben und ihrem Körper die nötige Geborgenheit zu geben. Endlich steigt auch er ins Boot. Mit dem Ruder stoßen sie ab und lassen das Boot in die seichten Fluten gleiten. Ein Bild, eine holzgeschnitzte Figur und das letzte in ihrem Ohr klingende Lied von Jessika ist alles, was sie von der Insel mitnehmen. Die drei Zurückgebliebenen schauen noch lange dem immer kleiner werdenden Boot nach und begeben sich erst auf den Rückweg, als es schon lange ihren Blicken entschwunden ist.
Nach wenigen Schritten dreht Jessika sich nochmal um, späht über das Meer und singt mit ihrer Klampfe ein Lied:
„Eine Silhouette,
Gezeichnet wie von Künstlerhand, Hinter der ersten Dünenkette,
Das Meer so weit und nirgends Land.
Oh, wie ergreifend dieses Bild.
Der Sinne dürsten wird gestillt.
Für Augenblicke steht man starr,
Und nimmt dies wie ein Wunder wahr.
Ruhig und unantastbar, wie es scheint,
Zwei krasse Farbkontraste, klar und doch vereint.
Doch denkt man nun an die Unendlichkeit,
die Ferne schrill nach einer Antwort schreit.
Dem Mensch gleich wie ein Boot in diesen Fluten,
Lebt in der ewigen Zeit nur für Minuten.
Er treibt. Der Wind schreibt es ihm vor,
Ein Suchen durch ein weit erhofftes Tor.

Dahinter glaubt er Schöneres zu finden.
Die alte Welt, meint er, nun würde schwinden.
Doch, ob der Weg des Suchens so einfach überflutet,
Und ob er findet, und ob das Herz nicht ewig blutet?

Bodo nimmt Jessika behutsam in die Arme und führt sie zu ihrer Hütte. Mike, der schon vorangegangen ist, hat bereits ein Feuer entfacht und erwartet sie am Eingang. Sie setzen sich in Bodos Zimmer, trinken heißen Tee und können doch den Augenblick nicht recht genießen. Es ist so leer um sie herum. „So ist es oft im Leben", sagt schließlich Bodo. „Menschen, mit denen du endlich viel erlebt und geteilt hast, die du kennen und lieben gelernt hast, gehen plötzlich ihre eigenen Wege und ziehen fort. Vielleicht ist es gut so."

6
Jessikas Lieder klingen nicht mehr so froh und voller Lebensmut. Sie sind zwar melodisch und schön, tragen aber im Inneren leise, traurige Klagen. Jessika und Bodo sind sich einig. Sie fühlen, dass auch sie nicht mehr in dieser Abgeschiedenheit, so schön sie auch ist, leben können. Jessika spricht es aus: „Weißt du was? Wir sollten durch die Welt ziehen und mit unseren Bildern und Liedern die Menschen erfreuen; Menschen, die sie verstehen. Wahrscheinlich wird es darunter nicht viele geben, aber es ist ein Versuch wert." Bodo teilt diese Meinung: „Auch andere sollen an der Schönheit des Lebens teilhaben. Es ist nicht wichtig, ob sie unsere Werke so wie wir sehen und empfinden. Jeder Mensch hat seine eigene Art der Freude. Die Freude teilen ist die Basis für eine friedliche Welt!"
Einige Wochen später erscheint der alte Fischer, um zu sehen, wie es den Fünf ergangen sei. Sie bitten ihn, sie wieder zum Festland mitzunehmen und berichten, dass Sven und Julia auf der Insel ihre Liebe entdeckt und bereits zurückgekehrt seien. Der Fischer willigt ein, schaut sie an und spricht: „Wie ich in

euren Gesichtern lese, hat der Zauber der Insel euch wieder zu leben gelehrt. Ich wusste es. Doch weiß ich auch, wie schwer es euch fällt, diese Insel wieder zu verlassen. Sie hat euch in ihren Bann gezogen. Ihr liebt sie sehr, nicht wahr? Eines Tages wäre jedoch zwischen ihrer urwüchsigen Schönheit und eurer Kunst ein Wettstreit entstanden, dem ihr unterlägen wäret. Die Zeit ist gekommen. Ihr habt genug von ihren Kräften gezehrt. So nehmt eure Sachen und steigt in mein Boot."

Auf halben Weg ergreift Mike das Ruder, da die Kräfte des Fischers nachließen. Er lenkt das Boot durch die Buchten und Klippen herum ohne jegliche Furcht. Das Meer und seine Umgebung ist seine Heimat geworden. Er weiß, dass es ihn mit seiner unsagbaren Kraft vernichten, fortreißen und auf den Grund ziehen könnte. Trotzdem sieht jeder, wie er es liebt. Es ist die Ehrfurcht, die er ihm gegenüber empfindet. Furcht hat er nicht. Das Meer ist erbarmungslos und unberechenbar. Da kommt ihm seine Geduld zugute. Stunden-, tagelang hat Mike das Meer beobachtet und ihm zugehört. So hat er viel vom Meer gelernt und wird noch viel davon lernen.

Am Ufer des Festlands angelangt, binden sie das Boot fest, reichen dem Fischer mit einem Dankeschön kleine Geschenke und verabschieden sich. „Komm Mike", ruft Jessika. Er aber schüttelt freundlich und bestimmt seinen Kopf und hält mit beiden Händen die große, knorrige Hand des Fischers, als suche er bei ihm Schutz. „Nein", erwidert der Fischer. „Der Junge bleibt bei mir. Er würde nie von den anderen Menschen verstanden werden und nicht nur das. Der Bann des Meeres hat ihn gefangen genommen. Nirgendwo auf der Welt könnte er glücklicher werden als hier. Lasst ihn hier leben."

Jessika wird es schwer ums Herz bei dem Gedanken, ihren Bruder verlassen zu müssen. Doch sie hatte auch bemerkt, wie ihr Bruder das Boot lenkte, wie er das Ruder in die Wellen stieß, kraftvoll und doch vorsichtig, als wolle er es nicht verletzen. Er gibt ihr zum Abschied die erste Holzfigur, die er so liebevoll mit Herzblut geschnitzt hatte. Sie ist gerührt. Keiner Worte mehr fähig, wendet sie sich ab und zieht mit Bodo von dannen in die neue alte Welt.

Als der Fischer mit Mike allein zurückbleibt, sagt er: „Mein Junge, ich fürchte, dass deine Schwester und euer Freund nicht das erreichen werden, was sie erhoffen. Es gibt auf der Welt sehr viele Künstler, wenige werden bekannt, viele bleiben still im Verborgenen. Diejenigen, die ihr Inneres in ihren Werken zum Leuchten bringen, es Form und Gestalt annehmen lassen, wollen nicht ihr eigenes Ich der Öffentlichkeit preisgeben. Die anderen, die ihre Kunst als Broterwerb betreiben, sind gezwungen unaufhörlich und immer wieder etwas herzustellen, was die Menschen sehen und haben wollen. Ist das dann noch Kunst?" Mike nickt bestätigend. Antworten kann er nicht. Der Fischer fährt fort: „Ich traf die anderen Beiden, die die Insel vorher verlassen hatten. Ihnen wird alles gelingen. Sie besitzen die größte Kostbarkeit, die es gibt. Ihnen ist das Glück der Liebe widerfahren. Wir wollen ihnen wünschen, dass die Kraft des Meeres anhält und sie nicht eines Tages als gebrochene Welle am Strand des Lebens auflaufen." Mike hat andächtig den Worten des alten Mannes gelauscht. Ihm ist klar, dass er von ihm und dem Meer noch viele Lebensweisheiten lernen werde. Er ist so dankbar, dass er seinen Weg gefunden hat und weiter gehen kann.

-Innenschau-

Ich, Dorothea Stahl habe nicht diese Eltern, um deren Leben zu leben. Gedanken en masse ziehen durch meinen Kopf. Ich will doch verstehen, wieso, weshalb, warum mein Leben, meine Kindheit und Jugendzeit so war, wie sie war. Ich will versuchen, mich in meine Eltern hineinzufühlen. Dort liegt der Schlüssel zu meinem Schloss, in dem ich meinen inneren Wohlstand, Frieden und Liebe finden kann. Es lässt sich doch kein Problem lösen,

indem man es versucht zu vergessen. Die Eltern haben ihre grausamen Erlebnisse aus der Zeit des Nationalsozialismus ausgeblendet. Ihre Schuldgefühle haben sie in Opfergefühle verdreht. Sie denken, ein Neuanfang wäre so leichter zu bewerkstelligen. Was sie nicht bedenken, ist, dass die Erinnerung im Unterbewusstsein verankert bleibt. Ist es nicht so, dass wir nur loslassen können, womit wir Frieden geschlossen haben? Das seelische Problem löst kein Friedensvertrag der Völker. Der zweite Weltkrieg wurde nicht einmal mit einem Friedensvertrag abgeschlossen. Es gab lediglich eine Kapitulationserklärung.
Am 8. Mai 1945 endete der zweite Weltkrieg. Als die Waffen endlich schwiegen, waren mehr als sechzig Millionen Menschen tot; gefallen an der Front, ermordet in Konzentrationslagern, verbrannt in Bombennächten, gestorben an Hunger, Kälte und Gewalt auf der großen Flucht. Das Nazi-Reich versank in ein Meer aus Blut und Tränen. Wie wurden diese Tränen getrocknet? Als die Welt erfuhr, was unter deutschem Namen geschehen war, kehrte sich der Zorn der Völker gegen das ganze deutsche Volk. Es folgte die Rache der Siegermächte. Vor allem mussten die Frauen für Hitler's Krieg bezahlen. Vergewaltigungen, Plünderungen und Morde waren an der Tagesordnung. Was davon hat Mutti miterlebt? Konnte Opa die Frauen auf dem Gutshof wirklich so gut schützen? Gab es den Juden Herz überhaupt, dessen Leben er gerettet haben will? Und was hat Vati vom Zorn der Welt ausstehen müssen? Nach Zwangsarbeit, Hunger und Krankheit kehrten zwei Millionen der 3,2 Millionen deutschen Kriegsgefangenen aus der Sowjetunion nach Deutschland zurück. Einer davon war er.
Ist da nicht die Neigung vieler Deutscher, nach dem Kriegsende die Rolle des unschuldigen Opfers einzunehmen, verständlich? Sie haben die Enttäuschung ihrer Wünsche nach Schutz und Führung hinnehmen müssen. Sie fühlten sich missgeleitet, verführt, in Stich gelassen und schließlich verachtet. Dabei waren

sie doch nur folgsam, wie es die erste Bürgerpflicht befahl. Deshalb betrauern sie den psychischen Verlust ihres kollektiven Narzissmus und ihrer völkischen Identifizierung. Diese infantile Haltung vergisst nicht nur die historischen Fakten, sie dreht das Opfer-Täter-Verhältnis zu den eigenen Gunsten um. Sie bedauern zwar den Tatbestand der Zerstörung und Vernichtung, aber doch nur an der eigenen Substanz und der ihrer eigenen Wünsche. Ihre Schuldabwehr und Vergangenheitsverleugnung dient doch mehr einer rituellen Kultivierung der Fantasie ihrer eigenen Unschuld und ihrem Traum vom eigenen Opferstatus. Das hat zur Folge, dass der Kern des Nationalsozialismus aufgeweicht und relativiert wird.

So kann man doch nicht das Erlebte loslassen, und so kann auch das Erlebte nicht die Eltern und ihre Nachkommen loslassen. Es setzt sich auf unterschiedlichste Weise fort.

Wenn Menschen etwas loslassen wollen, dann wollen sie es meist loswerden. Warum? Weil sie es nicht mögen, ablehnen, und weil sie im Unfrieden damit sind. Die Eltern wollen ihre unfriedliche Vergangenheit und die verstrickten, konfliktreichen Beziehungen hinter sich lassen. Sind wir deshalb soviel umgezogen, um das alles loszuwerden? Egal, wohin du gehst, du nimmst deine Vergangenheit immer mit. Dein eigener Unfrieden mit ihr ist der Klebstoff, mit dem du deine Vergangenheit an dich bindest. Liegt die Lösung nicht darin, die Vergangenheit zu würdigen, anzuerkennen und anzunehmen mit allem Leid, dass dir widerfahren ist, und dass du verursacht hast, um dir selbst und allen Beteiligten vergeben zu können?

Sind es nicht die Gefühle, die uns lebendig machen? Was sind Gefühle? Sowohl Empfindungen als auch Emotionen nennen wir Gefühle.

Komme ich der Ursache meiner Erlebnisse näher, wenn ich sie unterscheide?

- Empfindungen unseres Körpers liegen in Enge/Weite, Schwere/Leichtigkeit, Starre/Beweglichkeit, Kälte/Wärme, Taubheit/Lebendigkeit oder Schmerz/Schmerzfreiheit.
- Emotionen drücken sich in Freude, Frieden, Vertrauen, Angst, Wut, Scham, Schuld oder Einsamkeit aus.

Wenn wir das alles ignorieren, verdrängen und ablehnen, werden wir unlebendig, stumpf, gefühlsarm und kopflastig. Dann empfinden wir auf Dauer auch kein Mitgefühl, weder mit anderen noch mit sich selbst. Nur wenn wir unser Herz öffnen für alle Empfindungen und E-motionen kann die Energie -wie es das Wort schon sagt- sich bewegen, fließen und dich in den Fluss des Lebens bringen, dich lebendiger, gefühlsintensiver und zum liebenden Menschen machen.

Mutti und Vati sind liebende Menschen. Alte Fotos aus der Zeit vorm Krieg und am Anfang des Krieges belegen das.

Der Krieg und der Nationalsozialismus hat sie verändert. Die Erinnerung an das Böse haben sie in den Kerker verbannt. Für den Wiederaufbau brauchte es Köpfchen. Eine starre Struktur musste her. Das waren drei regelmäßige Mahlzeiten, von der nur eine warm sein sollte, Bildung, Bildung, Bildung, Bescheidenheit und strenge konsequente Erziehung, bei der beide Elternteile immer an einem Strang ziehen. Dabei ist klar, dass nur mit einem Kapitän an Bord das Schiff sicher den Zielhafen erreichen kann. Das ist natürlich Vati, denn er muss die Knete heranschaffen. Dadurch ist er nur selten zuhause und kann die Grautöne zwischen schwarz und weiß nicht erkennen. Auch vor Mutti kaschierten die Kinder die Grautöne. Sie wollten sie und sich selbst vor einer Repression des Kapitäns schützen. So waren die Kinder in der Schule nie dieselben wie zuhause. Immer wieder kamen die Eltern von Gesprächen mit den Lehrern nach Hause zurück und verstanden nicht, was sie da hörten. Das können doch nicht ihre Kinder sein. Von ihrer festgelegten Erziehungsstruktur rückten sie jedoch nicht ab, jedenfalls weder bei mir noch bei Dieter. Auf Rembert wurde nicht dieser Druck ausgeübt, das Los des Jüngsten. Es fehlte wohl auch die Kraft, oder war unter der Asche der Liebe doch noch Glut? Warum sonst war Vati immer mein Retter in Gefühlsfragen? Dann fühlte ich eindeutig die Liebe zwischen uns, so wie Dieter sie bei seinen vielen Küchengesprächen mit Mutti spürte und Rembert als Hoffnungsträger bei beiden Elternteilen. Diese Nähe war aber immer nur so ein kurzes Aufflackern, ein Funkenflug, der unserem Herzen immer gerade soviel Wärme spendete wie es brauchte. Darüberhinaus wurde sofort das Bildungsziel angepeilt. So wird auch garantiert keine Vergangenheit angetastet.

Kein Geschichtsbuch, kein Film, keine Veranstaltung und keine Ausstellung werden zur Aufklärung führen, wenn wir nicht den persönlichen Bezug erkennen. Die verschweigende und rationalisierende Form der Erinnerungsverweigerung an die Täter und Täterinnen des Nationalsozialismus und die Nicht-Aufarbeitung seiner eigenen Beteiligung daran wird doch unweigerlich an die Kinder und Kindeskinder übertragen, die dann noch deutlichere Formen der Erinnerungs- und Schuldabwehr annehmen. So könnte sich die Nicht-Reflexion gar verdoppeln. Bei dem Hinterfragen seiner Eltern entsteht die Kritik an den Eltern, die unmittelbar Täter gewesen sein könnten, aber zumindest durch Unterlassen zu Tätern wurden, und die Kritik an sich selbst, weil sie nicht den Dialog mit ihnen über diese Vergangenheit eingefordert haben. Um diesen Dialog zu führen, benötigt es überhaupt eine Kenntnis vom Nationalsozialismus zu haben. In meiner Schulzeit war diese historische Zeit vom Lehrplan des Geschichtsunterrichts ausgeklammert. Die ersten Einblicke erhielt ich über die Studentenbewegung der 1968er Jahre, die bemängelten, dass viele Nazis noch immer die entscheidenden Positionen in der Politik besetzten. Das war der Moment, als ich meinen Eltern die ersten Fragen zu ihrer NS-Vergangenheit stellte. Da ich bis dahin überhaupt kein Wissen über den Nationalsozialismus und die Schoa hatte, war es für sie ein Leichtes sich als Opfer von Bespitzelung, Terror, Krieg, Bomben und Gefangenschaft darzustellen, weniger mit Gesprächen als vielmehr mit lapidaren Antworten wie „Was willst du denn wissen? Wie es ist, wenn auf dem Donnerbalken neben dir dein Kriegskamerad aus körperlicher Schwäche in die Jauchegrube fällt, und du kannst ihn nicht vor dem Ertrinken retten?" Suspekt war mir nur, wie begeistert, fast mit etwas Stolz, Mutti von dem schneidigen, stattlichen Mann ihrer besten Freundin und Rembert's Patenonkel erzählt. Er war bei der Leibstandarte Adolf Hitler. Soll er auch ein Opfer Hitlers gewesen sein? In Mutti's Augen „ja", denn Zeit seines Lebens litt er unter einer Kriegsverletzung am rechten Bein. Und warum sprachen die Eltern so oft vom „Dritten Reich", wenn sie den Nationalsozialismus meinten? Das ist ein Begriff, der umstritten ist und von den Nationalsozialisten propangandistisch eingesetzt wurde, um die von ihnen angestrebte Diktatur in eine Traditionslinie mit dem 1806 untergegangenen Heiligen Römischen Reich und dem 1871 gegründeten Kaiserreich zu stellen und damit die Weimarer Republik zu delegitimieren. Es ist eindeutig; da wir Kinder die NS-Täter moralisch verurteilen und für „schlecht" und „böse" halten, wird die Elterngeneration zu Widerstandskämpfern und Opfern des Nationalsozialismus umgedeutet.

Meine Eltern haben sich zwar niemals weder als den Einen oder den Anderen in dieser grausamen Zeit betitelt, aber ihre latente Angst konnten sie nicht verheimlichen. So bestand Vati darauf, dass keiner seiner Kinder in irgendeine Partei eintrete. Nicht nur, weil, wie der KBW, in dem Dieter Mitglied war, nicht seiner Gesinnung entsprach, sondern um generell seine Kinder zu schützen. Rembert liebäugelte mal damit, in die FDP einzutreten. Das war die Partei, der Vati zu dieser Zeit auch zugetan war. Bis tief in die Nacht hinein sprach der Vater mit ihm, um ihn davon abzubringen. Warum? Was ihn umtrieb, waren seine Erfahrungen mit der NSDAP. Wurde er im Nationalsozialismus fast dazu gezwungen, dieser Partei beizutreten, musste er nach

dem Krieg für die Entnazifizierung beweisen, dass er kein Nazi ist. Zeiten ändern sich. Aus Demokratie wird Diktatur und wieder Demokratie mit immer neuen Regeln. Seinen Kindern wünscht er nicht diese Schwierigkeiten. Da ist es besser, erst gar keine politische Position einzunehmen.
1933 kamen die Nationalsozialisten an die Macht und Adolf Hitler wurde Reichskanzler. Gleichzeitig wurden andere Parteien und Organisationen verboten. Wer Kritik an der NSDAP oder an Adolf Hitler übte, wurde bestraft. In einer Diktatur hat eine Person oder eine kleine Gruppe allein das Sagen. Ganz im Gegenteil zu einer Demokratie, in der die Menschen frei ihre Meinung äußern können und die Bürger und Bürgerinnen ein Wahlrecht haben. In der Diktatur bestimmt der Diktator über sein Land und sein Volk. Es gibt niemanden, der ihn kontrolliert.
Anders Denkende werden unterdrückt, verfolgt und manchmal getötet. Dieses Vorgehen löst bei der Bevölkerung Ängste aus. Kaum jemand traut sich gegen den Diktator zu stellen. Viele schweigen oder unterstützen ihn sogar, um die eigene Macht zu sichern oder das eigene Leben nicht zu gefährden. Dadurch wurde die Macht Adolf Hitlers gesichert. Viele unterstützten ihn und seine Regierung aus Angst, aber immer häufiger auch aus Überzeugung.
Dort, wo die Angst zu groß ist, suchten sie für ihre Moral Rechtfertigungen für ihre Verbrechen.
So beklagte man den Zustand, dass in ihren Grenzen des Deutschen Reichs Hunderttausende von Juden ganze Ladenstraßen beherrschten, Vergnügungsstätten bevölkerten und als „ausländische" Hausbesitzer das Geld deutscher Mieter einsteckten, während ihre Rassegenossen draußen zum Krieg gegen Deutschland aufforderten und deutsche Beamte niederschossen. Man bezog sich dabei auf das Attentat eines siebzehnjährigen polnischen Juden, der in Paris lebte und den der NSDAP angehörenden Legationssekretär erschoss.

Kann die Schoa tatsächlich aus einer völkischen Überzeugung heraus entstanden sein, oder sind nicht vielmehr Neid und Angst ursächlich dafür? Selbst wenn sich die Eltern nur in der Angst befanden, kann es sie nicht von der Schuld befreien. Auch ihre Äußerungen, von nichts gewusst zu haben, überzeugt mich nicht. Spätestens bei der Reichskristallnacht müssten solch gebildete Eltern die vom nationalsozialistischem Regime organisierten und gelenkten Gewaltmaßnahmen gegen Juden in Deutschland und Österreich wahrgenommen haben. Es gibt Menschen, die jeden Tag an die Schoa denken. Ich finde, auch wir dürfen nicht aufhören, sich damit zu beschäftigen, sich und andere daran zu erinnern, denn wir müssen uns immer vor Augen halten, dass so etwas Grausames menschenmöglich ist! Nur dann werden wir wachsam bleiben, damit nicht wieder Kinder, Frauen und Greise -alles Unschuldige, deren „Verbrechen" darin bestand, einer anderen Ethnie oder anderen Religionsgemeinschaft anzugehören- in Waggons, als wären sie Tiere, eingepfercht werden, sie in endlos sich dehnenden Tagen und Nächten deportiert werden, um sie schließlich, wenn sie das überstanden haben, unbegreiflichen Martyrien und Todesarten auszusetzen. Dennoch werde ich nicht meine Eltern für diese Gräueltaten im Nationalsozialismus verurteilen. Das steht mir nicht zu. Ich habe keine Kenntnisse über ihre Fehltaten. Wir sollten nicht alle Bürger, die im Nationalsozialismus gelebt haben, über einen Kamm scheren. Ich wünsche mir eine differenzierte Betrachtung. So haben meine Eltern ein Dokument, das ihre Entnazifizierung ausweist, sicherlich nicht ohne Grund.

Nach dem unter US-Initiative entwickeltem Gesetz zur Befreiung von Nationalismus und Militarismus vom 5. März 1946 und dem vorangegangenen Militärgesetz Nr. 8 vom September 1945 wurden Fragebögen mit hunderteinunddreißig Fragen zur Einschätzung der Personen entwickelt. Ab 1946 kam es zu Spruchkammerverfahren mit dem Plan einer umfassenden Entnazifizierung, die in der Realität eine umfassende Rehabilitierungsmaßnahme war. Das lässt vermuten, dass die Eltern maximal Mitläufer im Nationalismus waren, was schlimm genug ist. Die Erinnerungsverleugnung werfe ich ihnen dennoch vor.

Aber warum mache ich diese Recherche überhaupt? Suche ich vielleicht doch insgeheim eine Rehabilitierung mit schuldbefreiender Wirkung? Ja, aber meine Liebe zu ihnen kann noch so groß sein, ich werde diese schuldbefreiende Rehabilitation nicht finden. Der Tatbestand der unterlassenen Hilfeleistung wird vermutlich bestehen bleiben.

Aber ich könnte gerade durch mein erworbenes Wissen Vergebung üben. Vergebung ist eine Bewältigungsstrategie, um ein tatsächliches oder angenommenes Fehlverhalten Anderer mental akzeptieren zu können, ohne irgendeine Reaktion des Anderen zu erwarten oder Gerechtigkeit zu fordern. Will ich das wirklich, ich, die sich immer für Gerechtigkeit stark macht? Warum sonst schlägt mein Herz stets für die vermeintlich Schwächeren? Wer vergibt, muss sich sowohl in Andere hineinversetzen können als auch sich seiner eigenen Emotionen bewusst werden. Beides kann ich nur bedingt. Besonders gefällt mir am Vergeben, dass ich zwar Verständnis für den möglichen Irrtum, die fehlende Besonnenheit, den blinden Gehorsam oder das unmoralische Verhalten mitbringen darf, ohne dass es als Einverständnis der Tat gewertet wird. Das ist doch Grund genug, um den Eltern vergeben zu können.

Mit der Erkenntnis über die Hintergründe ihrer wiederholten „schwarzen Pädagogik", die so eine erniedrigende Wirkung auf mich hatte, kann ich nun eigenverantwortlich mein Leben gestalten. Ich brauche nicht mehr hier brav und dort rebellisch sein, um meinem Selbstbewusstsein zu genügen. Ich kann jetzt die Macht, die während meiner Kindheit über mein Leben und mein Glück bei meinen Eltern lag, zurücknehmen und mein Leben selbst in Besitz nehmen. Als Kind war ich abhängig von ihrer Liebe, Aufmerksamkeit, Annahme und Wertschätzung. Wenn ich diese Macht bei meinen Eltern belasse oder auf einen anderen Menschen übertrage mit dem Gedanken „Seid ihr für mich da; mach du mich glücklich" oder sie gar auf „Vater Staat" projiziere, dann wird dies immer zu einer Enttäuschung und Schmerz führen. Niemand hat die Macht, mich glücklich zu machen, außer mir selbst. Natürlich benötige ich das Du, um auf das Ich zu reflektieren, aber nicht als Machtposition, sondern auf Augenhöhe.

Solange ich jedoch Macht ablehne, wähle ich damit unbewusst das Gegenteil. Das ist Ohnmacht, so, wie sie in der Diktatur gelebt wird. Es kommt auf das richtige Verständnis für Macht an. Macht ist die Energie und Fähigkeit, etwas zu machen und zu verändern. Deshalb übernehme ich nun selbst meine Macht über mein Leben und meine Angelegenheiten, lasse meine Eltern und andere liebevoll an meinem Leben teilhaben. So erschaffe ich Erfüllung und Wohl, nicht nur für mich, auch für die anderen.

Der Schritt ins Erwachsenenleben führt mich zu Dankbarkeit mit einem friedvollen Blick in die Vergangenheit, Gleichmut in der Gegenwart und Zuversicht für die Zukunft.